Ihr persönliches,
unverkäufliches Leseexemplar

Der Titel erscheint
am 9. Oktober 2017
im Heyne Taschenbuch Verlag.

Bitte besprechen Sie dieses Buch
nicht vor diesem Termin.

Bitte lassen Sie uns Ihre Meinung
zu diesem Leseexemplar wissen –
mit beiliegender Postkarte
oder per E-Mail an
meinemeinung@heyne.de

LORENZ STASSEN

ANGST MöRDER

THRILLER

WILHELM HEYNE VERLAG
MÜNCHEN

Der Verlag weist ausdrücklich darauf hin, dass im Text
enthaltene externe Links vom Verlag nur bis zum Zeitpunkt
der Buchveröffentlichung eingesehen werden konnten.
Auf spätere Veränderungen hat der Verlag keinerlei Einfluss.
Eine Haftung des Verlags ist daher ausgeschlossen.

Verlagsgruppe Random House FSC® N001967

Vollständige deutsche Erstausgabe 11/2017
Copyright © 2016 by Lorenz Stassen
Copyright © 2017 der deutschsprachigen Ausgabe
by Wilhelm Heyne Verlag, München,
in der Verlagsgruppe Random House GmbH,
Neumarkter Str. 28, 81673 München
Redaktion: Heiko Arntz
Printed in Germany
Umschlaggestaltung: Johannes Wiebel punchdesign, München,
unter Verwendung eines Motivs von © Flügelwesen/photocase.de
und binik/shutterstock.com
Satz: Leingärtner, Nabburg
Druck und Bindung: GGP Media GmbH, Pößneck
ISBN: 978-3-453-43879-8

www.heyne.de

»Für den Triumph des Bösen reicht es, wenn die Guten nichts tun.«

Edmund Burke

MIRIAM RÖLSCHEID

Mädchenname: Jansen
Alter: 35 Jahre
Größe: 172 cm
Gewicht: ca. 65 kg
Haarfarbe: blond
Beruf: Hausfrau
Familienstand: in Scheidung lebend

DER WALDBODEN WAR FEUCHT UND KALT, und mit dem Bewusstsein kehrten die Schmerzen zurück. Ein seltsames Knirschen drang an ihr Ohr. Es klang zuerst ganz weit weg, wie aus einem anderen Universum. Aber es kam näher, näher an ihr Ohr heran, es wurde lauter und lauter. Dann stach der Metallspaten dicht neben ihrem Kopf in den Waldboden. Kein Traum. Keine Halluzinationen. Ihr geschundener Körper zitterte, der Schmerz schwoll an. Dazu die Kälte. Die Angst. Ein Fuß in schweren Lederstiefeln trieb das Metall des Spatens tiefer in den Boden, das Erdreich löste sich und wurde fortgeschleudert. Sie drehte den Kopf ein bisschen, was Schmerzen in ihrem Nacken verursachte. Ihr Blick fand die Stelle, wo sich bereits ein Erdhügel gebildet hatte. Kniehoch. Daneben das Loch. Lang und schmal, aber noch nicht tief genug.

In Miriams Kopf ergab das Puzzle aus Erinnerungen ein lückenhaftes Bild. Lückenhaft, weil sie viele Aussetzer gehabt hatte. Sie wusste aber genau, wo sie sich jetzt befand. An der letzten Station ihres Lebens. Miriam keuchte, rang nach Luft. Der rote Slip, den sie heute Morgen nach der Dusche angezogen hatte, steckte als Knebel in ihrem Mund. An den Handgelenken war die Haut von dem Nylonseil aufgescheuert. Es brannte, als wären die Fesseln in Salzsäure getränkt. Nur ein Wunder konnte sie jetzt noch retten, dessen war sie sich bewusst. Aber sie durfte die Hoffnung nicht aufgeben. Niemals! Ein Jäger könnte auf einem Hochsitz sein und in der Stille des Waldes ihr Wimmern hören. Sich fragen, woher das Geräusch käme, vom Hochstand hinuntersteigen und tiefer in den

Wald hineingehen. Oder vielleicht würde ein Liebespaar aufmerksam werden, das hier einen abgeschiedenen Platz für ein heimliches Treffen gesucht hatte. Sie würde nicht aufgeben. Nein, diesen Gefallen würde sie ihm nicht tun.

Der Spaten stach wieder in die Erde. Ein dumpfes Geräusch ließ sie aufhorchen. Das Metall war auf ein Hindernis gestoßen. Vielleicht eine Baumwurzel. Das könnte ihn daran hindern weiterzugraben. Er müsste sich eine neue Stelle suchen. Für einen Moment verdrängte dieser Gedanke alle Schmerzen. Doch dann – erneut ein Spatenstich und ein Knirschen. Sie sah, wie ein Stein zum Vorschein kam und auf dem Erdhügel landete, von dort herunterkullerte. Dann ging es wie gewohnt weiter. Der nächste Spatenstich, das Knirschen, das satte Erdreich, das sich löste und auf dem Hügel landete.

Nach einer Weile trat Stille ein. Nur der Wind ließ die Blätter sanft rauschen. Dann ein Klick, und das grelle Licht der Taschenlampe, das auf sie gerichtet wurde. Sie kniff die Augen zusammen. Miriam glaubte, den Strahl fühlen zu können, wie er ihren nackten Körper abtastete. Verschnürt wie ein Päckchen lag sie auf der Seite. Sie spürte seine Nähe, roch seinen Atem, den Schweiß. Er ging in die Hocke, und eine Hand berührte sie. Sanft strich er mit seinen Fingern ihre Beine entlang, vom Fußgelenk nach oben über die tätowierte Wade, die Schenkel ... sie presste die Knie zusammen, so fest sie konnte.

Im nächsten Moment riss er an dem Nylonseil. Ein heftiger Ruck, und sie fiel hart in das Erdloch, landete auf dem Rücken. Schmerzen schossen wie Blitze durch ihren Körper. Ihr Aufschrei wurde durch den Knebel gedämpft. Sie spürte den kalten Lehm auf ihre Beine fallen. Noch eine Ladung und noch eine. Erde verteilte sich über ihren Körper, bedeckte ihre Füße, die Beine, den Bauch, dann ihre Brust und den Hals. Nur ihr Gesicht blieb frei.

Er arbeitete ruhig und gleichmäßig. Gegen das Licht des Vollmonds nur als Silhouette zu erkennen, schaufelte er mechanisch die Erde von dem Hügel in das Loch zurück. Mit jedem Spaten nahm das Gewicht auf ihrem Körper zu, auf ihrer Brust, das Atmen fiel schwer. Immer noch war ihr Gesicht frei. Sie sollte sehen, was er tat. Begreifen, was mit ihr geschah: lebendig begraben zu werden. Die Schmerzen waren verschwunden, auch die Kälte des Bodens verspürte sie nicht mehr. Sie fühlte gar nichts. Dann überkam sie die Panik. Ihre Beine zitterten mit letzter Kraft, ihr Körper krümmte sich. Sie zerrte an den Fesseln, das Nylonseil schnitt tiefer in die Handgelenke. Sie sog gierig Luft durch die Nase ein. Dann landete der erste Spatenstich loser Erde auf ihrem Gesicht. Ruckartig drehte sie den Kopf zur Seite, schnaubte durch die Nase, um sie freizubekommen, ihre Lungen waren leer. Doch erneut fiel eine Ladung Erde auf ihr Gesicht. Sie bekam keine Luft mehr. Sie wand sich, zuckte, bis die Muskeln erschlafften und sie allmählich ihr Bewusstsein verlor.

Er wartete geduldig, bis sie sich nicht mehr rührte. Nur noch wenige weiße Stellen ihrer Haut schauten hervor. Er stieß den Spaten in die Erde, ging auf die Knie und befreite das Gesicht vom Erdreich. Im Licht des Vollmondes starrten ihn ihre toten Augen an. Feine rote Äderchen durchzogen den Augapfel. Aufgeplatzt in den Sekunden vor ihrem Tod. Ihre vollen Lippen, rot geschminkt, sahen aus, als würde sie schmollen. Etwas Blut lief aus ihrem Mundwinkel. Er nahm ein blau-weiß kariertes Stofftaschentuch und tupfte das Blut ab. Nur noch Knochen und Haut, Organe, Muskeln und Haare – sie selbst aber hatte aufgehört zu existieren. Miriam.

Er kam wieder auf die Beine. Schaufelte in aller Ruhe das Loch zu. Bis ihr Körper ganz im Waldboden verschwunden war.

1

Ich hatte gerade einen Elfmeter vergeigt, als es an der Tür klingelte. Etwas überrascht sah ich auf die Uhr an der Wand, es war halb zwölf. Ich hatte die Zeit vergessen und außer Acht gelassen, dass manche Menschen tatsächlich pünktlich erschienen. Ich suchte nach der Fernbedienung und schaltete den Flachbildschirm aus. Die Einzelteile der Playstation landeten in der Schublade des Fernsehmöbels. Mein Jackett hing über dem ausgesessenen Bürostuhl, ich zog es an. Etwas Seriosität schien mir angebracht, eine Krawatte wäre übertrieben gewesen. Bevor ich den Raum verließ, schob ich den Stuhl hinter den Schreibtisch und blickte mich noch mal prüfend um, ob es hier nach dem Büro eines Strafverteidigers aussah. Für den ersten Eindruck gab es keine zweite Chance, das galt nicht nur für Bewerberinnen, sondern auch für mich als Arbeitgeber.

Es klingelte erneut, als ich in die Diele trat. Ich betätigte den Drücker und hörte, wie unten die Haustür aufsprang. Zu einem Vorstellungsgespräch weder zu früh noch zu spät zu kommen, wertete ich als Pluspunkt auf meiner Liste. Eine kurze Liste. Die Ansprüche, um in meiner Kanzlei eine Stelle als Rechtsreferendarin zu ergattern, waren nicht sonderlich hoch. Da ich mir keine Sekretärin leisten konnte, schien es wie ein Glücksfall, wenn sich eine Jurastudentin zu mir verirrte. Männliche Bewerber lehnte ich grundsätzlich ab. Nina Vonhoegen hatte sich per E-Mail beworben und ein Foto mitgeschickt. Es war mir bei ihrem Anblick leicht gefallen, sie anzurufen, und am Telefon hatte sie ebenfalls einen sehr sympathischen Eindruck gemacht. Dass die Bewerberin im ersten Staatsexamen nur ein »Ausreichend« hatte, störte mich herzlich wenig. Ich war in beiden Examen auf keine bessere Note gekommen, und mir waren Bewerbungsfotos wichtiger als Zeugnisse. Die Holztreppe knarrte lauter als die morschen Planken eines Dreimasters. Mein Büro befand sich in einem Wohnhaus, das zu Beginn des letzten Jahrhunderts erbaut wurde. Nina nahm die letzte Stufe und stand vor mir. In natura sah sie noch viel hübscher aus als auf dem Foto. Die blonden Haare zu einem Pferdeschwanz nach hinten gebunden, ozonblaue Augen, umrandet von schwarzen Wimpern. Aber irgendetwas irritierte mich an ihr. Nina schien es zu merken und verharrte an der Türschwelle, auf eine einladende Geste wartend.

»Kommen Sie doch bitte rein.« Ich trat einen Schritt zurück. Nina war etwas kleiner als ich, ich schätzte sie auf einen Meter siebzig. Sie trug eine weiße Bluse und enge Jeans, dazu hellbraune Stiefel, die bis zu den Knien reichten. Ihr beiger Trenchcoat war es, der meine Befremdung auslöste. Der rechte Ärmel des Mantels schlabberte hin und her. Ich schloss die Tür zum Treppenhaus und überlegte, wie ich mich verhalten sollte. Ihr die rechte Hand zu geben, käme einem schlechten Scherz gleich.

Nina hatte keine.

Mir schoss durch den Kopf, dass sie ihre Behinderung in der Bewerbung wahrscheinlich erwähnt hatte. Verdammter Idiot, dachte ich, du hast nicht bis zu Ende gelesen. Ihr Foto hatte mir gereicht. Fuck.

»Nicholas Meller«, stellte ich mich mit einem Lächeln vor und reichte ihr die linke Hand.

»Nina Vonhoegen, hallo.« Sie hatte einen festen Händedruck.

»Bitte, ähm, gehen wir doch in mein Büro.« Ich zeigte zur Tür, und Nina ging vor. Mit der linken Hand streifte sie den Trenchcoat über die rechte Schulter. Ich wollte galant sein und ihr helfen.

»Danke, geht schon.«

Zugegeben, meine Erfahrung im Umgang mit behinderten Menschen beschränkte sich darauf, mal einem Rollstuhlfahrer die Tür aufzuhalten. Ihre Bluse war kurzärmlig, und nun sah ich das ganze Ausmaß der Katastrophe. An der rechten Schulter ragte ein hässlicher Stumpf heraus. Extrem dünn, nur Haut und Knochen, höchstens dreißig Zentimeter lang.

Nina hatte es ohne meine Hilfe aus dem Mantel geschafft, legte ihn über einen der beiden Stühle für die Mandanten und setzte sich auf den anderen.

»Möchten Sie etwas trinken?«, fragte ich. »Sie kriegen in meiner Kanzlei den besten Kaffee von ganz Köln.«

»Ich trinke keinen Kaffee, danke«, sagte sie und wackelte mit dem Stumpf. Es war eine ganz normale ablehnende Geste, doch in meinen Augen sah es aus wie das Zucken eines Lämmerschwanzes.

»Etwas anderes?«, fragte ich, bemüht, nicht auf den Stumpf zu starren.

»Nein, danke.«

»Wasser?«

Sie grinste. »Na gut, ein Wasser.«

Ich ging raus und holte es. In der Küche erst fiel mir ein, dass sie »nein, danke« gesagt hatte.

Verbrennungen im Gesicht, Pigmentstörungen der Haut oder Aknenarben konnten einen Menschen viel schlimmer verunstalten als so ein blöder verkümmerter Arm. Trotzdem, Ninas Makel war wie ein furchtbar schiefer Ton in einer ansonsten perfekten Melodie.

Ich hatte allen Grund zur Annahme, dass sie mein seltsames Verhalten bemerkt hatte, und das war mir peinlich. Richtig peinlich. Wie schon erwähnt, für den ersten Eindruck gab es keine zweite Chance. Zurück im Büro, stellte ich das Glas vor ihr ab und ließ mich in meinen Drehstuhl fallen. Der Schreibtisch, wie eine Barriere zwischen uns, gab mir etwas Selbstsicherheit zurück. Ich sah mich auf dem Tisch um, suchte nach der Mail.

»Ihre Bewerbung lag eben noch hier.« Ich unterschlug, dass das vor zwei Stunden war, bevor ich als Lukas Podolski im Trikot des 1. FC Köln die Bayern vorgeführt hatte. Es stand 9:3 im Stadion der Bayern, ein sensationelles Ergebnis.

»Ich habe meine Behinderung bewusst verschwiegen«, sagte Nina.

»Wirklich?« Mir fiel ein Stein vom Herzen. Meine Irritation war also offenbar als normal einzustufen.

»Sie haben meine Bewerbung doch gelesen, oder?« Jetzt war sie irritiert.

»Natürlich. Deshalb bin ich ja überrascht. Ich meine, weshalb haben Sie das verschwiegen?«

»Weil Behinderungen furchtbar aufdringlich wirken können. Von wegen: *Schauen Sie her. Ich bin behindert. Geben Sie mir eine Chance.*«

Ich musste lächeln. Wie recht sie hatte.

»Mir geht es nicht um Mitleid. Ich möchte einen Job«, fuhr sie fort. »Ich will wie eine ganz normale Referendarin behandelt werden. Es versteht sich von selbst, dass ich nicht mit zehn Fingern tippen kann. Ein Brief dauert bei mir eben etwas länger.«

»Das stört mich nicht.«

»Was stört Sie dann?«, fragte sie mit dem Selbstbewusstsein eines Profiboxers während einer Pressekonferenz.

»Wieso glauben Sie, dass mich etwas an Ihnen stört?« Ich geriet wieder in die Defensive.

Nina lächelte. »Wenn man mit einer Behinderung groß wird, gehören seltsame Blicke zum Leben dazu. Ich kann mich nicht erinnern, jemals *nicht* angestarrt worden zu sein.«

»Empfinden Sie das als schlimm?«

»Ich habe mich daran gewöhnt. Manchmal nervt es trotzdem. Wie empfinden Sie es?«

»Ich?«

»Könnten Sie sich an meinen Anblick gewöhnen?« Sie strich mit der linken Hand über den Stumpf, als würde sie sich kratzen. »Denn das wäre wohl die Grundlage für eine Zusammenarbeit, oder?«

Ninas Tonfall war herausfordernd, aber nicht respektlos. Wenn sie allerdings mit den Professoren an der Uni genauso sprach, erklärten sich ihre mäßigen Noten wie von selbst.

»Ich habe kein Problem damit«, sagte ich. »Wenn Sie mir nur etwas Zeit geben, mich daran zu gewöhnen. Mein Verhalten eben, das war ... Ich war unvorbereitet. Da steht so eine hübsche Frau, und dann ...« Ich merkte, dass ich mit meinem Reden nur noch alles schlimmer machte.

»Und dann so ein ekliger Stumpf«, beendete sie den Satz und fing an zu lachen. »Entschuldigung, ich stelle mir das gerade vor.«

Wir lachten beide.

»Was reizt Sie am Strafrecht?«, wechselte ich das Thema.

Nina fing an zu erzählen. Das »Ausreichend« im ersten Examen erklärte sie damit, furchtbar nervös gewesen zu sein und die einfachsten Sachen durcheinandergebracht zu haben, obwohl sie gut vorbereitet gewesen war. Ich nickte. Bei mir war es lupenreine Faulheit gewesen. Ich hatte vom ersten Semester an ein Gespür für Jura entwickelt, manche Professoren bescheinigten mir so etwas wie Talent. Aber Talent ohne Fleiß war wie Champagner ohne Kohlensäure. Ohne Büffeln ging es nun mal nicht. Das juristische Handwerk ließ sich weder auf dem Fußballplatz, in Kneipen, noch im Bett mit Kommilitoninnen erlernen, selbst wenn die ein Ass im Studium waren. Mein Studentenleben war großartig, ich hatte keine Party ausgelassen und erst recht keine Gelegenheit zu vögeln. Und darum saß ich jetzt hier. In einem etwas heruntergekommenen

Altbau, dreißig Quadratmeter, Köln-Ehrenfeld. Im Rückgebäude befand sich eine städtische Kita, und auch im Haus wohnten mehrere Familien. An manchen Tagen war das Kindergeschrei nicht zum Aushalten. Doch die hohen Zimmerdecken und die großen Fenster verliehen meinem Büro einen gewissen Charme, was mich mit der übrigen Situation ein wenig versöhnte. Das Büro war immerhin eine Steigerung zu meiner letzten Absteige.

Ich verschwieg Nina die Highlights meiner Karriere. Das war nicht das richtige Thema für ein Vorstellungsgespräch. Mit meinem schlechten Examen ging ich zwar offen um, sorgte aber immer für einen ironischen Unterton. Nina sollte das Gefühl bekommen, bei einem abgebrühten Strafverteidiger gelandet zu sein, der noch nie etwas anderes machen wollte, als unschuldige Mandanten freizubekommen. Während des Gespräches fiel mir auf, wie ihre Augen immer wieder zu dem gerahmten Foto hinter mir an der Wand schweiften. Das Bild zeigte eine Szene aus einem Film, den Nina mit Sicherheit nicht kannte ...

Ich gelangte schließlich zu der für mich wichtigsten Frage. »Wie sind Sie auf meine Kanzlei gestoßen?«

Nina hatte mit der Frage gerechnet, das verrieten ihre Augen, doch sie zögerte ein wenig, um die Antwort natürlicher wirken zu lassen.

»Ich habe Sie im Gerichtssaal erlebt.«

»Wirklich?« Ich war ehrlich überrascht. »Was wurde denn verhandelt?«

»Ihr Mandant hatte geklaute Autos verschoben. Es ging darum, wie weit er über die Machenschaften seiner Geschäftspartner informiert war. Davon hing das Strafmaß ab.«

»Und?« Jetzt wollte ich es auch genau wissen.

»Anderthalb Jahre auf Bewährung.«

Ich erinnerte mich zwar nicht so genau an den Fall, aber was sie sagte, klang schlüssig. Osteuropäische Autoschieber gehörten zu meiner Hauptklientel. Es hatte sich in gewissen Kreisen herumgesprochen, dass ich Russisch sprach und die russische Mentalität verstand, denn ich wurde in Tomsk, in Westsibirien, geboren. Meine Vorfahren waren im achtzehnten Jahrhundert dem Ruf der Zarin Katharina gefolgt und an die Wolga umgesiedelt. Da mein Vater ein gut ausgebildeter Chemieingenieur war, dauerte es etwas länger, bis man uns in die alte Heimat zurückgehen ließ. Erst als er an Krebs starb, siedelten meine Mutter, meine ältere Schwester und ich nach Deutschland um. Das war Anfang der Neunziger, ich war damals sieben Jahre alt. Meine Großmutter blieb in Tomsk. Sie fühlte sich zu alt, um sich noch mal an eine neue Heimat zu gewöhnen, und wer außer ihr würde sich sonst um das Grab meines Vaters kümmern.

»Warum waren Sie im Gericht?«, hakte ich nach.

»Ich habe mich in einer Hausarbeit mit dem Thema beschäftigt. Ich wollte Theorie und Praxis nebeneinander kennenlernen.«

»Und da bin ich Ihnen aufgefallen? Wieso?«

Mit der Frage hatte Nina offensichtlich nicht gerechnet.

»Ich ... ich fand Ihren Stil gut.« Sie wirkte verunsichert. Pinocchio bekam eine lange Nase, wenn er log, Nina errötete leicht. Ein bisschen zu schön, um wahr zu sein: eine hübsche junge Studentin, die im Gerichtssaal saß und an meinen Lippen klebte, während ich vor versammelter Mannschaft den Staatsanwalt in seine Schranken wies ... Natürlich hörte ich gerne Komplimente, vor allem von einer schönen Frau, selbst wenn sie nur einen Arm hatte, aber das war denn doch etwas zu dick aufgetragen.

»Mein Stil also?«, bohrte ich kritisch nach.

»Ich, äh, ja. Es hat Spaß gemacht, Ihnen zuzuhören.«

Ich stützte meine Ellbogen auf die Tischplatte, faltete die Hände vor meinem Gesicht und schaute sie an. »Passen Sie auf.« Ich blieb ganz sachlich. »Wenn Sie irgendwann in einem Gerichtssaal sind und sich vergaloppiert haben, mit einer Frage, die Sie besser nicht gestellt hätten, dann brechen Sie ab. Wechseln Sie das Thema, machen Sie irgendwas, aber gehen Sie niemals auf dem Pfad weiter, der ins Verderben führt.«

Jetzt wurde Nina richtig rot im Gesicht. Ich hoffte, sie hatte begriffen. Ich hasste es, wenn man mir Märchen auftischte. Das taten meine Mandanten oft genug. Von meiner Mitarbeiterin in spe erwartete ich Ehrlichkeit.

»Ihre Kanzlei liegt genau an meiner Bahnlinie«, sagte sie mit gesenktem Blick. »Ich muss nur vier Stationen fahren. Und man hat bei Ihnen nicht viel zu tun, das weiß ich von einer Freundin, die bei Schmitt & Holgräf arbeitet. So bleibt mir mehr Zeit, um für mein zweites Staatsexamen zu üben.«

Die Wahrheit tat weh. Nina wusste genau, wen sie vor sich hatte. Mich. Nicholas Meller. Einen Underdog. Dem es seit Jahren mehr schlecht als recht gelang, irgendwie den Kopf über Wasser zu halten. Ganz profane Gründe hatten sie zu mir geführt. Vier Straßenbahnhaltestellen. Und die Erwähnung der Kanzlei Schmitt & Holgräf machte die Sache auch nicht besser. Ludger Schmitt gehörte zu den erfolgreichsten Strafverteidigern Kölns und – zugegeben – auch zu den besten. Wenn er Mandanten für uninteressant hielt, schickte er sie zu mir. Eine Gefälligkeit seinerseits. Wir hatten uns auf einer Benefizgala für krebskranke Kinder kennengelernt. Ich war damals nur wegen meiner hübschen Begleiterin eingeladen worden. Dr. Maria König, eine Oberärztin. Ludger Schmitt und ich tranken an unserem Tisch als Einzige Kölsch, vielleicht fand er mich deshalb sympathisch. Oder weil ich ein guter Zuhörer war und über seine miserablen Witze gelacht habe, die an Chauvinismus kaum zu überbieten waren. Maria fand den Kerl unausstehlich und zeigte wenig Verständnis dafür, dass ich mich an diesem Abend mehr mit ihm als mit ihr abgegeben hatte. Die Nacht verbrachten wir in getrennten Betten, und unsere Beziehung hielt nicht mehr lange. Zu meiner Überraschung erinnerte sich Ludger

Schmitt auch noch mit nüchternem Kopf an mich. Ohne die Fälle, die er mir von da an zuspielte, wäre ich wohl längst pleite gewesen.

»Sie wollen also eine ruhige Kugel schieben?«

Nina nickte. »Wie gesagt, ich muss echt was fürs zweite Staatsexamen tun. Noch ein Ausreichend, und ich kriege nie einen Job.«

»Machen Sie sich selbstständig, so wie ich. Ich habe auch nur zwei Ausreichend gehabt. Sie befinden sich also in guter Gesellschaft.« Ich erhob mich. »Sie haben die Stelle, wenn Sie wollen«, sagte ich und reichte ihr gewohnheitsmäßig die rechte Hand. Ich bemerkte meinen Fehler und streckte die Linke aus.

Nina stand auch auf und schlug ein.

»Willkommen in der Kanzlei Nicholas Meller. Wann können Sie anfangen?«

»Wenn Sie wollen, nächste Woche.«

»Wenn Sie wollen, schon ab morgen. Sie können gern Ihre Unterlagen zum Lernen mitbringen, aber dann hätte ich schon mal jemanden fürs Telefon. Es klingelt auch nicht oft, versprochen.«

Nina nickte mit einem charmanten Lächeln. Ihr Blick ging wieder zu dem Bild hinter mir.

»Nun fragen Sie schon«, sagte ich.

»Was?«

»Aus welchem Film das Foto ist?«

»Aus welchem Film ist das Foto?«

»*Clockwork Orange.*«

Sie hatte den Titel noch nie gehört. Nicht verwunderlich, der Klassiker war von Anfang der Siebziger. Allerdings in Farbe, das Schwarz-Weiß-Bild zeigte die Hauptfigur Alex DeLarge zusammen mit seinen drei gewaltbereiten Freunden, Pete, Georgie und Dim, die er seine »Droogs« nannte. Sie marschierten an einem künstlichen See entlang – in einem fiktiven Londoner Stadtteil, ähnlich einer Trabantenstadt.

»War mal mein Lieblingsfilm. Jetzt nicht mehr.«

»Und warum hängt das Bild noch da?«

»In dem Film fällt ein wichtiger Satz. *Wenn ein Mensch nicht frei wählen kann – also zwischen Gut und Böse –, hört er auf, ein Mensch zu sein.* Ich finde, das passt ganz gut zu dem, was wir hier machen. Wir vertreten meistens böse Menschen.«

»Gefällt mir, das Foto«, sagte Nina.

Sie folgte mir in die Diele, wo ein Schreibtisch und Aktenschränke standen. In den Schränken war noch viel Platz. Ich erklärte ihr alles, Festnetztelefon und Faxgerät, wie die Akten sortiert sein sollten und nicht waren. Das einzige wirkliche Schmuckstück meiner Kanzlei war die Kaffeemaschine. Ein uraltes Teil, das ich auf einem Flohmarkt erstanden hatte. Der Dampfkessel erzeugte unter höllischem Lärm einen Druck von zehn bis zu zwölf Bar, und der Kaffee schmeckte deshalb unvergleichlich cremig. Aber da Nina keinen Kaffee trank, sondern nur Tee, beeindruckte sie der Anblick der Wundermaschine auch nicht besonders.

Ich sah ihr nach, als sie wenig später die Stufen im Treppenhaus nach unten ging. Eine junge Frau mit enorm viel Selbstbewusstsein, was wohl auch an ihrer Behinderung lag, mit der zu leben sie gelernt hatte. Ich fragte mich, ob ich auf sie zugegangen wäre, sie angesprochen hätte in einer Bar oder Kneipe, wenn sie keinen Mantel, sondern nur die Bluse angehabt hätte? Ich musste nicht lange überlegen. Nein. Niemals.

2

Die lehmverdreckten Reifen des schwarzen Toyota Hilux kamen knirschend zum Stillstand. Im selben Moment schwang die Fahrertür des schwarzen Pick-ups auf, während der Motor weiter lief. Andreas Frings wand sich langsam aus dem Ledersitz heraus. Bloß keine überstürzte Bewegung. Nichts tun, was diesen fiesen Schmerz auslöste. In periodischen Abständen machte ihm der Rücken zu schaffen. Meistens kam der Schmerz, wenn es draußen kühler wurde.

Langsam ging er zur rot-weißen Schranke, steckte den Schlüssel in das verchromte Vorhängeschloss. Das Schloss klemmte, wie immer. Es brauchte etwas Feingefühl, dann ließ sich der Schlüssel herumdrehen. Frings hob die Schranke, bis sie einrastete, ging zu seinem Toyota zurück und fuhr hindurch. Dann wiederholte sich die Prozedur, er musste die Schranke wieder schließen. Die Leute würden es sonst als Einladung verstehen, trotz der Hinweisschilder durch das Naturschutzgebiet zu fahren, um ein paar Kilometer Umweg auf der Landstraße zu sparen.

Der Motor wummerte untertourig. Frings fuhr im Schritttempo über den Waldweg, bis er nach etwa einem Kilometer anhielt und ausstieg. Auf der Ladefläche des Hilux passten zwei Hundeboxen nebeneinander. Als er die linke Box öffnete, sprang Bosco sofort heraus und positionierte sich neben dem linken Bein seines Herrchens. Er war ein brauner Deutschlanghaar, groß und athletisch, sein Fell braunweiß gescheckt. In der anderen Box wartete Gero ungeduldig jaulend. Vor einem halben Jahr war Geros Vorgänger

Arko an einer seltsamen Krankheit gestorben. Für Frings ein tragischer Verlust – er betrachtete seine Hunde als Familienmitglieder und hatte Mühe gehabt, schnell wieder einen neuen Hund dieser Rasse zu bekommen. Hannoveraner Schweißhunde waren eine Rarität. Wenn das Wild verletzt war und blutete, sprach der Waidmann von »Schweiß«, und ein Hund wie Gero konnte verletztes Wild selbst über Kilometer hinweg wittern. Diese Rasse zählte zu den zähesten Jagdhunden überhaupt. Jetzt sprang Gero lebhaft von der Ladefläche. Er war erst zehn Monate alt, etwas kleiner als Bosco und hatte ein einheitlich dunkelbraunes Fell. Frings schulterte seine Ledertasche und ging mit seinen Hunden in den Wald.

Ein Berufsjägerlehrling hatte gemeldet, dass drei Sprossen an der Leiter eines Hochsitzes kaputt seien. Die Hunde gingen rechts und links neben ihm. Als Frings den Hochsitz erreichte, sah er die Bescherung: sauber in der Mitte durchgebrochen! Das gesplitterte Holz sah noch frisch aus. Der Forstwirtschaftsmeister überlegte, ob es mutwillige Zerstörung war oder ob ein schwergewichtiger Mensch versucht hatte, die Leiter zu erklimmen. Frings löste die kaputten Sprossen und tat sie in seine Umhängetasche. Als er sich zu seinen Hunden umdrehte, lag Gero nicht mehr neben Bosco, der es sich unweit des Hochsitzes bequem gemacht hatte.

»Fuß!«, schrie Frings durch den Wald. Gero wusste sofort, dass er gemeint war, und beendete den Fluchtversuch. Schuldbewusst sah er zu seinem Herrchen. Frings ging zu ihm, nahm ihn an die Leine.

Doch Gero wandte sich sofort wieder der Richtung zu, in die er gegangen war. Der Schweißhund hatte Witterung aufgenommen. Es war seinem jungen Alter geschuldet, dass Gero nicht auf Anhieb parierte, aber das durfte sein Herrchen trotzdem nicht dulden. Was war es, das seinen Hund aufstachelte, ein verwundetes Tier?

»Dann mach mal, such!«

Kaum hatte Frings grünes Licht gegeben, da ging Gero seiner

Nase folgend los, zog kräftig an der Leine. Sein Herrchen hatte Mühe, Schritt zu halten. Nach etwa dreißig Metern durchs Unterholz erreichten sie eine schmale Lichtung. Gero blieb stehen, wirkte einen Moment orientierungslos, dreht sich im Kreis und fing dann an zu buddeln.

Frings sah sich um. Da war kein verwundetes oder totes Tier, und offensichtlich auch kein Bau.

»Aus!«, wies Frings den Hund an. »Platz!«

Bosco, der sie begleitet hatte, gehorchte sofort – Gero nur zögernd, winselte aufgeregt. Frings sah sich die Stelle an, wo der Schweißhund gegraben hatte. Der Boden war von Laub und Reisig befreit, wirkte wie frisch aufgeworfen. Frings ging ächzend auf die Knie. Die Erde war in der Tat sehr locker. Er grub vorsichtig ein kleines Loch. Zunächst mit einer Hand, dann ließ er die Leine los und grub mit beiden Händen. Er überlegt bereits, ob er zum Wagen zurückgehen und die Schaufel holen sollte, als er mit den Fingern auf etwas stieß, dass eindeutig keine Erde war. Etwas Helles kam zum Vorschein.

Haut. Eine Stirn, eine Nase, ein Auge ...

Entsetzt sprang Frings auf. Das tote Auge schien ihn direkt anzustarren.

Im selben Moment schoss der Schmerz wie ein Stromschlag in die Lendenwirbel. Frings sackte auf die Knie, beugte sich nach vorn, dadurch konnte er den Schmerz in seinem Rücken lindern. Dem Förster war speiübel. Er streckte die Hand aus und bekam die Hundeleine zu fassen. Gero buddelte schon wieder, Frings zog ihn von dort weg.

»Aus!«, keuchte er. »Platz. Platz!«

Gero gehorchte. Frings versuchte ruhig ein- und auszuatmen, ein und aus. Der Schmerz ließ etwas nach. Dann zerrte er sein Handy aus der Hosentasche. Kein Netz! Was hatte er erwartet? Er steckte es ein.

Es kostete Frings Überwindung, erneut in das tote Gesicht zu blicken. Offensichtlich eine Frau, wie die blonden Haare verrieten, die undeutlich zu sehen waren. Das tote Auge starrte ihn unverwandt an, der süßliche Geruch von Verwesung lag in der Luft. Er sah sich um. Niemand weit und breit. Nur die Geräusche des Waldes. Frings wischte sich die erdigen Hände an der Hose ab, straffte sich. Es ging, er konnte sich wieder bewegen. Er kam langsam auf die Beine, tat jeden Schritt mit Bedacht und machte sich auf den Weg zurück zu seinem Wagen.

Als er die Schranke erreichte, hatte er bereits wieder Empfang. Frings wählte die Nummer der Polizei. Zehn Minuten später traf der erste Streifenwagen ein.

Während ein Einsatzfahrzeug nach dem anderen eintrudelte, gab Frings zu Protokoll, wie sein Schweißhund die Tote gefunden hatte, dass er selbst mit den Händen in der Erde gegraben hatte, und erwähnte auch seine Rückenschmerzen, ließ kein Detail aus. Danach lauschte Frings den Gesprächen der Polizisten und schnappte auf, dass die Leiche übel zugerichtet worden sei. Auf Nachfrage bekam er keine Antwort, Frings wurde hier nicht mehr gebraucht. Er gab den Polizisten den Schlüssel für die Schranke, sie würden ihn später vorbeibringen. Dann stieg er in seinen Toyota und fuhr davon. Erst als er zu Hause war und die Umhängetasche vom Beifahrersitz nahm, fiel ihm ein, dass er in seiner Aussage ein kleines Detail zu erwähnen vergessen hatte. Wenn die Beamten ihm den Schlüssel für die Schranke vorbeibrächten, würde er es ihnen noch sagen.

3

Nina hatte sich schnell eingearbeitet. Aber wenn ich ehrlich war, gab es auch nicht besonders viel, in was sie sich einarbeiten musste. Die Flaute, die seit Monaten herrschte, hielt noch immer an. Meine Fälle warteten auf einen Prozesstermin, einen Strafbefehl oder darauf, dass sich überhaupt mal was tat. In meinem Portfolio befand sich ein Achtzehnjähriger, der kurz vor seinem Abitur stand. Er hatte bei einer Schlägerei etwas zu fest zugelangt, und als die Polizei eintraf, bekam eine unerfahrene Kommissaranwärterin im Eifer des Gefechts auch noch einen Ellbogen von ihm ins Gesicht. Widersprüchliche Zeugenaussagen. Jeder schob dem anderen die Schuld zu. Deshalb würde es etwas länger dauern, bis sich die Staatsanwaltschaft entschied, ob sie Anklage erhob und, wenn ja, gegen wen. Dann gab es noch einen Einbrecher auf meiner Liste und einen Verkehrssünder, der meinte, dass der Tacho seines Audi A8 nicht richtig funktionierte, als er mit über hundert Stundenkilometern durch die Stadt raste. Die Flaute hielt nun schon seit drei Monaten an, finanziell konnte ich das nur überstehen, weil das Vorjahr überdurchschnittlich ergiebig gewesen war. Eine zwölfköpfige Bande weißrussischer Autoschieber war auf frischer Tat ertappt worden, wie sie in einer Werkstatt Luxuskarossen für den Abtransport in Richtung Osten zerlegt hatte. Ich hätte dem Leiter der Sonderkommission am liebsten eine Flasche Wodka als Dankeschön geschickt. Zwei der Weißrussen ließen sich von mir vertreten, und ich bekam mein Geld vorab in bar, wie es in diesen Kreisen üblich war. Der eine hieß Jegor, der andere Michail. Sie waren Brüder und würden im Knast gut zurechtkommen. Wer sich mit ihnen anlegte, landete zwangsläufig auf der Krankenstation. Zu mir waren sie nett. Manchmal muss der Anwalt als Sündenbock herhalten, in diesem Fall aber nicht. Mir gelang es, das Strafmaß deutlich nach unten zu drücken. Anstatt sieben würden sie nur drei Jahre absitzen. Nach der Urteilsverkündung hätten die Weißrussen mich am liebsten umarmt, aber die Handschellen ließen das nicht zu. Von solchen Erfolgen konnte ich nicht ewig zehren, meine Rücklagen schmolzen immer schneller dahin. Was mich aber am allermeisten störte, war, dass Nina zur Kronzeugin dieser Flaute wurde. Aber vielleicht spornte es sie ja an, noch mehr zu lernen, damit sie nicht so endete wie Nicholas Meller.

Irgendwann am dritten oder vierten Tag hatte ich ihr das Du angeboten – in der Boss-Rolle hatte ich mich noch nie wohlgefühlt. Außerdem ließ es sich so viel ungezwungener Plaudern. Ihre Behinderung beschäftigte mich nach wie vor.

»Wieso hast du eigentlich keine Prothese?«

»Stell dir vor, ich hatte mal eine«, antwortete sie. »Mit vierzehn, ungefähr eine Woche lang. Die tat ziemlich weh, und dann hat sie sich auch noch gelöst, und plötzlich lag mein Arm auf der Straße.«

Ich musste lachen. Sie grinste.

»Bist du dann mit dem Arm in der Hand nach Hause gegangen?«

»Ja. Die Leute haben ziemlich dumm geguckt.«

Mir gefiel ihre unbekümmerte Art. Dennoch, an jedem Tag, an dem ich Nina bei der Arbeit zusah, wurde mir bewusst, warum die Evolution uns zwei Hände beschert hatte. Das Leben war damit so viel einfacher.

»Wie schneidest du dir die Fingernägel? Hilft dir deine Mitbewohnerin?«, hatte ich sie irgendwann gefragt.

»Bei manchen Dingen hilft sie mir, aber nicht beim Nägelschneiden«, war ihre Antwort gewesen.

Sie wohnte mit einer Chemiestudentin in einer Zweier-WG. Da in Ninas Erzählungen bisher kein Freund vorkam, ging ich davon aus, dass sie keinen hatte. Geboren und aufgewachsen war sie in einem kleinen Ort in der Nähe von Krefeld. Ihre Eltern wohnten immer noch dort und finanzierten Ninas Studium. Sie schien nicht glücklich zu sein mit Jura, aber sie wollte das Studium durchziehen.

Ich ließ nicht locker. »Gibt es eine Nagelschere, die man mit einer Hand bedienen kann, und ich weiß nichts davon?«

Sie schüttelte den Kopf. »Bügelst du deine Hemden selbst?«

»Nein.« Ich verstand, was sie meinte.

An einem anderen Morgen brachte ich ein halbes Dutzend zusammengefaltete Kartons von der Post mit. Im Büro lag ein Stapel DVDs, die ich im Internet angeboten hatte. Nina sollte die Dinger verpacken und wegschicken. Irgendwann wollte ich mir einen Kaffee machen und sah, welch seltsame Verrenkungen sie da machte, um die Pakete mit einer Hand zusammenzufalten.

»Warum sagst du nichts?« Ich trat näher, um ihr zu helfen.

»Stopp!«, fuhr sie mich an. »Ich schaffe das. Dauert nur ein paar Sekunden länger. Okay?«

Ich zog mich zum Türrahmen zurück, blieb dort stehen und sah zu.

Sie hielt inne. »Du nervst.«

»Ich weiß. Bist nicht die erste Frau, die das zu mir sagt.«

»Bist du eigentlich Single?«

Die Frage klang ziemlich beiläufig, und meine Antwort hätte Ja lauten müssen.

»Nein«, antwortete ich stattdessen. Dr. Maria König und ich waren seit fast einem Jahr nicht mehr zusammen, aber ich hatte keine Lust, auf das Thema Beziehung einzugehen.

Nina beugte sich nach vorne, bis sie mit dem Oberkörper fast auf der Tischplatte lag. Sie tat das, um mit dem Kinn die Pappe auf dem Tisch zu fixieren, bevor sie die Rückwand des Kartons umfaltete. Es blieb nicht aus, dass sie mir dabei ihren runden Hintern in der engen weißen Jeans entgegenstreckte. Sie hatte wirklich eine tolle Figur.

Um sie nicht schamlos anzustarren, wandte ich mich ab, ging zur Kaffeemaschine und machte mir einen Espresso. Der Espresso war besonders laut und übertönte das Kindergeschrei aus dem Innenhof. Als ich zurückkam, war Nina fertig und stapelte die DVDs in den Karton.

Ich lächelte sie aufmunternd an. »Was hältst du davon – wir bringen die Pakete zusammen zur Post und gehen dann mittagessen?«

»Wenn du zahlst«, antwortete sie. »Ich habe kein Geld für so was.«

»Einverstanden.«

Von da an gingen wir öfter zusammen mittags essen.

Einen Vorteil hatte die Flaute. Mir blieb genug Zeit, mich auf ein privates, wichtiges Ereignis vorzubereiten. Das bevorstehende Kneipenfußballturnier. Dieses Jahr spielte ich im »Team Shooters«. Das Shooters war eine American Sportsbar. In der letzten Saison hatte ich für das Tetra Pack, meine damalige Stammkneipe, gekickt. Nach dem letzten Spiel hatte ich mich aber mit ein paar Leuten aus meiner Mannschaft verkracht. Eine doofe Diskussion unter Alkoholeinfluss hatte zum Streit geführt. So sehr ich Michael, den Wirt, auch mochte, ich ging seitdem nicht mehr dorthin. Jetzt konnte das Shooters auf meinen Einsatz zählen. Mir fehlte es allerdings an Kondition, weshalb ich joggte und von Tabak- auf Elektrozigarette umgestiegen war. Wenigstens bis das Turnier vorbei war, musste ich meinen Nikotinkonsum einschränken. Nina machte den Vorschlag, dass ich bei der Gelegenheit vielleicht ganz aufhören sollte zu rauchen.

An dem Tag, der mein Leben nachhaltig verändern sollte, kam

ich ziemlich verkatert gegen Mittag ins Büro. Ich war nach dem Training noch im Shooters versackt und hatte neue Whiskeysorten getestet, die Lutz, der Wirt, rangeschafft hatte. Ein Fehler.

Da ich außer zwei Aspirin nichts gefrühstückt hatte, lud ich Nina zum Mittagessen ein. Sie bestellte eine Currywurst mit Pommes. In der Kneipe, wo wir waren, galt es als schick, die Wurst ungeschnitten zu servieren. Als die Kellnerin den Teller vor Nina abstellte, bemerkte sie das Problem. Die Frau sah uns etwas ratlos an. Aber ich nahm kurzerhand mein Besteck und zerteilte die Wurst in mundgerechte Stücke.

Wir fingen gerade an zu essen, als mein Handy vibrierte. Ich kramte es genervt aus der Hosentasche. Die ersten drei Ziffern auf dem Display waren 229, und das verriet mir, dass der Anruf aus dem Polizeipräsidium kam.

»Meller«, meldete ich mich und achtete darauf, dass meine Stimme gestresst klang. Ein Akt von Imagepflege, gute Anwälte hatten immer furchtbar viel zu tun.

»Hauptkommissar Rongen, Kripo Köln«, ertönte es aus dem Handy. »Ich habe hier einen Täter, der möchte Sie als Anwalt haben.«

Vielleicht bildete ich es mir nur ein, aber ich hatte das Gefühl, als habe in seiner Stimme ein ungläubiges Staunen mitgeschwungen. Als ob der Mandant einem leidtun könnte, dass ich sein Anwalt war.

»Einen *Täter*?«, fragte ich. »Wurde er denn schon verurteilt?«

»Sie wissen, was ich meine.«

»Hat der Verdächtige auch einen Namen?«

»Wolfgang Rölscheid. Er hat gesagt, Sie hätten ihn schon mal vertreten, und der Haftrichter hat Sie deshalb auf Wunsch des Beklagten zum Pflichtverteidiger bestellt.«

Ich erinnerte mich. So viele Mandanten hatte es im letzten Jahr nicht gegeben. Rölscheid war ein Pferdewirt aus Bergheim-Glessen, etwas außerhalb von Köln. Er betrieb einen Reiterhof. An sich ein feiner Kerl, aber ihm war die Faust ausgerutscht, zum Nachteil seiner Ehefrau. Er hatte ihr zwei Zähne ausgeschlagen und das Nasenbein gebrochen. Mir war es gelungen, die Sache als eine einmalige Angelegenheit im Affekt hinzustellen, und er kam mit einem Strafbefehl, also ohne Gerichtsverfahren, davon. Trotzdem war er damit vorbestraft. Seine Frau hatte nach der Attacke die Scheidung eingereicht.

»Ja, das stimmt«, sagte ich. »Um was geht es diesmal?«

»Mord.«

Mir klappte der Mund auf. Nina bemerkte mein entsetztes Gesicht und sah mich fragend an. Für einen Moment war ich sprachlos.

»Sind Sie noch dran?«, ertönte es aus dem Handy.

»Sie scherzen?«, fragte ich.

»Nein. Er hat seine Ehefrau ermordet.«

»Seine Ehefrau? Aber ...« Mein Gedanken rasten. Was war passiert? Hatte Rölscheid erneut zugeschlagen, diesmal etwas fester?

»Kann ich ihm ausrichten, dass Sie vorbeikommen?«, fragte Rongen.

»Ja. Und er soll vorher keine Aussage machen.«

»Keine Sorge. Er spricht nicht mit uns. Aber das muss er auch nicht. Die Beweislage ist eindeutig.«

Ich hatte mich wieder etwas gefangen. »Das höre ich so oft, und dann stellt sich heraus, dass Sie ihn wieder laufen lassen müssen.«

»Diesmal nicht. Das garantiere ich Ihnen. Sie finden uns im Präsidium, Kommissariat elf. Thomas Rongen.«

Er beendete das Gespräch ohne ein weiteres Wort.

Ich sah Nina an.

»Schon mal einen Mordfall gehabt?«

Sie schüttelte den Kopf.

»Ich auch nicht.« Mir war der Appetit vergangen. Ich winkte der

Kellnerin zu, ließ unser Essen einpacken und bezahlte die Rechnung.

»Im Ernst? Dein erster Mordfall?« Die Begeisterung in ihrer Stimme war nicht zu überhören.

Ich zuckte mit den Schultern.

»Irgendwann ist immer das erste Mal.«

4

Die Brücke von Arnheim war das letzte Ziel der Operation »Market Garden«, des größten militärischen Luftlandeeinsatzes in der Geschichte der Menschheit. Im September 1944 entwickelte der britische Field Marshal Bernard Montgomery einen tollkühnen Plan, beseelt von dem Wunsch, den Zweiten Weltkrieg bis Weihnachten zu beenden. Der Plan war, mittels Bodentruppen und Luftlandeeinheiten mehrere Rheinbrücken kurz nacheinander einzunehmen und so den entscheidenden Vorstoß ins Herz der deutschen Industrie, das Ruhrgebiet, zu ermöglichen. Rund um die holländische Kleinstadt Arnheim starben bei dieser Großoffensive die meisten Soldaten und Zivilisten.

Jetzt, rund siebzig Jahre später, befand sich das historische Schlachtfeld in der Mitte seines Kellerraumes, auf einer eigens dafür angefertigten, vier mal drei Meter großen Sperrholzplatte. Das Kellerfenster hatte er mit Brettern verschlossen, damit es unmöglich war, von draußen etwas zu sehen. Warum er sich ausgerechnet für die Schlacht um Arnheim entschieden hatte, wusste er selbst nicht mehr so genau, aber die Idee, einen Kriegsschauplatz in seinem Keller als Modell nachzubauen, war ihm beim Besuch des »Miniatur-Wunderlandes« in der Speicherstadt von Hamburg gekommen. Stundenlang hatte er sich dort aufgehalten und die filigrane Arbeit der Erbauer bewundert. Durchquerte man die riesige Ausstellung mit ihren eintausenddreihundert Quadratmetern Modellfläche, gelangte man in wenigen Schritten von einer Schweizer Berglandschaft, vorbei an einem modernen Flughafen, bis zu einem norwegischen Fjord und konnte zusehen, wie ein Containerschiff vollautomatisch anlegte. Dazwischen waren Großstädte wie Hamburg oder Las Vegas nachgebaut. Die Welt im Modell sah schöner aus als in der Wirklichkeit, fand er, und die Schöpfer dieser Miniaturen hatten wirklich nichts ausgelassen, kein noch so kleines Detail. Er liebte das, diese Detailtreue. Er war regelrecht berauscht davon. Im Miniatur-Hamburg gab es ein Miniatur-Luxushotel. Er hatte lange davor gestanden und in eines der vielen Fenster geschaut. Dahinter lag eine Suite, die in der Realität bestimmt tausend Euro die Nacht gekostet hätte. Auf dem Bett lagen ein Mann und eine Frau. Die Figuren waren unbekleidet, die Frau trug nur noch ihre schwarze Nylonstrümpfe, und die Beine ragten weit gespreizt rechts und links von dem Mann in die Höhe. Das Licht gedämpft. Kein Hochzeitskleid auf dem Boden, keine Blumen in einer Vase, kein Kinderbett in der Suite. Nur die beiden auf dem Bett, und er steckte in ihr. Der Mann war reich, sonst könnte er sich so eine Suite nicht leisten – und die passende Frau dazu. Sie arbeitete für einen noblen Escortservice. Nebenberuflich. Tagsüber schaute sie den Leuten als Zahnarzthelferin in den Mund, saugte den Speichel ab, machte Silikonabdrücke. Oder war sie selbst Zahnärztin? Ging es ihr gar nicht ums Geld, wollte sie nur von fremden Männern gefickt werden? So oder so, sie schlüpfte nach Feierabend in eine andere Rolle, suchte zahlungskräftige Männer in teuren Hotels auf und ließ das mit sich machen, was gerade hinter dem kleinen Miniaturfenster in der noblen Suite geschah. Er spürte sein Herz klopfen, und er hörte ihre Stimmen, die Frau, wie sie anfing zu stöhnen. Es klang nicht echt, kein bisschen, ein bezahltes Stöhnen. Sie gab sich nicht mal viel Mühe. Nein, sie war keine Zahnärztin, sie brauchte das Geld, dringend sogar, was der Mann mit ihr tat, machte sie kein bisschen geil. Plötzlich schlug das falsche Gestöhne in einen spitzen Schrei um. Nicht gespielt. Der Mann hatte sie am rechten Fußgelenk gepackt, wirbelte ihren Körper herum und riss ihr den linken Nylonstrümpfe herunter. Dann drückte er ihren Kopf fest ins Kissen, knebelte sie mit dem Strumpf. Seine Hand knallte auf ihren nackten Arsch, hinterließ einen roten Abdruck. Noch mal und noch mal drosch er auf sie ein. Sie versuchte zu schreien, versuchte, seinem Griff zu entkommen. Keine Chance, das Kissen dämpfte die Schreie zusätzlich. Er griff zum Boden, zu seiner Hose, zog den Ledergürtel heraus und faltete ihn einmal. Dann peitschte er sie damit aus, auf den Rücken, aber vor allem auf den nackten Arsch, die Striemen zeichneten sich deutlich ab. Damit hatte die Schlampe nicht gerechnet. Sie war von einem normalen Job ausgegangen, aber sie hatte sich in der Tür geirrt. Sie dachte wohl, sich später unter der Dusche den Dreck der Nacht abwaschen zu können. Jetzt aber färbte sich die Haut ihrer Pobacken blutig rot, so fest schlug er zu. Sie sollte für ihren dreisten Betrug büßen. Für das falsche Gestöhne, die fehlende Lust. Er hatte dafür bezahlt.

Ein Kichern, der Situation völlig unangemessen, riss ihn aus seiner Gedankenwelt. Die Frau hinter ihm sah attraktiv aus, mit langen, schwarz gelockten Haaren. Ihr Freund stand daneben, und beide sahen, was es hinter dem Miniaturfenster zu sehen gab. Sie kicherten. Seinetwegen. Er musste weg. Die beiden lachten ihn aus. Die Frau flüsterte ihrem Freund etwas ins Ohr, sie lachten noch lauter.

Arnheim war weit genug entfernt von der Realität, sowohl räumlich als auch zeitlich. Hier konnte er voll und ganz eintauchen in seine Fantasien. Wer in Arnheim 1944 überleben wollte, musste Härte zeigen. Gnade konnte tödlich sein. Das Modell basierte zum Großteil auf historischen Fakten, bis auf einige Details, die er sich selbst ausgedacht hatte. Künstlerische Freiheit. Auf der Brücke fuhren deutsche Tiger-II-Panzer auf. Die Zeit stand still. Es war der Augenblick, kurz bevor das Inferno losbrach. Die Soldaten warteten auf den Schießbefehl, während sie in Deckung kauerten und die Panzer mit schweren Geschützen über die Brücke rollten. Der Tiger II wog in Wirklichkeit rund siebenundfünfzig Tonnen mit Bewaffnung und brachte die Metallkonstruktion der Brücke zum Beben. Es hatte bereits viele Tote gegeben, Market Garden war ein blutiges Gemetzel, aber die große, alles entscheidende Schlacht würde den Soldaten noch bevorstehen.

Mit der Lupe betrachtete er das Maschinengewehrnest am linksrheinischen Brückenkopf, dort, wo die Engländer saßen, und er entschied, die vorhandene Gruppe durch einen einfachen Soldaten zu verstärken. Die Männer am Maschinengewehr würden das Feuer eröffnen, und auch beim Sterben waren sie die Ersten. Er nahm die Pinzette, griff den Soldaten, der im Maßstab 1:76 knapp zwei Zentimeter groß war, und setzte ihn direkt neben den Mann am Maschinengewehr. Die Anordnung gefiel ihm. Mit der Pinzette nahm er den Soldaten wieder weg, tupfte einen kleinen Tropfen Kleber an seinen Fuß und stellte ihn zurück auf die Position, die für ihn gedacht war. Es erforderte viel Fingerspitzengefühl und eine ruhige Hand. Sein Blick wanderte zu dem Haus in der Nähe der Brücke, ganz nah am Fluss auf der rechten Rheinseite – der deutschen Seite. Das Haus hatte schon mehrere Treffer von Mörsergranaten abbekommen, die Bewohner waren längst geflüchtet. Jetzt diente es dem Panzerkorps als Beobachtungsposten. Zum Glück war das Dach noch intakt, wenn auch einige Ziegel fehlten. Sie lagen verstreut um das Gebäude herum. Er hatte auf jedes Detail geachtet. Jeder einzelne Dachziegel war ein Puzzleteil seiner Fantasie. Das Haus an der Brücke gab es nicht, historisch betrachtet, aber dieses Haus war das Zentrum, der eigentliche Grund, warum er sich mit Modellbau beschäftigte und weshalb diese Schlacht in seinem Keller stattfand. Auf dem Dachboden des Modellhauses befand sich eine Kammer. Kleine, kaum sichtbare Riegel verhinderten, dass das Dach bei einer Erschütterung herunterfiel. Er löste die Riegel. Seine Hand zitterte leicht, als er das Dach abnahm – und zum Vorschein kam das, was sich darunter abspielte. Abscheuliche Gräueltaten. Früher waren die Soldaten vielleicht mal nette Väter, liebende Ehemänner oder gute Söhne gewesen. Aber das Leid, die Schmerzen und die Entbehrungen vieler Kriegsjahre hatten sie verroht. Jetzt regierte unter ihnen nur noch der blanke Hass. Vor allem gegen Frauen, Partisaninnen, die zuerst friedlich schienen, den Soldaten aber schwere Verluste zufügten. Der Major hatte schon viele gute Männer durch solche Frauen verloren, und wenn er eine von ihnen in seine Gewalt bekam, rächte er sich. Für jeden einzelnen Kameraden. In dem Haus am Flussufer. Auf dem Dachboden. In der Kammer. Sie hatten die letzte Partisanin gerade erst begraben – oder das, was von ihr übriggeblieben war –, nun war schon eine neue eingetroffen. Das ging schnell diesmal. Der Major streifte die ledernen Handschuhe ab. Sie lag breitbeinig gefesselt auf dem Tisch. Was würde mit ihr geschehen? Der Major zögerte, es mussten Vorbereitungen getroffen werden. Nichts übereilen. Er durfte keine Fehler machen, kein unnötiges Risiko eingehen. Es sollte alles wie immer laufen – genau nach Plan.

    Die Partisanin hatte bereits einen Namen. Sie war markiert, wie er es nannte. Diesen Moment genoss er am meisten. Der Moment, wenn die Fantasie sein Großhirn eroberte und plastisch Gestalt annahm.

5

Den ersten Mordfall meines Lebens hätte ich lieber ohne eine Zuschauerin an meiner Seite bearbeitet. Zu viele Stolpersteine lagen auf dem Weg vor mir, und ich wollte nicht, dass Nina dabei war, wenn ich hinfiel. Ich stellte den Alfa Romeo neben einer Reihe von Streifenwagen auf einem der Besucherparkplätze ab. Einen Steinwurf vom Präsidium entfernt befand sich ein großes Einkaufszentrum. Ich verkniff mir die Frage, ob Nina nicht lieber hätte shoppen gehen wollen, anstatt mich zu begleiten. Es fing an zu nieseln. Wir gingen zügig Richtung Haupteingang, der weit genug von den Besucherparkplätzen weg lag, dass wir nass wurden.

»Zu Hauptkommissar Rongen, bitte.«

Der Mann vom Sicherheitsdienst saß hinter einem Tresen und blickte auf eine Liste. »Da sind Sie hier falsch. Die Mordkommission ist Gebäude Nummer sechs. Raus und dann rechts. Melden Sie sich dort beim Sicherheitsdienst an.«

Mittlerweile war aus dem Nieseln ein richtiger Regen geworden. Wir gingen den Weg zurück, den wir gekommen waren. Mein Auto parkte genau vor Gebäude sechs, den Umweg hätten wir uns also sparen können. Aber es war nun mal mein erster Mordfall. Nina beschwerte sich nicht.

Im Gebäude sechs saß der Sicherheitsdienst hinter einer Panzerglasscheibe. Als wir unser Anliegen vorgebracht hatten, informierte er Hauptkommissar Rongen per Telefon. Wir warteten. Ich versuchte mir einen Reim darauf zu machen, was eigentlich vorgefallen war. Waren Rölscheid wieder die Nerven durchgegangen?

Hatte er diesmal zu fest zugeschlagen? Dann wäre es Körperverletzung mit Todesfolge oder Totschlag im Affekt, aber kein Mord. Hauptkommissar Rongen hatte von Mord gesprochen und dabei sehr überzeugt geklungen.

Eine Polizistin, Anfang dreißig, in Jack-Wolfskin-Outfit, trat aus dem Fahrstuhl und durch die Schiebetür aus Glas. Sie hatte kurz geschnittene blonde Haare und war dürr wie eine Marathonläuferin, deshalb stach ihre Dienstwaffe am Gürtel besonders hervor. Im Präsidium fand ich die Bewaffnung ziemlich unsinnig. Entweder kam sie gerade von einem Außeneinsatz oder wollte das Gewicht ihrer Staatsmacht immer am Gürtel spüren. Ich bemerkte ihren irritierten Blick, als sie auf uns zukam. Unwillkürlich sah ich an mir herab, ob etwas an meinen Klamotten nicht stimmte. Da kapierte ich, dass sie nicht wegen mir so guckte, sondern wegen Nina. So war es also, immer und von jedem angestarrt zu werden.

»Sie sind der Anwalt?«

»Ja.« Ich sah keinen Grund, mich vorzustellen, sie hatte ihren Namen auch unterschlagen.

»Folgen Sie mir.« Sie wandte sich den Fahrstühlen zu.

»Was dagegen, wenn wir zu Fuß gehen?«

»In den vierten Stock?« Die Polizistin hielt es für einen Scherz.

»Ich nutze jede Gelegenheit, mich zu bewegen.«

Etwas widerwillig öffnete sie mit einem elektronischen Schlüssel die Tür zum Bürotrakt, und wir betraten einen Korridor. Geriffelte weiße Tapete, graue Türrahmen, ein Büro neben dem anderen. Ich war froh, hier nicht arbeiten zu müssen. Dann erreichten wir das Treppenhaus. Die Polizistin ging vor, und wir folgten ihr gemächlich in den vierten Stock. Nina hatte bisher geschwiegen, jetzt flüsterte sie mir zu: »Hat das einen besonderen Grund, weshalb wir zu Fuß gehen?«

»Psychologie.« Die Wahrheit musste sie nicht wissen. Noch

nicht. Sie würde noch früh genug merken, dass ich Fahrstühle und enge Räume hasste.

Das Treppenhaus wurde durch eine weitere schwere Glastür vom Bürotrakt getrennt. Unsere Begleiterin hielt wieder ihren Schlüssel an ein Lesegerät, und der Türsummer ertönte. Sie ging vor, wir folgten. Das Büro von Thomas Rongen befand sich am Ende des Korridors, der sich von dem Erdgeschoss in nichts unterschied. Die Polizistin klopfte an die offene Bürotür.

»Dein Besuch. Herr Meller. Und ...?« Sie sah fragend zu Nina.

»Die Quotenbehinderte«, antwortete ich für Nina. »Ich werde bezuschusst, wenn ich einarmige Studentinnen einstelle.«

Nina lachte laut los. Die Polizistin sah mich mürrisch an. Dann verschwand sie ohne ein weiteres Wort. Grundsätzlich hatte ich nichts gegen Polizeibeamte, sie sicherten mir meinen Job. Einige hatten allerdings eine Lebenseinstellung, die mir gewaltig gegen den Strich ging. Sie kamen sich so verdammt wichtig vor. Ich hoffte, dass Rongen anders war.

Zumindest trug der Hauptkommissar keine Waffe. In seinem Büro standen zwei Schreibtische, an dem linken saß Rongen, der rechte war unbesetzt. Rongen erhob sich aus seinem Drehstuhl und kam auf uns zu. Er war ein ziemlich durchtrainierter Typ, mittelgroß mit kräftiger Brust und deutlichem Bizeps. Sein weißes Freizeithemd mit Aufnähern von North Sail trug er lässig über einer blauen Jeans. Er gab, wie es sich gehörte, der Dame zuerst die Hand – die linke, als würde er das immer so machen.

»Hauptkommissar Rongen.«

»Nina Vonhoegen. Ich bin die Referendarin von Herrn Meller.«

»Habe ich mir schon fast gedacht«, sagte er mit einem Lächeln. »Willkommen in der Welt des Verbrechens.«

Dann gaben wir uns die Hand. Die rechte.

Rongen deutete auf zwei Stühle, die an einem kleinen, runden Besprechungstisch standen.

»Bitte, nehmen Sie Platz.«

Er ging zu seinem Schreibtisch zurück, auf dem sich Akten stapelten. Der Arbeitsplatz gegenüber sah ähnlich aus. Rongen blätterte in einer Akte. Dann kam er zu uns und pfefferte die Akte auf den Tisch.

»Das sind die Kopien von allen Unterlagen, die uns bis jetzt vorliegen. Der Antrag auf Akteneinsicht wird gewährt, sobald Sie ihn stellen. Ich habe mit der Staatsanwältin bereits telefoniert.«

Er schob mir zwei Blätter rüber, die ich ausfüllen und unterschreiben musste. Eine Sache von ein paar Sekunden, dann waren die Formalitäten erledigt.

»Wer bearbeitet den Fall?«

»Dr. Franka Naumann.«

Der Name sagte mir nichts.

»Soll ich kurz zusammenfassen?« Er deutete auf die Akte.

»Ja, bitte.«

»Die Ermittlungen sind für uns weitestgehend abgeschlossen. Ihrem Mandanten Wolfgang Rölscheid wird zur Last gelegt, seine Ehefrau Miriam Rölscheid, fünfunddreißig Jahre alt, ermordet zu haben. Die Leiche hat er in einem Waldstück in der Nähe seines Hauses vergraben. Im Königsdorfer Forst. Das Motiv ist Rache. Seine Frau wollte sich von ihm scheiden lassen, und das hätte ihn finanziell ruiniert. Wie Sie ja wissen, ist Wolfgang Rölscheid vorbestraft wegen Körperverletzung zum Nachteil seiner Frau. Sie haben ihn damals vertreten.«

»Beweise?«

»Beweise, Indizien, Zeugenaussagen.« Rongen klopfte auf den Aktendeckel. »Frau Rölscheid wurde von einer Freundin als vermisst gemeldet, wenige Tage nachdem sie sich noch mal mit ihrem Mann getroffen hatte. Das war vor fast drei Wochen. Vor elf Tagen wurde die Leiche im Königsdorfer Forst gefunden, vielleicht haben Sie davon gehört oder gelesen.«

Der Leichenfund hatte in der Tat für Schlagzeilen gesorgt. Ich hatte die Berichterstattung aber nicht verfolgt. Ich konnte ja nicht ahnen, dass ich mit diesem Fall zu tun bekommen würde.

Rongen fuhr fort. »Das Handy des Opfers befand sich zwei Tage in der Nähe von Rölscheids Haus, bevor es abgeschaltet wurde. Wir haben Blutspuren an seinen Stiefeln gefunden und Lehm, der vom Fundort der Leiche stammt.«

»Danke, das reicht«, unterbrach ich ihn. Den Rest wollte ich lieber selber lesen oder von Rölscheid persönlich erfahren. »Bringen Sie mich bitte zu meinem Mandanten.«

Rongen nickte und schob mir die Akte über den Tisch. Ich tat sie in meinen Koffer. Als wir uns erhoben, kam eine Frau herein – offensichtlich Rongens Kollegin, mit der er sich das Büro teilte. Sie war höchstens Anfang dreißig, etwas dicklich, und ihre braunen Haare hatte sie zu einem Pferdeschwanz gebunden. Sie nahm uns nur beiläufig wahr, wirkte schlecht gelaunt.

»So ein Mist. Unser Übersetzer ist krank und nicht zu erreichen. Sein Vertreter hat zwar was erzählt, aber ... das ergibt irgendwie alles keinen Sinn.« Sie hielt die Klarsichthülle hoch, und ich sah, dass sich darin ein blutverschmiertes Stück Papier befand. Auch konnte ich erkennen, dass darauf kyrillische Buchstaben geschrieben waren.

Die Polizistin ging zu ihrem Schreibtisch. »Wie soll ich jetzt herausfinden, was auf dem scheiß Zettel steht. Was nützen uns Leute, die mit der Sprache im Milieu nicht vertraut sind?«

Es gab keinen plausiblen Grund, die Polizei bei ihrer Arbeit zu unterstützen, ausgenommen, ich wollte einen guten Draht zu ihnen herstellen. Manchmal konnte so etwas hilfreich sein. Aber der Hauptgrund, warum ich mich einmischte, war ein anderer – Neugier.

»Darf ich mal sehen?«

»Das hat nichts mit Ihrem Mandanten zu tun«, intervenierte Rongen.

»Dann nicht.« Ich wandte mich ab und ging zur Tür.

»Können Sie etwa russisch?« Die Kollegin hatte angebissen.

»Deswegen frage ich.«

Die junge Frau sah zu ihrem Kollegen. Rongen nickte. Sie kam auf mich zu. »Oberkommissarin Ferber«.

»Meller, angenehm«, sagte ich und nahm die Klarsichthülle entgegen, die sie mir hinhielt. Mir genügte ein Blick, um zu wissen, was da stand.

»Das hat nichts mit Wolfgang Rölscheid zu tun?«

Rongen schüttelte den Kopf. »Nein. Garantiert nicht.«

»Wo haben Sie den Zettel gefunden, bei einer Leiche?«

Rongen nickte stumm.

»Eine Prostituierte?«

Rongen nickte wieder. »Und was steht da jetzt?«

»Vedunja.« Ich sah zu Ferber. »Was hat der Übersetzer dazu gesagt?«

»Führen oder Führerin, im Sinne von Fremdenführer, der einem die Stadt zeigt.«

»Ist nicht ganz falsch. Aber ich kenne den Begriff aus einem Märchen, das auf Altrussisch verfasst wurde. Meine Oma hat es mir früher vorgelesen. Da ist Vedunja, die Wissende. Eine Frau, die vorausschauen kann, wie eine Seherin, die sich von allen anderen Frauen abhebt und sehr viel weiß.«

Ich gab die Klarsichthülle an Ferber zurück und fügte noch meine persönliche Einschätzung hinzu. »Das Mordopfer wusste womöglich zu viel.«

»Könnte es sein, dass sie Vedunja hieß?«, hakte Rongen nach.

Ich sah zu ihm. »Sie wissen nicht, wer sie war?«

Er schüttelte den Kopf.

»Vedunja als Name habe ich noch nie gehört. Dunja höchstens.« Auf einmal begriff ich, was der Zettel wohl zu bedeuten hatte. »Das ergibt Sinn.«

»Was?« Jetzt hatte ich auch Rongen am Haken.

»Wenn Sie eine Vedunja suchen und Zeugen nach ihr fragen, wird niemand mit Ihnen reden. Die Freundinnen des Opfers wissen bestimmt, was mit dem Zettel gemeint ist. Nichts Gutes.«

Ferber sah zu Rongen, beide hatten verstanden. Die Oberkommissarin bedankte sich für meine Hilfe und ging wieder zu ihrem Schreibtisch.

»Dann mal los«, sagte Rongen. »Ihr Mandant ist im PGD.«

»Und wieso sind wir extra hier raufgekommen?« Meine Stimme klang schärfer als beabsichtigt.

Rongen verstand meine Reaktion nicht. »Ich war noch nicht fertig mit Kopieren der Akte. Sorry!«

Er ging vor. Wir folgten ihm durch den Korridor.

»Was bedeutet PGD?«, fragte mich Nina.

»Polizeigewahrsamsdienst. Unser Mandant ist in einer Arrestzelle.«

Wir kamen an der Tür vorbei, die ins Treppenhaus führte. Ich spürte, wie sich auf meiner Stirn Schweißperlen bildeten. Nina schien das zu bemerken und kam mir zuvor. »Ich möchte lieber die Treppe nehmen.«

Rongen blieb stehen, drehte sich um, und sein Blick fragte, ob das ernst gemeint sei.

Ich grinste. »Wenn sie das will.«

Rongen marschierte zur Tür zurück und geleitete uns ins Treppenhaus, ging zügig voraus. Auf dem Weg nach unten kramte Nina in ihrer Handtasche und reichte mir ohne jeden Kommentar ein Stofftaschentuch. Ich nahm es und wischte mir die Stirn ab. Sie sprach leise. »Du hast Angst vor Fahrstühlen?«

Ich steckte das Taschentuch ein, ohne auf ihre Frage zu antworten. Im Erdgeschoss angekommen folgten wir Rongen auf den Hof, wo einige Fahrzeuge parkten, vor allem weiße Sprinter mit schwarzer Aufschrift POLIZEI und Blaulicht auf dem Dach. Es hatte aufgehört zu regnen. Wir näherten uns einem großem Metalltor, von Videokameras beobachtet. Zu diesem Bereich hatte Rongen keinen Schlüssel mehr, er musste sich an einer Sprechanlage anmelden. Kurz darauf wurden wir von einem Beamten abgeholt.

Vor der Tür zu einem Vernehmungsraum blieb Rongen stehen und drehte sich zu uns um. »Ist das Ihr erster Mordfall?«

»Was tut das zur Sache?«

»Ich wollte Sie nur vorwarnen. Die Staatsanwaltschaft hat eine Presseerklärung rausgegeben. Über den Fund der Leiche ist ja schon ausführlich berichtet worden.«

»Und?«

»Sie haben uns einen Tipp gegeben, ich gebe Ihnen einen. Passen Sie auf, womit Sie die Medien füttern. Die lassen nicht locker, wenn Sie einmal damit angefangen haben. Ich spreche aus Erfahrung.«

»Ach ja?«

Rongen verzog die Mundwinkel, weniger als ein Grinsen. »Ihr Mandant verschafft Ihnen Publicity. Das ist sicher. Aber Sie sollten sich die Frage stellen, ob Sie diese Form der Publicity auch wollen. Lesen Sie die Akte, dann verstehen Sie, was ich meine. Ist nur ein gut gemeinter Ratschlag. Viel Glück.«

Er schenkte Nina ein Lächeln zum Abschied, dann ließ er uns stehen. Ich sah ihm nach. Ob wir uns das nächste Mal erst wieder vor Gericht sehen würden oder früher, hing von der Arbeit der Ermittler ab. Ich würde jeden Punkt der Akte durchgehen und versuchen, einen Fehler zu finden. Noch konnte ich nicht ahnen, was mich erwartete.

6

Der Verhörraum war kahl, Neonröhren an der Decke, die Wände hellgrün gestrichen. Rölscheid saß an einem kleinen Tisch, an der hinteren Wand stand ein Beamter. Beide blickten uns an, als wir eintraten. Rölscheid hatte sich verändert, seit ich ihn das letzte Mal gesehen hatte. Er war dreiundvierzig Jahre, sah aber stark gealtert aus, sein Haar war grau und zerzaust. Ich schätzte, er hatte in dem einen Jahr gut zehn Kilo zugelegt. Dennoch wirkten seine Wangen eingefallen, sein Gesicht blass von den hellgrün reflektierenden Wänden. Die Festnahme hatte ihm ganz offensichtlich zugesetzt.

Wir nahmen ihm gegenüber an dem Tisch Platz. Der Beamte, der ihn bisher bewacht hatte, ging zur Tür. Ich sah, dass Rölscheid Handschellen trug.

»Moment. Nehmen Sie ihm bitte die Handschellen ab.«

Der Beamte blieb stehen, sah mich an. »Sind Sie sicher? Wir haben keine Videoaufzeichnung hier im Raum.«

»Ja. Ich bin mir sicher.«

Der Polizist nahm Rölscheid die Handschellen ab und verließ den Raum. Das Erste, was ein Anwalt tat, war, sich das Mandat unterschreiben zu lassen. Danach ließ ich ihn erzählen. Die Geschichte seiner Ehe kannte ich bereits vom letzten Mal. Die beiden hatten sich auf einem Schützenfest kennengelernt und kurz darauf geheiratet. Die Ehe stand von Anfang an unter keinem guten Stern. Miriam hatte ihren Job als Zahnarzthelferin aufgegeben, kümmerte sich um die Pferde und verdingte sich als Reitlehrerin. Das machte ihr Spaß. Sie tat eigentlich nur, was ihr Spaß machte.

Schon bald wurde sie in Begleitung anderer Männer gesehen. Rölscheid hörte weg, sah weg, er nahm die Demütigungen hin. Doch irgendwann verlor er die Nerven. Es kam zum Streit, und er schlug zu. Daraufhin lernten wir uns kennen.

Rölscheid schilderte mit leiser Stimme, wie es nach der Verurteilung weiterging. Miriam hatte den Hof verlassen und die Scheidung eingereicht. Sie wollte Geld von ihm. Viel Geld. Es wäre sein Ende gewesen.

Rölscheid hatte bisher den Blick gesenkt, jetzt sah er gequält zu uns auf. »Als Miriam vor drei Wochen von einem Kurzurlaub auf Mallorca zurückgekommen ist, habe ich sie um eine Aussprache gebeten. Unter vier Augen, ohne Anwälte. Sie war einverstanden, unter der Bedingung, dass das Treffen in der Öffentlichkeit stattfand. Sie hatte Angst vor mir.«

»Hat das Treffen stattgefunden?«

Rölscheid schüttelte den Kopf.

»Wir haben einen Treffpunkt vereinbart, ein Eiscafé bei uns in Glessen. Aber sie ist nicht gekommen. Eine Stunde lang habe ich gewartet, mehrmals auf ihrem Handy angerufen, aber sie ist nicht rangegangen.«

»Und dann sind Sie nach Hause gefahren.«

Er nickte.

Sechs Tage später erschien die Polizei bei ihm. Miriam war von einer Freundin, einer gewissen Sarah Hofer, als vermisst gemeldet worden. Nach der ersten Befragung waren die Kommissare noch allein weggefahren. Beim zweiten Mal hatten Sie einen Durchsuchungsbeschluss und einen Haftbefehl dabei. Die Leiche war gefunden worden, und von da an gab es ausreichend belastende Indizien und Beweise gegen den Ehemann.

»Wieso haben Sie mich nicht schon nach dem ersten Besuch angerufen?« Es war der größte Fehler, den man als Verdächtiger machen konnte, seinen Anwalt zu spät einzuschalten.

»Ich hatte verdammt viel um die Ohren, mir steht das Wasser bis zum Hals, ich weiß noch nicht mal, wie ich Sie diesmal bezahlen soll.«

»Wir beantragen Prozesskostenbeihilfe«, beruhigte ich ihn. »Der Richter hat mich als Pflichtverteidiger bestellt.«

»Ich bin unschuldig.« Ihm versagte die Stimme, und er schluckte trocken. »Ich bin überhaupt nicht auf die Idee gekommen, dass man mich verhaften könnte. Ich bin davon ausgegangen, dass sich früher oder später alles von allein aufklären würde. Ich habe denen gesagt, die sollen lieber zu den Typen gehen, mit denen Miriam es getrieben hat.«

»Wurden Sie zur Sache verhört?«

»Die haben's versucht, ja. Aber ich habe gesagt, dass ich einen Anwalt haben will.«

»Das haben Sie richtig gemacht.«

»Wann kann ich wieder hier raus?«

Mir lief ein Schauder über den Rücken. Er hatte den Ernst der Lage offensichtlich noch nicht begriffen. Der Straftatbestand lautete Mord, und da bereits ein Haftbefehl existierte, schien die Beweislage gegen ihn ziemlich stichhaltig zu sein.

»Ich bin unschuldig. Sie müssen mir glauben.«

Sein trauriger Blick wanderte zu Nina. Erst jetzt bemerkte er, dass an ihrem Körper etwas fehlte.

»Hatten Sie einen Unfall?«

»Nein, seit der Geburt. Ein schlechter Scherz der Natur.« Sie lächelte.

»Das tut mir sehr leid für Sie.«

Seine Anteilnahme wirkte echt. Aber es ging hier wirklich nicht um Nina. Ich räusperte mich. »Ich muss Ihnen leider sagen, dass Sie in Untersuchungshaft bleiben. Zumindest so lange, bis ich mich in den Fall eingearbeitet habe. Dann werde ich einen Haftprüfungstermin beantragen, einen Kautionsantrag stellen, allerdings wird die Kaution – wenn sie überhaupt gestattet wird – sehr, sehr hoch sein.«

»Ich habe kein Geld.«

Ich wich seinem Blick aus und sah auf die Tischplatte. »Das nächste Mal werden wir uns in der JVA treffen.«

»Im *Gefängnis*?«

Endlich war der Groschen gefallen.

»Ich verspreche Ihnen, ich gebe mein Bestes.« Es war ein schwacher Trost.

»Ich habe auch immer mein Bestes gegeben.« Er schluchzte. »Immer. Und was ist aus mir geworden? Schauen Sie mich an. Wenn Sie Ihr Bestes geben, dann ... dann hoffe ich, dass Sie besser sind als ich.«

Jetzt fing er an zu weinen. Sein blasses Gesicht verformte sich zu einer unschönen Fratze. Sein massiger Körper bebte. Er wimmerte. »Ich kann nicht ins Gefängnis ... Ich ... ich halte es da nicht aus.«

Ich sah den Mann an. Was immer er getan oder nicht getan hatte, in diesem Punkt hatte er meine vollstes Mitgefühl. Ich hielt es nicht mal wenige Minuten in einem Fahrstuhl aus, wie wäre es da erst in einer Zelle.

»Herr Rölscheid«, ließ sich jetzt Nina vernehmen, und Rölscheid sah zu ihr. »Wir werden alles tun, was in unserer Macht steht. Wenn Sie unschuldig sind, wie Sie behaupten, werden wir die Wahrheit herausfinden und holen Sie hier so schnell wie möglich raus.«

Jetzt drehte ich mich zu ihr und funkelte sie an. Anwälte machten niemals solche Versprechen. Am besten gar keine Versprechungen. Sie hätte das nicht sagen dürfen. Aber ihre Worte zeigten sofort Wirkung. Rölscheid beruhigte sich etwas. Er sah in uns einen Hoffnungsschimmer.

»Danke«, schluchzte er. »Vielen Dank. Ich bin so froh, dass Sie für mich da sind.«

Auf dem Weg zurück zum Parkplatz ging Nina zwei Schritte hinter mir. Als wir im Auto saßen, ließ ich erst mal Dampf ab. »Was war denn das für eine Nummer?«

Nina wurde rot im Gesicht. Sie sah mich schuldbewusst an. »Wenn Sie unschuldig sind, holen wir Sie hier raus? Wo hast du denn *die* Sprüche her? Wir haben noch nicht mal einen Blick in die Akte geworfen.«

»Es waren seine Augen.« Ihre Stimme zitterte.

»Was ist mit seinen Augen?«

»Wenn du ein Leben lang angestarrt wirst, hast du einen Blick dafür. Wie Leute gucken. Ob sie die Wahrheit sagen.«

»Vielleicht hättest du besser Esoterik studieren sollen!« Ich schüttelte den Kopf. »Dir sollte doch wohl klar sein, dass es nicht darum geht, ob er es war oder nicht. Verdammt noch mal!« Ich schlug mit der Hand gegen das Lenkrad.

»Ja, du hast recht.« Sie sah mit resignierter Miene zum Fenster hinaus. »Absolut recht. Jura war das Dümmste, was ich studieren konnte.«

Manche Leute sagten so etwas, weil sie vom anderen das genaue Gegenteil hören wollten. Nina nicht, es war ihr voller Ernst.

»Es tut mir leid, so meinte ich das jetzt nicht«, sagte ich schnell.

»Quatsch. Es stimmt. Ich habe kein Talent für den Scheiß, ich bin eine Niete.« Ihre Stimme bebte, aber sie unterdrückte die Tränen. »Ich habe mir das erste Staatsexamen hart erarbeitet und trotzdem nur ein Ausreichend geschafft. Ich wollte meine Eltern halt nicht enttäuschen. Nicht noch mal.«

»Nicht noch mal?«

»Glaubst du, die haben sich ein einarmiges Mädchen gewünscht?«

Ich schluckte. Einmal mehr wurde mir klar, dass ich im Grunde keine Ahnung hatte, was es bedeutete, mit einer Behinderung zu leben. Nicht nur die Unzulänglichkeiten des Alltags, die Blicke der Leute – es war mehr. Nina spürte jeden Tag, dass sie anders war, und auch wenn sie so tat, als hätte sie sich an ihr Leben gewöhnt, tief in ihrem Inneren lief ein anderes Programm ab. Sie war nicht so stark, wie ich dachte, und jetzt hatte ich ihr einen Tiefschlag versetzt.

»Glaubst du wirklich, dass er unschuldig ist?«, fragte ich.

»Ja.« Sie sah mich an. »Es war nicht nur sein Blick, auch dass ihm das leidtut für mich. Obwohl er selbst bis zum Hals in der Scheiße steckt, kann er mitfühlen? Das passt doch nicht zu einem Typen, der seine Frau ermordet hat und jetzt alle Gedanken darauf konzentrieren muss, seinen Anwalt anzulügen.«

Diese Bemerkung war mir während des Gespräches auch aufgefallen. Nina hatte recht. Ein wesentliches Merkmal eines Straftäters ist es zu lügen, sich zu verstellen, falsche Fährten zu legen. Lügen erforderte volle Konzentration. Rölscheids Mitgefühl gegenüber Nina passte nicht ins Verhaltenmuster eines Mannes, der in der Klemme saß und seinen Anwalt mit erfundenen Geschichten auf seine Seite ziehen wollte.

»Er ist außerdem deinem Blick niemals ausgewichen, als du ihn befragt hast.« Nina hatte ihre Fassung zurückgewonnen. »Wenn man verlegen ist oder etwas zu verbergen hat, dann kann man dem anderen nicht richtig in die Augen sehen. Er hat dich angefleht. Er sieht in dir die Rettung. Weil er sich unschuldig fühlt.«

»Er sieht in uns die Rettung.«

Nina sah mich verwundert an. Dann lächelte sie.

Ich drehte den Zündschlüssel um, und der Anlasser hatte zu arbeiten, bis der Motor endlich ansprang. Nicht mehr lange und mein geliebter, achtzehn Jahre alter Alfa Romeo würde mich im Stich lassen. Ich spürte es.

»Hast du heute noch was vor?«, fragte ich, als die Kolben im Motor stotternd in Schwung kamen.

Nina schüttelte den Kopf. »Ich bin bereit. Wir können die Akte durcharbeiten.«

»Nein. Das hat noch etwas Zeit.«

»Das hat Zeit?« Nina wusste nicht, ob es als Scherz gemeint war.

»Wir müssen beide erst mal etwas runterkommen.«

Ich fuhr vom Parkplatz und von da auf die Zoobrücke über den Rhein. Die Sonne war wieder hervorgekommen und spiegelte sich auf dem Wasser. Der Dom überragte als Silhouette alle anderen Gebäude. Jedes Mal, wenn ich diese Strecke fuhr, musste ich an den Tag denken, als ich in Köln ankam und zum ersten Mal dieses imposante Bauwerk aus weiter Ferne erblickte.

7

Ein richtig guter Anwalt hätte das Fußballtraining sausen lassen, wäre ins Büro gefahren, um bei zehn Tassen Kaffee die ganze Nacht lang die Akte zu studieren. So gesehen war ich kein guter Anwalt. Ich brauchte das Training – um Abstand zu gewinnen, den Kopf frei zu kriegen. Aber ich durfte Nina nicht nach Hause schicken. Ich hatte ein schlechtes Gewissen, weil ich sie so hart angefahren hatte, und wollte sie nicht in ihrer Meinung bestätigen, sie sei eine untalentierte Juristin. Zu meiner großen Überraschung war sie einverstanden mit meinem Vorschlag mitzukommen, und so stand sie jetzt am Spielfeldrand und sah zu.

Sie lachte viel über unsere untalentierte Altherrenmannschaft. Je schlechter die Pässe, desto dümmer die Ausreden, war unser Motto. Echte Konter gab es nur auf verbaler Ebene. Viererkette oder ähnliche taktische Manöver hatten wir von Anfang an beiseitegelassen, und beim Elfmeterschießen ging der Ball sogar mal ins Netz.

Als wir unser Gebolze nach einer Dreiviertelstunde beendeten, trabte ich zum Spielrand und stützte die Hände auf die Knie. Ich keuchte nicht schlecht. Aber mir ging es besser als vor dem Training.

Nina erschien neben mir.

»Alles okay mit dir?«

»Bestens.« Ich streckte mich. »Bin halt schon über dreißig. Also jenseits von Gut und Böse.«

Nina grinste. »Du solltest das Rauchen ganz aufhören.«

»Danke, genau das wollte ich jetzt hören.« Ich wandte mich ab und ging zu meinen Mitspielern.

Als ich aus der Umkleidekabine kam, wartete Nina am Auto.

»Geht ihr noch zusammen ein Bier trinken?«, wollte sie wissen.

»Normalerweise schon. Aber mir ist heute nicht danach.«

»Das heißt?«

Ich stand an der Fahrertür, und wir sahen uns über das Autodach hinweg an. Dachten dasselbe. Es führte kein Weg daran vorbei, uns mit dem Fall zu befassen, auch wenn es schon spät war.

Die Strafakte von Rölscheid glich der Vorlage zu einem Horrorfilm. Was der Täter im Einzelnen mit seinem Opfer angestellt hatte, konnte das rechtsmedizinische Gutachten bis zum heutigen Tag nicht genau klären. Die Verletzungen im Vaginal- und Analbereich sowie zahlreiche Schnitte auf der Haut und Hämatome hatten jedenfalls nicht zum Tod geführt. Miriam Rölscheid lebte noch, als sie vergraben wurde. In ihren oberen Atemwegen fanden sich Lehm und Dreck. Sie war also erstickt. Es gab keinen konkreten Hinweis darauf, dass der Täter Geschlechtsverkehr mit ihr hatte. Kein Sperma, keine Schamhaare. Die Gewebeuntersuchungen ergaben Spuren von Anästhetika in ihrem Blut, sprich: Er hatte sie betäubt. Wahrscheinlich hatte er Drogen benutzt, um die Folter länger hinauszuzögern. Im abschließenden Fazit wies der Rechtsmediziner darauf hin, dass es sich seiner Meinung nach um einen Akt sexualisierter Gewalt handelte. Der Täter wollte seine Gewaltfantasien ausleben und sein Opfer zerstören.

Ich fragte mich, wie eine solche Tat zu Rölscheid passen sollte? Hatte sich im Laufe der Jahre eine solche Wut in ihm angestaut? Ein Schlag im Affekt ließ sich leicht erklären. Aber das, was in dem Obduktionsbericht stand, war ein anderes Niveau. Das Werk eines Psychopathen.

Seit einer Stunde lasen wir getrennt voneinander die Strafakte. Nina an ihrem Schreibtisch, ich in meinem Büro. Zugegeben, Wolfgang Rölscheid hatte ein plausibles Tatmotiv für einen Mord, das stand außer Frage, aber die brutale Vorgehensweise brachte ich einfach nicht in Einklang mit dem Mandanten, der eben im Vernehmungsraum noch vor mir gesessen hatte. Der Rechtsmediziner schätzte, dass das Opfer für mehrere Stunden wahren Höllenqualen ausgesetzt war. Hatte Rölscheid eine Schwelle überschritten? Hat er es genossen, seine Frau leiden zu sehen? Auszuschließen war das nicht. Die Kriminalgeschichte war gepflastert mit scheinbar normalen Menschen, Familienvätern, Müttern, Jugendlichen, die plötzlich zu wahren Monstern wurden.

»O mein Gott«, hörte ich Nina nebenan sagen.

Ich stand auf und ging zur Tür.

»Was ist?«

Nina war aufgestanden und in die Küche gegangen, um sich einen Tee zuzubereiten.

»Die Stelle, wo die Verletzungen beschrieben sind. Er hat sie mit irgendwelchen scharfkantigen Gegenständen vergewaltigt.« In Ninas Stimme schwang tiefe Abscheu mit. »An drei Stellen ist der Darm des Opfers perforiert, die Gebärmutter weist noch schlimmere Verletzungen auf … Mein Gott, kannst du dir vorstellen, dass unser Mandant zu so etwas fähig ist?«

Ich zuckte mit den Schultern. »Nach so vielen Jahren der Demütigung, vielleicht wollte er es seiner Frau richtig heimzahlen.«

Obwohl der Wasserkocher neben Nina brodelte, reagierte sie nicht.

»Und woher hatte er die Medikamente, mit der er sie betäubt hat?«

»Vielleicht von einem Tierarzt«, antwortete ich. »Das Wasser kocht übrigens.«

Sie schüttete ihre Tasse voll. Ich ging zurück an meinen Schreibtisch und machte mir eine weitere Notiz. Ein Täter, der so von Wut und Hass getrieben war, machte normalerweise jede Menge Fehler, und es hätten Spuren von ihm an der Leiche sein müssen. Aber es gab keine. Wieso? Ich klammerte mich im Moment an jeden noch so dünnen Strohhalm. Die Kommissare Rongen und Ferber hatten gut gearbeitet, und es dürfte dem Richter nicht schwer gefallen sein, einen Haftbefehl auszustellen.

Vor drei Wochen war Miriam Rölscheid aus dem Urlaub zurückgekehrt. Nach Aussage von Sarah Hofer war sie mit einem Mann namens Frank Dernbacher auf Mallorca gewesen. Dernbacher war von der Polizei befragt worden. Er hatte ein wasserdichtes Alibi. Als Pilot bei Lufthansa Cargo befand er sich zum Zeitpunkt von Miriams Verschwinden in Ostasien. Er hatte zu Protokoll gegeben, Miriam in einer Kölner Discothek kennengelernt zu haben, kurz darauf seien sie zusammen für eine Woche auf die Balearen geflogen.

Laut Sarah Hofer hatte Miriam Angst vor ihrem Ehemann. Trotzdem war sie zu dem Treffen mit ihm bereit gewesen, in der Hoffnung, die Abwicklung der Scheidung dadurch zu beschleunigen. Am Tag nach der geplanten Aussprache mit Rölscheid hatte Sarah Hofer versucht, ihre Freundin anzurufen. Sie ging nicht ans Telefon, reagierte weder auf Text- noch auf Sprachnachrichten. Frau Hofer fuhr daher zu Wolfgang Rölscheid, um ihn nach dem Verbleib von Miriam zu befragen. Bei der Polizei gab sie später zu Protokoll, dass Rölscheid sich sehr seltsam benommen habe, er sei ihr ausgewichen und hatte nicht mit ihr reden wollen. Sein Verhalten habe Sarah Hofer veranlasst, ihre Freundin als vermisst zu melden.

Die ermittelnden Beamten beantragten daraufhin einen richterlichen Beschluss, um die Verbindungsdaten von Miriams Handy beim Provider anzufordern. Es stellte sich heraus, dass ihr Handy erst einen Tag nach dem geplanten Treffen im Eiscafé abgeschaltet wurde und sich bis dahin in unmittelbarer Nähe des Reiterhofs befand. Auch schon als Wolfgang Rölscheid angeblich versucht hatte, seine Frau zu erreichen, lag das Handy bei ihm zu Hause oder zumindest in der Nähe des Reiterhofes.

Dies war kein Strohhalm, sondern ein erster Sargnagel.

Es sollte aber noch schlimmer kommen. Rölscheids lederne Arbeitsstiefel. Sie waren erst vor Kurzem von Lehm und Dreck befreit und geputzt worden, aber die Kriminaltechniker hatten im Profil getrocknetes Blut gefunden. Es stammte eindeutig vom Opfer. Das war allerdings noch kein Beweis, dass Rölscheid der Mörder war. Sowohl das Handy, als auch die Lederstiefel hätten von einem anderen dort platziert werden können.

Dem Forstwirtschaftsmeister Andreas Frings, genauer gesagt seinem Schweißhund Gero, war es zu verdanken, dass die Leiche neun Tage später gefunden wurde. Die Spuren ergaben, dass das Opfer mit einem Auto über einen Forstweg in den Wald gebracht wurde. Reifenspuren ließen sich nicht mehr nachweisen, da es zwischenzeitlich mehrmals geregnet hatte. Der Waldweg war durch eine Schranke versperrt. Frings sagte aus, das Vorhängeschloss sei bei seinem Eintreffen nicht beschädigt gewesen. Ich hielt die Luft an, als ich den nächsten Satz las. Wolfgang Rölscheid besaß einen Schlüssel für dieses Vorhängeschloss. Und außer ihm nur noch der Forstwirtschaftsmeister. Ich stieß ein gedämpftes »Fuck!« aus. Andreas Frings und Wolfgang Rölscheid waren Freunde. Rölscheid nutzte das Waldgebiet für Ausritte. Er hatte den Schlüssel für den Fall, dass einem Pferd oder Reiter etwas passierte.

Ich klappte die Akte zu und ging wieder nach nebenan zu Nina.

»Glaubst du immer noch, dass er unschuldig ist?«

Nina nippte an ihrem Tee. Sie machte ein besorgte Miene.

»Du kannst vielleicht Blicke lesen«, fuhr ich fort, »aber was in der Akte steht, lässt nur einen Schluss zu. Die Polizei hat ordentlich gearbeitet, und Rölscheid ist ein perverses Arschloch, das seine Frau mit irgendwelchen abartigen Gegenständen zu Tode gefoltert hat.« Ich lehnte mich gegen den Türrahmen, ich war müde. Ein Blick auf die Uhr, es war schon fast Mitternacht. »Die Stiefel mit dem Blut dran, das Handy bei ihm zu Hause, all das könnte man noch irgendwie erklären. In so einem Reiterhof gehen viele Leute ein und aus. Aber die Sache mit dem Forstweg. Wenn der Idiot wenigstens das Schloss aufgebrochen hätte.«

Nina schüttelte den Kopf. »Dann hätte die Polizei die Suche nach Miriam auf dieses Waldstück konzentriert.«

»Genau! Und das bedeutet, er ist strukturiert vorgegangen. Bei klarem Verstand. Er hat gehofft, dass die Leiche nie gefunden wird. So etwas nennt man einen geplanten Mord. Ausgetüftelt bis ins letzte Detail.«

Nina nahm ein Blatt zur Hand. »Warum beantragt die Staatsanwaltschaft dann ein psychiatrisches Gutachten?«

Ich stutzte. »Wie bitte?«

»Hier. Seite dreizehn.« Sie reichte mir das Blatt, ich hatte es wohl überlesen. Die Staatsanwältin Dr. Franka Naumann hatte bei der Begründung für eine psychiatrische Begutachtung Bezug auf den rechtsmedizinischen Befund genommen. Die Verletzungen zeugten von einem so hohen Maß an Sadismus, dass die Frage geklärt werden müsse, so Naumann, ob Rölscheid an einer krankhaften seelischen Störung litt.

Nina sah mich an. »Ist das psychiatrische Gutachten gut oder schlecht für uns?«

Ich musste einen Moment überlegen. »Sollte er geisteskrank sein und als nicht schuldfähig eingestuft werden, käme er in die geschlossene Psychiatrie. Bei so einer Tat für den Rest seines Lebens. Bei einer Verurteilung wegen Mordes dagegen hätte er eine Chance, irgendwann wieder frei zu kommen.«

»Wenn er es wirklich getan hat, sollte er auch für den Rest seines Lebens hinter Gitter. Oder?«

»Ja«, sagte ich. »Aber als sein Verteidiger bin ich verpflichtet, alles herauszuholen, was geht. Wenn ich das nicht tue, habe ich meinen Job verfehlt.«

Es war genug für heute. Ich fuhr Nina nach Hause und wartete so lange im Wagen, bis hinter den Fenstern im ersten Stock das Licht anging.

8

Am nächsten Morgen brauchte ich keinen Wecker. Ich lag im Halbschlaf, wälzte mich seit Stunden herum, und mein Schädel brummte gewaltig. Eine halbe Flasche Wodka hatte vor dem Schlafengehen noch dran glauben müssen. Für Wolfgang Rölscheid war ich die letzte Hoffnung, aber im Moment fühlte ich mich weder in der Verfassung noch in der Lage, den Beweisen in der Akte etwas entgegenzusetzen. Wenn mein Mandant tatsächlich unschuldig war, dann hatte der wahre Täter einen äußerst kühnen Plan verfolgt, zu dem auch gehörte, dass Wolfgang Rölscheid für den Mord an seiner Frau ins Gefängnis gehen sollte. So betrachtet, gäbe es zwei Opfer: Miriam Rölscheid und ihr Ehemann. Das klang gut. Material für ein Plädoyer. Aber bis dahin war es noch ein weiter Weg.

Ich musste das Gericht von der Existenz eines Alternativtäters überzeugen. Es war nicht meine Pflicht, einen solchen Täter zu benennen oder gar zu überführen. Das wäre Sache der Staatsanwaltschaft und der Polizei, aber meine Argumente mussten so stichhaltig sein, dass ich damit den vermeintlichen Tathergang, wie er sich aus der Faktenlage bisher zu ergeben schien, infrage stellen konnte. Dies musste meine Taktik sein, aber wie sollte ich an die Gegenargumente gelangen? Keinen blassen Schimmer. Beweise wären nicht nötig, Zweifel würden reichen. Aber es müssten ernstzunehmende Zweifel sein. Zweifel, die dem Grundsatz *in dubio pro reo* – im Zweifel für den Angeklagten – gerecht würden. Ich musste die Arbeit der Polizei infrage stellen, den Ermittlern Fehler nachweisen und sie somit herausfordern, weiter zu ermitteln, um den Alternativtäter zu suchen.

Gegen neun Uhr stand ich schließlich auf, duschte mich und zog einen schwarzen Anzug frisch aus der Reinigung an. Die Krawatte ließ ich wie so oft im Schrank hängen und machte mich auf den Weg zum Büro. Dort angekommen, bereitete ich mir erst mal einen doppelten Espresso zu. Dann begab mich an meinen Schreibtisch und blätterte erneut die Akte durch.

Die Zeugin Sarah Hofer hatte die Polizei auf die Spur des Ehemanns gelenkt. Aber erst mit dem Auffinden der Leiche kam der Fall in Schwung. Der Leichenfund führte zur Verhaftung meines Mandanten. Er war das Zentrum meines Falles.

Ich nahm einen Bogen Papier zur Hand, schrieb *Fundort Wald* in die Mitte und zog einen Kreis drum herum. Dann schrieb ich die Namen, die mit dem Fund zusammenhingen, um den Kreis: das Opfer, mein Mandant, der Förster und seine Hunde. Sarah Hofer gehörte nicht in diesen inneren Zirkel. Sie hatte mit dem Auffinden der Leiche nichts zu tun. Ich zog wieder einen konzentrischen Kreis um die Namen, dann schrieb ich die Fakten drum herum: Lederstiefel, Blutspuren, Handy, Zeugenaussage Sarah Hofer und das Vorhängeschloss, zu dem Rölscheid, als Einziger außer Frings, den Schlüssel hatte.

Ich starrte auf das Blatt. Dann zog ich einen Strich vom Vorhängeschloss zum Forstwirtschaftsmeister, weiter zu Rölscheid. Der Alternativtäter, wenn es ihn gab, musste von dieser Verbindung gewusst haben. Er musste gewusst haben, dass Rölscheid einen Schlüssel hatte. Der Fundort der Leiche hatte somit eine besondere Bedeutung.

Ich sah endlich einen Punkt, wo ich ansetzen könnte. Zweifel an der Grundhypothese! Die frühe Festlegung seitens der Polizei hatte zu einseitigen Ermittlungen geführt. Miriam Rölscheid war untreu gewesen, sie hatte Affären und einen neuen Freund. Trotzdem hatten es die Ermittler nicht für nötig gehalten, Nachforschungen in dieser Richtung anzustellen. Warum? Die Sachbeweise gegen meinen Mandanten waren vernichtend. Ich las noch mal die Aussage von Sarah Hofer und wurde stutzig. Über den Piloten Frank Dernbacher, mit dem Miriam eine Woche auf Mallorca verbracht hatte, wusste Frau Hofer offensichtlich so gut wie nichts. Das bedeutete, Miriam hatte ihrer besten Freundin nicht gleich von jedem Mann erzählt.

Ich machte gerade eine Liste von Dingen, die zu erledigen waren, als Nina zur Tür hereinkam. Normalerweise trug sie Jeans, heute hatte sie sich für einen bieder wirkenden Faltenrock entschieden, der bis über die Knie reichte. Dazu hautfarbene Strumpfhose und schwarze, schlichte Schuhe. Oben herum ein weißes Hemd und ein dunkles Jackett. So stand sie vor meinem Schreibtisch. Mein Blick wanderte langsam von unten nach oben, bis ich in ihre Augen sah. Sie schien meinen fragenden Blick richtig zu interpretieren.

»Was? Habe ich im Kleiderschrank so danebengegriffen?«

»Nein. Aber hat es einen bestimmten Grund, weshalb du heute so anders aussiehst als sonst?«

»Wir gehen doch zu unserem Mandanten in die JVA. Da wollte ich seriös aussehen.«

Ich wusste nicht, wie ich es ihr beibringen sollte, aber ich hatte entschieden, allein dorthin zu fahren.

Sie konnte ihre Enttäuschung nicht verbergen. »Warum darf ich nicht mit?«

»Einer muss hier die Stellung halten.«

»Du könntest mir wenigstens die Wahrheit sagen. Hast du Angst, dass ich wieder meinen Mund nicht halten kann?«

»So etwas in der Art.«

»Ich verspreche dir ...«

»Nein!« Ich unterbrach sie. »Das ist mein erster Mordfall, das musst du verstehen. Wenn ich selber noch unsicher bin, brauche ich keine unerfahrene Studentin an meiner Seite.«

Sie fing an, mit ihren Haaren am linken Ohr zu spielen. Das hatte sie bisher noch nie gemacht, oder es war mir nicht aufgefallen. Nina senkte den Blick für einen Moment, bevor sie wieder aufschaute.

»Du bist also nicht mehr sauer wegen gestern?«

»Nein. Vergiss es.«

Die Enttäuschung blieb. Aber sie konnte wenigstens mit meiner Entscheidung leben.

Mein Alfa Romeo sprang erst an, nachdem der Anlasser die Batterie fast leer gesaugt hatte. Darum fuhr ich einen Umweg über die Autobahn und gab richtig Gas, um die Batterie wieder aufzuladen. Die JVA sollte erst mein zweites Ziel sein. Ich fuhr in den Stadtteil Vogelsang, in dem Industriegebiet dort war eine Autoverwertung. Ich stellte den Alfa neben anderen Fahrzeugen ab, die noch ein Kennzeichen hatten. Zu groß erschien mir sonst das Risiko, mein Wagen könnte aus Versehen in der Schrottpresse landen, dann betrat ich die dazugehörige Werkstatt.

Zwei Mechaniker waren unter einem Auto auf einer Hebebühne zugange. Sie beachteten mich nicht. Ich ging auf das Büro zu, das durch eine Rigipswand von der Werkstatt abgetrennt war. Aleksandr Sokolow saß hinter seinem Schreibtisch. Er lächelte, als er mich sah.

»Herr Anwalt, gut sehen wir heute aus. Die Geschäfte scheinen glänzend zu laufen.«

Aleksandr hatte im Gegensatz zu mir einen starken Akzent, doch ansonsten war sein Deutsch makellos. Wir unterhielten uns selten auf Russisch, nur wenn es die Situation erforderte. Er war Anfang vierzig und hatte in der Vergangenheit ein paar falsche Freunde gehabt. Die Polizei war mehrmals in seiner Werkstatt auf geklaute Autos gestoßen. So lautete die offizielle Version. Aleksandr hatte ein großes Talent, bei Fremden einen falschen Eindruck zu hinterlassen. In den Augen von Staatsanwälten und Richtern war er ein harmloser Trottel. Ich hatte ihn zweimal vertreten, und beide Male kam er mit Bewährungsstrafen davon. Seine Werkstatt war eine triste Lagerhalle, die Scheiben so verstaubt, dass kaum Licht hereindrang. Neben dem kleinen Schreibtisch stand ein holzvertäfelter Tresor. Deutsche Wertarbeit. Ich wusste, dass darin neben Bargeld auch ein geladener .44er-Revolver lag. Aleksandr war alles andere als harmlos. Sein Vollbart konnte die hässliche Narbe auf seinem Gesicht nicht vollständig verbergen, ein krasser Schnitt verlief von kurz unterhalb des rechten Auges bis hinunter zur Kinnspitze.

»Möchtest du einen Tee?«

»Nein, danke.«

Er wusste, dass ich nicht gerne Tee trank. In dieser Sache unterschied ich mich von den meisten Russen. Ich saß mein ganzes Leben zwischen den Stühlen. Von dem Tag an, als ich nach Deutschland kam, war mir klar, dass dies meine Heimat werden würde und Sibirien nur noch Teil meiner Vergangenheit war. Während andere Russlanddeutsche sich zusammenrotteten, alte Traditionen pflegten und nur mühsam Deutsch lernten, sonderte ich mich ab. Freunde aus der russischen Community fanden mich deshalb arrogant. Erst als ich mich notgedrungen als Strafverteidiger selbstständig machte, war es geboten, die alten Seilschaften wieder zu aktivieren. Das erweiterte meinen Kundenstamm.

»Ach ja, der Herr mag ja lieber Kaffee. Kann ich dir auch anbieten.«

»Nein. Ich brauche nichts, danke.«

»Warum bist du dann hier, wenn du nichts brauchst?«

Sokolow grinste. Es war seine Art, gleich zum Thema zu kommen.

»Nimm Platz.« Er deutete auf einen Sessel, der so verdreckt war, dass ich nicht mal erraten konnte, welche Farbe der Bezug irgendwann mal gehabt haben könnte. Mein Anzug war gerade erst in der Reinigung gewesen, darum blieb ich stehen.

Aleksandr grinste breit. »Was willst du?«

»Du kennst dich doch mit Schlössern aus. Es geht um ein Vorhängeschloss. Ziemlich massives Teil.«

Aleksandr schüttelte lachend den Kopf. »Ein Vorhängeschloss?«

Er öffnete eine Schublade, winkte mich her. Ich sah in die Schublade, die mit allen Sorten von Vorhängeschlössern gefüllt war.

Ich zeigte auf ein Modell. »Das da kommt hin. Vielleicht nicht genau das gleiche, aber so eins in der Art. Kannst du das aufmachen, ohne dass ein Laie was merkt?«

»In fünf Minuten. Kein Problem.«

»Was ist mit einem Profi, einem Experten der Spurensicherung?«

»Was soll mit dem sein?«

»Würde ein Experte feststellen, ob das Schloss mit Schlüssel oder ohne aufgemacht wurde?«

»Um was geht es hier, Versicherungsbetrug?«

»Nein, Mord.«

»Seit wann machst du Mordfälle?« Sokolow griff blindlings hinter sich und holte eine zerfledderte Zeitung vom Stapel. Die Schlagzeile lautete: »*Festnahme! Mord im Bergheim*«.

»Dieser Mord etwa?«

Ich nahm die Zeitung und blätterte darin. Auf Seite drei war ein großer Artikel über den Fall, mit Fotos.

»Du wirst in dem Artikel nicht erwähnt. Kannst die Zeitung trotzdem haben.«

Ich faltete sie zusammen und steckte sie ein. »Also, dann weißt du ja Bescheid, worum es geht. Ich muss wissen, ob man ein Vorhängeschloss ohne Schlüssel so öffnen kann, dass ein Experte nichts merkt.«

»Die von der Polizei müssten das Schloss auseinandernehmen und die Stifte mit einem Mikroskop untersuchen. Dann sieht man, ob ein Schlüssel oder ein anderes Werkzeug im Spiel war.« Er zögerte einen Moment. »Na ja, vielleicht sieht man es.«

»Was für Stifte?«

Aleksandr erklärte mir, wie so ein Schloss funktionierte. Der Schließzylinder lässt sich normalerweise nicht drehen, weil eine bestimmte Anzahl von herausstehenden Metallstiften dies verhindert. Durch den passenden Schlüssel, der unterschiedlich tiefe Zacken hat, werden die Metallstifte so heruntergedrückt, dass der Zylinder sich drehen lässt und den Verschlussriegel verschieben kann.

»Und mit einer mikroskopischen Untersuchung würde man erkennen, ob das Schloss geknackt wurde?« Ich holte einen kleinen Block raus und machte mir eine Notiz. In der Akte stand nichts von einer solchen Untersuchung. Ich fragte weiter. »Das heißt, wenn da keine Spuren an den Stiften sind, dann ist es unmöglich, dass das Schloss ohne Schlüssel geöffnet wurde?«

»Dann wird's kompliziert.« Aleksandr seufzte. Er redete nicht gern mit blutigen Anfängern über sein Fachgebiet. »Wenn man einen Sputnik benutzt und sich Zeit lässt, geht es auch ganz ohne Spuren.«

»Einen *was*?«

»Einen Sputnik. Das Teil sieht aus wie unser erster russischer Satellit. Nur viel kleiner. Komm her.«

Er zeigte es mir im Internet. Bei dem Werkzeug mit Namen »Sputnik« handelte es sich um eine Art Rohling, wie man sie bei jedem Schlüsseldienst findet. An dem Rohling befand sich eine Konstruktion, die tatsächlich aussah wie der erste Satellit, der die Erde umkreiste. Mithilfe sehr feiner Drähte, die durch dünne Kanäle in den Rohling führten, ließen sich die Metallstifte eines Schlosses einzeln herunterdrücken, so wie das sonst der passende Schlüssel tat.

»Dazu brauchst du viel Erfahrung. Und es dauert mindestens eine halbe Stunde, bis man das Schloss auf hat. Danach aber kannst du einen Nachschlüssel anfertigen.«

»Wie geht das denn?«

»Die feinen Drähte haben eine Markierung, und du kannst sie später in einer Werkstatt wieder in genau die Position bringen, wie sie waren, als das Schloss aufging. Verstehst du? Der Sputnik ersetzt den Originalschlüssel.«

»Ein Profi braucht eine halbe Stunde, sagst du. Und ein Laie?«

Er schüttelte den Kopf. »Ein Grobmotoriker wie du schafft das nicht. Ein Uhrmacher, ein Juwelier kann so etwas lernen. Der Metallstift muss auf einen Zehntelmillimeter genau sitzen. Sonst geht's nicht.«

»Und wie siehst du das? Ist da eine Kamera dran?«

Aleksandr lachte. »Eine Kamera? Nein, du musst es spüren. Und wenn du dich ungeschickt anstellst, dann hinterlässt du Spuren an den Stiften, und die kann man unter dem Mikroskop sehen.«

Ich machte mir erneut Notizen.

»Kann ich sonst noch was für dich tun?« Aleksandr klang, als ob ich ihn von wichtigen Dingen abhielte.

»Nein, danke. Du hast mir sehr geholfen. Vielen Dank.«

Ich war schon fast bei der Tür, als ich mich noch mal umdrehte. Mir war noch was eingefallen. Aus purer Neugier fragte ich: »Weißt du zufällig etwas über einen Mord an einer Prostituierten mit dem Spitznamen Vedunja?«

Sein Blick sprach Bände. Sokolow zögerte den Bruchteil einer Sekunde zu lange mit seiner Antwort. »Nein, ich kenne keine Vedunja. Und wieso sollte ich etwas darüber wissen?«

Er stand auf und kam langsam um seinen Schreibtisch herum, sah mir dabei die ganze Zeit in die Augen, fasste meinen Arm und führte mich nach draußen. Wir gingen bis zum hinteren Teil des Schrottplatzes, ohne dass er ein Wort sagte. Mir wurde mulmig, ich hatte mit der Frage offenbar eine Grenze überschritten. Aleksandrs Hand packte so fest zu, dass ich mich genötigt fühlte, mit meinen Oberarmmuskeln dagegenzuhalten. Meine Knie wurden mit jedem Schritt weicher. Aleksandr blieb stehen, zwischen zwei Schrottbergen. Rechts türmten sich alte, verrostete Karosserien wie bunte Legosteine aufeinander, links war ein Berg aus dunklen Einzelteilen. Ein sanfter Wind strich um meine Nase, und ich fragte mich, ob dies der Hauch des Todes war. Aleksandrs Narbengesicht war nur wenige Zentimeter von meinem entfernt. Sein Atem roch nach Pfefferminzbonbons.

Er sprach jetzt russisch. »Was weißt du darüber?«

Ich antwortete ihm ebenfalls auf Russisch. »Nur dass es eine tote Prostituierte gibt. Ich kenne den Kommissar, der in dem Fall ermittelt.«

»Er hat mit dir über die Sache geredet? Weshalb?«

»Weil er nicht wusste, was auf dem Zettel stand, der bei der Leiche gefunden wurde.«

»Hast du es ihm gesagt?«

»Ja.« Lügen erschien mir zwecklos. »Er hat mich einfach nur gefragt.«

»Mehr nicht?«

»Hey, ich bin Strafverteidiger und kein Staatsanwalt. Die Polizei ist mein natürlicher Feind.«

»Das hoffe ich doch.« Aleksandr kam mit seinem Gesicht noch einen Millimeter näher an meins heran. »Wie heißt der Bulle?«

Mir war nicht klar, ob meine Antwort Konsequenzen haben könnte. Ich wusste aber, dass es Konsequenzen hätte, wenn ich Aleksandr diese Information vorenthielt. Er würde glauben, dass ich ihn aushorchen wollte.

»Thomas Rongen.« Ich schluckte. »Was hast du vor?«

»Ich? Wieso?« Alexsandr lächelte. Er sprach jetzt wieder deutsch. »Ich habe doch gesagt, dass ich nichts weiß über eine Vedunja.

Aber wenn du noch mal zufällig Genaueres über die Sache erfährst, dann sagst du es mir. Okay?«

Er klopfte mir auf die Schulter. So fest, dass es wehtat. Seine rechte Hand massierte meinen Nackenmuskel. Dann wandte Aleksandr sich ab und ließ mich zwischen den Schrottbergen allein zurück. Ich atmete tief durch und wartete, bis meine Knie ihre normale Stabilität zurückgewonnen hatten. Ich war kein Held, nie einer gewesen. Als Strafverteidiger sollte man immer wissen, wo die Grenze ist. Egal, wie dankbar und nett ein Mandant sein konnte. Sie kamen aus einem anderen Universum, und ein Grobmotoriker wie ich sollte Expeditionen in ferne Galaxien tunlichst vermeiden.

CHRISTINE THALBERG

Alter: 23 Jahre

Größe: 165 cm

Gewicht: ca. 55 kg

Haarfarbe: braun

Beruf: Krankenschwester

Familienstand: alleinstehend

9

Christine gab ihm zwanzig Euro. Mike hatte sich wirklich ins Zeug gelegt, hatte den Transporter gefahren, und er würde ihn auch wieder zurückbringen. Die schweren Einzelteile in den zweiten Stock zu schleppen war nicht ohne, und den Zusammenbau des Sofas hätte Christine niemals allein hingekriegt. Sie war ihm wirklich dankbar.

»Hey, das habe ich gerne gemacht. Ich will kein Geld.« Mike hob abwehrend die Hände.

»Jetzt nimm schon! Der Lieferservice vom Möbelhaus wäre viel teurer geworden.« Das Geld war Christine wichtig, sie wollte auf keinen Fall in seiner Schuld stehen.

»Dann lass uns das wenigstens zusammen ausgeben«, schlug er vor.

Christine wollte ablehnen, aber dann wäre die Verabschiedung zu rüde gewesen.

»Vielleicht«, sagte sie stattdessen. Sie und Mike waren Kollegen. Ihn zu brüskieren hätte dem Arbeitsklima nicht gutgetan, und er war ja ein netter Kerl, sah ganz nebenbei auch noch gut aus, einen Kopf größer als sie und durchtrainiert. Trotzdem, »klare Verhältnisse« lautete ihr Motto. Einen Verehrer konnte sie im Moment nicht brauchen.

Mike nahm das Geld, steckte die Scheine in die Hosentasche. »Kann ich dir sonst noch irgendwie helfen?«

»Nein, geht schon. Wirklich.«

Er verstand den Wink und ging langsam zur Wohnungstür. Sie folgte ihm.

»Du hast morgen auch Frühdienst, oder?«, fragte er.
»Nein, ich habe mit Sylvie getauscht.«
»Schade. Dann sehen wir uns bei der Übergabe.«
Sie lächelte zum Abschied. »Danke noch mal.«
Mike trat ins Treppenhaus, und sie schloss die Tür. Unbewusst ein wenig zu fest, sodass es laut durchs Treppenhaus hallte. Christine war nicht ganz fair zu ihm, das wusste sie, aber sie musste vor allem an sich selbst denken.

Sie sah sich um. Die kleine Wohnung hatte zwei Räume, einen, in den ihr Ein-Meter-vierzig-Bett gerade reinpasste, und einen Wohnbereich mit angrenzender Küchenzeile. Fünfunddreißig Quadratmeter zu einem Preis, für den sie in ihrer Heimat locker eine Vierzimmerwohnung bekommen hätte. Aber dafür war sie in der Großstadt, weit genug weg von zu Hause. Hoffte sie.

Christine ließ sich auf dem neuen Sofa nieder. Die Schonbezüge hatten ein Blümchenmuster auf weißem Grund. Es war bequem und funktional. Man konnte daraus ein Bett machen, falls mal Besuch käme. Aber erst, wenn die Wohnung ordentlich eingerichtet war. Noch wirkte sie schrecklich kahl. Der Kredit von der Bank war leider schon fast aufgebraucht, und ihre Sachen von früher hatte sie bewusst zurückgelassen. Dies sollte ein Neuanfang sein.

Sie begann die Verpackungen einzusammeln, Folien, Kartons. Die Aufbauanleitung brauchte sie auch nicht mehr. Sie warf sie in den Metallkorb, in dem sie Altpapier sammelte.

Ihr Handy klingelte, es lag auf dem Esstisch. Sie schaute aufs Display. Eine Nummer aus Köln, die sie nicht kannte.

»Christine Thalberg.«

Eine Männerstimme meldete sich. »Höfner, Kriminalpolizei Köln, Kommissariat fünfunddreißig. Frau Thalberg, haben Sie einen Moment Zeit?«

»Ja.«

»Ich rufe wegen Ihrer Anzeige an. Es haben sich da noch ein paar Fragen ergeben.«

Christine ging mit dem Telefon am Ohr zur Pinnwand, wo die Kopie der Anzeige hing. »Moment. Bearbeiten Sie jetzt den Fall? Was ist mit Ihrem Kollegen passiert?«

»Von welchem Kollegen sprechen Sie?«

Christine las den Namen, der auf der Kopie stand: »Kommissar Jahnke.«

»Ach so. Den kenne ich nicht. Es ist so, Sie haben die Anzeige im Kreis Nordhorn in Niedersachen aufgegeben, richtig? Die Kollegen dort haben die Sache bearbeitet und die Akte zur Staatsanwaltschaft nach Osnabrück geschickt. Die sind für den Kreis zuständig, und dort wurde aller Voraussicht nach die Straftat begangen. Richtig?«

»Ja. Mein Exfreund wohnt in Nordhorn.«

»Okay. Jetzt hat ein Kollege aus Nordhorn bei uns hier in Köln angerufen, weil die bei der Staatsanwaltschaft noch eine Frage haben. Damit nicht extra ein Kollege aus Nordhorn herkommen muss, machen wir das. Die Akte bleibt aber in Osnabrück.«

Christine setzte sich wieder auf das Sofa. »Verstehe. Und um was für eine Frage geht es?«

»Wie ist Ihr Exfreund in den Besitz der Fotos gelangt? Sie haben ausgesagt, er hat sich die Bilder heimlich von Ihrem Laptop kopiert.«

»Ja. Davon gehe ich aus.«

»Hm. Ist Ihr Laptop passwortgeschützt?«

»Ja.«

»Kannte Ihr Exfreund das Passwort?«

»Ich habe es ihm nie gesagt, aber er könnte es irgendwie herausgekriegt haben.«

»Das ist leider sehr vage. Deshalb haben die Kollegen aus Nordhorn auch angerufen.«

Christine spürte, wie Wut in ihr aufstieg. »Was wollen Sie damit andeuten?«

»Gar nichts. Ich prüfe nur alle Möglichkeiten.«

»Was für Möglichkeiten denn?« Christine wurde laut.

»Bitte beruhigen Sie sich. Niemand will Ihnen was. Wir sind doch auf Ihrer Seite.«

»Den Eindruck habe ich aber nicht.«

»Hören Sie, Frau Thalberg. Es gibt noch eine andere Möglichkeit, wie Ihr Freund an die Bilder gelangt sein könnte, und deshalb fragen wir auch nach.«

»Wie denn?«

»Es könnte sein, dass sich auf Ihrem Laptop ein Trojaner befindet.«

»Und das bedeutet *was*?«

»Ein Trojaner ist eine Schadsoftware, durch die Dritte Zugriff auf Ihren Rechner bekommen.«

Christine ging augenblicklich zu ihrem Laptop, der auf dem Esstisch stand. »Und jetzt?«

»Die Staatsanwaltschaft Osnabrück möchte das überprüfen. Es hätte Auswirkungen auf die Anklage und auch auf das Strafmaß. Wenn sich Ihr Exfreund in Ihren Computer gehackt hätte, würde er vermutlich nicht mehr nur mit einer Bewährungsstrafe davonkommen.«

Christine spürte, wie ihr flau wurde. Der Gedanke, Björn könnte sie weiterhin ausspioniert haben, traf sie wie ein Schlag.

»Was soll ich denn jetzt tun?«, fragte sie. »Soll ich Ihnen den Computer vorbeibringen?«

»Langsam, Moment. Warten Sie. Benutzen Sie eine DSL-Leitung?«

»DSL? Ich weiß nicht. Telefon und Internet, alles in einem.«

»Dann muss bei Ihnen jemand vorbeikommen. Der Trojaner könnte auch im Router stecken. Wir sollten das dringend überprüfen.«

»Ich bin zu Hause. Kommen Sie bitte vorbei. Vorher benutze ich das Ding nicht mehr.«

»Ginge es bei Ihnen in einer halben Stunde?«

»Ja, bitte kommen Sie so schnell wie möglich.«

Auf die Minute genau eine halbe Stunde später klingelte es an der Haustür. Christine machte auf. Der Mann, der vor ihr stand, zeigte ihr unaufgefordert seinen Dienstausweis.

»Stephan Höfner. Die Tür unten war offen.«

Sie hatte vom Typ her jemand anders erwartet, eher einen Nerd. Höfner war ein stämmiger Typ, geschätzt Ende zwanzig, Anfang dreißig, zwei Köpfe größer als sie. Er hatte lockige dunkle Haare und einen Dreitagebart, dazu eine modische Brille mit dickem schwarzem Rand.

»Christine Thalberg. Bitte, kommen Sie herein.«

Sie ging vor ins Wohnzimmer, wies zum Esstisch, wo ihr Laptop stand.

»Es dauert nicht lange.« Höfner setzte sich an den Esstisch. Er hatte eine lederne Aktentasche dabei, aus der er jetzt eine Mappe herausholte.

»Lassen Sie sich ruhig Zeit.« Christine hatte den Verpackungsmüll gestapelt. »Entschuldigen Sie die Unordnung, ich habe das Sofa gerade erst aufgebaut.«

Er schaute hin. »Sehr schön. Das Muster.«

»Danke.« Sie musste lächeln. Mike hatte sich mit dem Muster nicht so richtig anfreunden können, auch wenn er es nicht zugeben wollte.

Höfner zeigte ihr einen USB-Stick. »Ich werde jetzt Folgendes machen. Auf diesem Stick ist eine spezielle Software, mit der ich den Rechner überprüfen kann. Ich lade das Programm auf Ihre Festplatte, muss es danach aber wieder löschen, weil nur Kripo und LKA damit arbeiten dürfen. Die Software sucht nach speziellen Trojanern, sowohl auf Ihrem Laptop wie auch im Router. Ach so, Ihr Handy. Können Sie es bitte auch an den Laptop anschließen und freischalten.«

Christine nahm ihr Telefon zur Hand. Höfner wendete sich ab, während sie den Ziffern-Code zum Entsperren eintippte. Dann reichte sie ihm das Handy.

»Machen Sie das besser.«

Er nahm ihr Handy, schloss es über USB an, dann schob er den Stick in den zweiten Slot, klickte das Icon an, das auf dem Bildschirm aufleuchtete, und aktivierte die Software. Mehrere Warnhinweise tauchten auf, die Höfner routiniert wegklickte.

»Möchten Sie einen Kaffee?«

»Nicht mehr um die Uhrzeit. Lieber ein Wasser.«

Christine ging zum Kühlschrank. Als sie mit zwei gefüllten Wassergläsern, in denen je eine Zitronenscheibe schwamm, zurückkam, hatte sich der Gesichtsausdruck des Kripobeamten merklich verändert.

»Schauen Sie mal her.« Er zeigte auf den Bildschirm, da war ein Warnhinweis zu lesen. »Ihr Rechner ist infiziert. Es ist im Moment möglich, von außen über das Internet darauf zuzugreifen.«

Christine war entsetzt. »Mein Ex?«

»Das kann ich noch nicht sagen. Ich werde ein paar Screenshots machen und die Daten speichern. Normalerweise müsste ich den Laptop zwecks Beweissicherung mitnehmen, dann würden Sie ihn aber frühestens in ein paar Wochen zurückbekommen. Es geht auch anders, wenn Sie mir nur ein paar Formulare unterschreiben.«

»Ja, bitte. Ich brauche den Laptop unbedingt, zum Lernen.«

»Sie sind Krankenschwester. Studieren Sie nebenher?«

»Nein. Ich mache eine Zusatzausbildung zur Intensivpflegerin.«

»Dann machen wir es so, wie ich gesagt habe.« Er griff in seine Aktentasche und holte mehrere Formulare heraus, auf denen oben das Hoheitszeichen der Polizei von Nordrhein-Westfalen zu sehen war. Er zeigte Christine einen weiteren USB-Stick, auf den ebenfalls das Hoheitszeichen geprägt war und daneben eine Registrierungsnummer.

»Ich ziehe jetzt die infizierten Ordner auf diesen USB-Stick und Sie bescheinigen mir den Vorgang. Danach wird die Software Ihren Laptop reinigen, und Sie können sicher sein, dass niemand mehr auf Ihren Rechner zugreifen kann, außer Ihnen selbst.« Höfner trug die auf den USB-Stick geprägte Nummer in das Formular ein und schrieb noch einige Informationen daneben. Dann tauschte er den zweiten Stick mit dem ersten und kopierte die Dateien. Er schob Christine das Formular zu. »Bitte unten rechts unterschreiben. Sie bestätigen damit, dass ich die Daten von Ihrem Laptop kopiert habe.«

Christine unterschrieb, ohne sich den Text durchzulesen.

»Jetzt lösche ich die Schadsoftware mit dem Programm. Das kann einige Minuten dauern.«

Der Laptop fing an zu arbeiten. Höfner trank einen Schluck von seinem Wasser. »Haben Sie noch mal etwas von Ihrem Exfreund gehört?«

»Seit der Anzeige nicht mehr. Er verhält sich ruhig. Aber ich traue der Sache nicht.«

»Wirklich unangenehm. Tut mir leid für Sie.«

Christine sah zu ihm und rang sich ein Lächeln ab. Höfner war ihr sympathisch, aber wusste er, was auf den Fotos, um die es ging, zu sehen war? Hatte er sie womöglich gesehen? Sie schämte sich, versuchte, es sich nicht anmerken zu lassen. »Er war schon immer furchtbar eifersüchtig gewesen. Aber es wurde immer schlimmer. Irgendwann habe ich es nicht mehr ausgehalten.«

»Sind Sie seinetwegen nach Köln umgezogen?«

»Ich wollte eigentlich schon immer in die Großstadt. Aber mein Ex war der Auslöser, ja. Möglichst weit weg.«

»Nicht leicht, in Köln so schnell eine Wohnung zu finden.«

»Ich habe viel Geld für einen Makler ausgegeben. Für einmal

Tür aufschließen und drei Fragen beantworten. Aber was soll's? Ich will mich nicht beklagen.«

»Wenn die IP-Adresse zu Ihrem Freund führen sollte und wir nachweisen, dass er die Bilder von Ihrem Laptop kopiert und dann ins Internet gestellt hat, wird sich das deutlich auf das Strafmaß auswirken.«

»Kommt er dann ins Gefängnis?«

»Das kann ich Ihnen nicht sagen. Ich bin nur Polizist. Mein Schwerpunkt ist Computerkriminalität.«

»Das heißt, Sie kennen sich super mit diesen Geräten aus.«

Er lächelte. »Das kann man so sagen, ja.«

Christine zögerte. Sie wusste, sie sollte ihn so etwas nicht fragen, tat es aber trotzdem. »Können Sie mir vielleicht mit meinem Drucker helfen?«

»Was ist denn damit?«

»Mal druckt er, mal nicht, ich verstehe das einfach nicht ...«

Höfner öffnete bereits die Systemdatei und fand das Problem schneller, als Christine überhaupt begriff, was er da tat. »So, jetzt dürfte der Drucker keine Probleme mehr machen.«

»Kann man Sie mieten?« Christine lachte.

»Nein, solche Dienste biete ich erst gar nicht an, sonst hätte ich keine Freizeit mehr.«

»Schade.«

Höfner grinste. Dann wandte er sich wieder dem Computer zu.

Christine betrachtete den Polizisten. Er war ein ganz anderer Typ als die Männer, die sie bislang kennengelernt hatte. Er wirkte so souverän, so vertrauenerweckend.

Jetzt sah er sie ernst hat. »Verzeihen Sie, aber ich hätte da noch eine Frage«, sagte er.

»Ja?«

Er zögerte.

»Bitte, fragen Sie.«

»Ich möchte Ihnen damit nicht zu nahe treten.«

»Sie wollen wissen, ob ich die Fotos freiwillig gemacht habe?«

Er nickte.

»Irgendwie beides.« Christine biss sich leicht auf die Lippen und spürte, dass sie rot wurde im Gesicht. »Haben Sie die Fotos gesehen?«

»Nein.«

Ihr fiel ein Stein vom Herzen. »Es klingt vielleicht wie eine blöde Ausrede, aber er hat mich verführt. Zuerst wollte ich es nicht. Aber er war einfühlsam, und dann hat es mir auch irgendwie gefallen. Er gab mir den Chip mit den Bildern darauf, und wir haben sie auch wirklich nur auf meinem Laptop gespeichert ... Ich habe ihm vertraut.«

»Das sollte man in einer Beziehung ja auch tun können, oder?«

»Nein! Ich war naiv und blöd. Ich hätte merken müssen, dass er nicht ganz sauber tickt. Meine Freunde haben mich oft genug vor ihm gewarnt.« Ihr versagte die Stimme.

»Machen Sie sich keine Vorwürfe«, sagte Höfner. »Es ist nicht Ihre Schuld. Lassen Sie sich von niemandem etwas anderes einreden. Es ist nichts dabei, sich nackt fotografieren zu lassen. Das gibt niemandem das Recht, die Bilder ins Netz zu stellen.«

»Danke, dass Sie das sagen.«

»Es wird bald vorbei sein. Der Typ ist geliefert. Erst recht, wenn er heimlich auf Ihren Laptop zugegriffen hat.«

Auf dem Monitor erschien der Hinweis, dass alle Fremdprogramme erfolgreich gelöscht seien.

»So, das war's.«

Höfner zog den USB-Stick aus dem Slot. »Jetzt muss ich nur noch unsere Software wieder von Ihrem Laptop löschen.«

»Moment«, intervenierte Christine. »Ich habe da noch eine Frage. Ihre Software hat den Trojaner aufgespürt, mein Virenprogramm nicht, warum?«

»Das, womit wir beim LKA arbeiten, ist im freien Handel nicht erhältlich.«

»Warum nicht?«

»So sind nun mal die Gesetze. Fragen Sie nicht mich.«

Er saß vor dem Laptop und tat einen Moment lang nichts. Er sah auf den Bildschirm, dann zu Christine. Seine Stimme klang auf einmal anders, strenger, wie die eines Lehrers kurz vor einem Eintrag ins Klassenbuch. »Wenn Sie mir hoch und heilig versprechen, absolut niemandem zu erzählen, dass ich vergessen habe, die Software zu löschen, dann würde ich es jetzt vergessen. Zu löschen.«

Christine nickte mit dem Kopf. »Ich sage es niemandem.«

»Ich muss mich auf Ihr Wort verlassen können. Das kann sonst richtig Ärger geben.«

»Versprochen.« Sie hob die Hand zum Schwur.

Er stand auf und packte seine Sachen zusammen. »Theoretisch sollte jetzt niemand mehr auf Ihren Laptop zugreifen können. Wenn es jemand versucht, wird die Software Sie darüber informieren und dann rufen Sie mich an. Nur mich, nicht irgendeinen Kollegen. Verstanden?«

»Ich halte meine Versprechen.«

Er holte eine Visitenkarte heraus und gab sie ihr.

»Darauf steht auch meine Handynummer. Ich komme jederzeit vorbei, falls es notwendig sein sollte.«

»Vielen Dank. Das ist wirklich unheimlich nett.«

»Kein Ursache, ich tue wirklich nur meinen Job.«

Als er wieder im Auto saß, zog er die Perücke vom Kopf und nahm die Brille ab. Wenn er sich jetzt noch rasierte, hätte sein Aussehen nichts mehr mit dem Bild auf dem gefälschten Polizeiausweis zu tun. Er knöpfte sein Hemd auf und holte das künstliche Fettpolster unter dem T-Shirt hervor. Dann fing er laut an zu lachen. Man konnte den Leuten jeden Unsinn erzählen, man musste nur überzeugend genug auftreten. Der erste Schritt war getan, die Software war installiert. Sollte Christine sich nicht an ihr Versprechen halten und mit irgendwem über seinen Besuch reden – wovon er nicht ausging –, würde er es mitkriegen. Das Festnetztelefon hing am selben Router und das Handy war ebenfalls infiziert. Es konnte losgehen.

Er startete den Motor und fädelte sich in den fließenden Verkehr ein.

10

Als das Summen der Verriegelung ertönte und die grüne Metalltür mit Sichtfläche aus Panzerglas vor mir aufging, spürte ich wieder diese Beklemmung. Als ob ich ein Korsett trug und hinter mir jemand stand, der die Kordel immer fester und fester zuzog. Erst spürte ich den Schweiß nur an den Händen, dann geriet mein ganzer Körper in Hitzewallung. Ich konzentrierte mich auf meinen Atemrhythmus, registrierte meinen Herzschlag in der Brust und hatte das Gefühl, dass sich regelmäßig eine Extrasystole einschlich.

Der Vollzugsbeamte, dem ich durch die Gänge der JVA folgte, drehte sich kein einziges Mal zu mir um. Mit stoischer Routine öffnete er eine Tür nach der anderen, ging hindurch, ich folgte ihm, und sie krachte hinter uns ins Schloss. Irgendwann blieb er stehen, schloss eine Tür in der Mitte des Korridors auf und öffnete sie.

»Ihr Mandant wird gleich gebracht.«

Ich betrat den kahlen Raum. Sonnenlicht fiel durch das vergitterte Fenster. Der Beamte wollte die Tür schließen.

»Lassen Sie sie offen.«

»Bitte?«

»Sie sollen die Tür offen lassen.« Ich hatte lauter gesprochen als beabsichtigt. Mittlerweile rann mir der Schweiß von der Stirn. Ich zog ein Taschentuch hervor, wischte mir das Gesicht.

»Geht es Ihnen nicht gut?« Der Beamte stand immer noch in der Tür.

»Mir geht es prima, ist nur ziemlich stickig hier drin. Deshalb sollen Sie die Tür auflassen. Danke.«

In diesem Moment hätte ich mir Nina herbeigewünscht. Ich hasste es, allein zu sein in Räumen wie diesem. Bei geschlossener Tür käme ich mir wie in einer Fahrstuhlkabine vor. Ich stützte mich mit beiden Händen auf dem Tisch ab, der am Boden festgeschraubt war, drei Stühle standen drum herum. Wenigstens Licht. Sonnenlicht.

Seit meiner Kindheit ging das so. Seit dem Erlebnis in dem Kellerloch. Das Fenster hoch oben an der Wand war vernagelt gewesen. Ein feiner Lichtstrahl fiel durch eine Ritze herein, ohne den Raum auch nur ansatzweise erhellen zu können. Mit untergehender Sonne verschwand der Strahl. In der totalen Dunkelheit kam ich mir vor wie lebendig begraben. War wie gelähmt. Ich glaubte, in dem Kellerloch die letzten Stunden meines Lebens zu fristen, und malte mir aus, wie mich irgendwann, irgendwer finden würde. Die Dunkelheit förderte meine Fantasie, die hässlichen Bilder in meinem Kopf, wie ich daliegen würde, bereits verwest und von Maden zerfressen. Ich war gar nicht mal auf den Gedanken gekommen, dass meine Mutter mich schon bald vermissen und suchen würde. Der nächste Tag war zu weit weg, zwischen mir und dem Morgen lag damals die Nacht und die Dunkelheit, und sie war undurchdringlich ...

Ich hörte Geräusche von draußen. Wolfgang Rölscheid wurde von zwei Beamten hereingeführt und auf den hinteren Stuhl gesetzt. Die linke Hand wurde mit einer Handschelle an dem Tisch fixiert.

»Muss das sein?«, fragte ich den Vollzugsbeamten.

»Ja«, sagte er. »So sind die Vorschriften. Es ist auch zu Ihrer Sicherheit.«

Rölscheid wurde ein brutaler Mord zur Last gelegt, und so wurde er auch behandelt. Die beiden Beamten verließen den Raum. Einer von ihnen würde vor der Tür Wache halten.

Ich setzte mich gegenüber von Rölscheid an den Tisch und

konnte auch auf die Entfernung riechen, dass er sich nicht gewaschen hatte. Es waren noch keine vierundzwanzig Stunden vergangen, seit wir uns das letzte Mal im Präsidium gesehen hatten, doch er wirkte verändert. Vor mir saß ein gebrochener Mann. Offensichtlich hatte er endlich realisiert, was für ihn auf dem Spiel stand.

»Wie geht es Ihnen?«

Er schüttelte wie in Zeitlupe den Kopf.

»Sind Sie in einer Einzelzelle?«

Er schüttelte wieder den Kopf. Dann sah er auf. »Die beobachten mich. Die glauben, ich könnte Selbstmord begehen.«

»Ich hoffe, diese Sorge ist unberechtigt.«

»Ja.« Er hatte dunkle Ringe unter den Augen. »Werde ich hier je wieder rauskommen?«

»Das hoffe ich. Aber wir stehen noch ganz am Anfang, und ich muss Sie bitten, dass Sie mir jetzt genau zuhören.«

Er nickte.

»Zunächst einmal dürfen Sie mit niemandem über Ihren Fall reden. Mit niemandem außer mir. Verstanden?«

Er atmete tief ein und nickte. Ich holte eine Aktenmappe hervor und schlug sie auf. Vor mir lag der Notizzettel, den ich mir am Morgen gemacht hatte.

»Ich will nichts beschönigen. Die Beweislage gegen Sie ist erdrückend. Angefangen bei Ihren Stiefeln, an denen sich Blutspuren Ihrer Frau befanden. Das Mobiltelefon war in einem Handymast in der Nähe des Reiterhofes eingeloggt. Das legt nahe, dass Miriam vor ihrem Verschwinden bei Ihnen war. Und dann wurde ihre Leiche in der Nähe eines Waldweges gefunden, der durch eine Schranke versperrt ist, zu der Sie Zugang haben, weil Sie den Schlüssel zu dem Schloss besitzen. Sie und Ihr Freund, der Forstwirtschaftsmeister Frings.« Ich holte tief Luft, bevor ich fortfuhr. »Und natürlich haben Sie ein Motiv. Die jahrelange Demütigung durch Ihre

Ehefrau, ihr Wunsch, sich scheiden zu lassen ...« Ich führte es nicht weiter aus. »Nun, meine Aufgabe wird es sein, die Beweise und Indizien zu entkräften. Oder aber ...«

Ich hoffte, er käme von selbst drauf.

»Oder was?«

»Oder aber wir plädieren auf schuldig. Sie legen ein ...«

»Nein! Auf keinen Fall!« Zum ersten Mal trat Leben in seine Gesichtszüge.

»Hören Sie mir doch erst mal zu. Bitte. Ich bin als Verteidiger dazu verpflichtet, Ihnen alle Möglichkeiten darzulegen.«

Er wollte protestieren, aber ich brachte ihn mit einer erhobenen Hand zum Schweigen.

»Hören Sie zu. Ich würde auf verminderte Schuldfähigkeit plädieren. Sie haben unter einer tief greifenden Bewusstseinsstörung gelitten. Am Tag der Tat waren Sie nicht Herr Ihrer Sinne, und Sie haben auch keine Erinnerung mehr an das, was passiert ist. Eine Art Blutrausch. Irgendwann sind Sie wieder zu sich gekommen, im Wald, und dann war es schon geschehen.«

Ich sah ihm in die Augen und wusste, was er sagen würde.

»Und?«, fragte ich dennoch und versuchte, optimistisch zu klingen.

»Meine Antwort lautet: nein. Ich war es nicht. Und ich kann mich an alles erinnern, was ich an den Tagen seit ihrem Verschwinden gemacht habe.«

Ich verstand, sah auf meine Liste.

»Die Staatsanwaltschaft fordert ein psychiatrisches Gutachten. Ich werde Einspruch einlegen.«

»Wieso wollen die das?«

»Um Ihre Schuldfähigkeit festzustellen. Vertrauen Sie mir einfach. Und reden Sie mit niemandem, sofern ich es Ihnen nicht erlaube.«

»Und wie wollen Sie jetzt vorgehen?«

Ich schwieg einen Moment. Rölscheid wollte ganz offensichtlich kämpfen. Also musste ich es wohl auch. Ich sah ihm direkt in die Augen.

»Nehmen wir einmal an, Sie sind unschuldig.«

»Ich *bin* unschuldig!«

Ich holte tief Luft. »Also schön, ich werde Ihnen sagen, wie ich vorgehen werde. Die Polizei hat bis jetzt nur gegen Sie ermittelt. Und weil die Beweislage eindeutig scheint, sind die Ermittlungen quasi abgeschlossen. Ich werde Einwände anmelden und Anträge stellen und dafür sorgen, dass die Ermittlungen wiederaufgenommen werden.«

»Sie schaffen das! Ich weiß es.«

»Langsam.« Ich wollte erst gar keine Euphorie aufkommen lassen. »Sie hätten ein klares Motiv, Ihre Frau zu ermorden. Der Täter muss das gewusst haben.«

»Wie kommen Sie darauf?«

»Weil er ganz offensichtlich alle Spuren in Ihre Richtung gelenkt hat. Das bedeutet, es will Sie jemand fertigmachen. Haben Sie eine Ahnung, wer das sein könnte?«

»Wer was sein könnte?«

»Wer Ihnen den Mord in die Schuhe schieben will. Haben Sie Feinde?«

Sein Blick ging zu dem vergitterten Fenster. Er überlegte nur kurz, dann sah er wieder zu mir. »Der einzige wirkliche Feind in meinem Leben, den ich jemals hatte, ist tot. Meine Frau. Als ich damals zugeschlagen habe und sie auf dem Boden gelegen hat, blutend, da hat sie mir zuerst leidgetan. Ich bin zurückgewichen. Aber dann hat sie mich mit diesem Blick angesehen ... diesem verächtlichen Blick, den sie häufig draufhatte. Als würde sie über mich lachen. Und da ...« Er brach ab.

»Da *was*?«

»Da hätte ich am liebsten noch mal zugetreten.« Seine Hände

fingen an zu zittern. »Ich habe so ein Kribbeln gespürt in den Fingern. Ich wollte sie würgen. Ihr das Grinsen aus dem Gesicht schlagen ...« Das Zittern übermannte seinen ganzen Körper. Er ballte die Hände zu Fäusten. »Aber ich konnte es nicht«, seine Stimme schlug um in ein Wimmern. »Ich konnte es nicht ...«

Er sah mich flehend an, als könnte ich ihm die Absolution erteilen.

Mir fiel etwas ein. Ich erinnerte mich daran, was er mir vor einem Jahr bei unserer ersten Begegnung erzählt hatte. »Sie haben damals gesagt, der Auslöser des Streits war unter anderem, dass Ihre Frau sogar mit einem Ihrer Freunde eine Affäre hatte.«

»Miriam war bösartig. Es reichte ihr nicht, mich zu demütigen, sie wollte mich isolieren. Den Kontakt zu meiner Familie hatte sie schon zerstört. Mein Bruder will nichts mehr von mir wissen, nachdem Miriam seine Frau übel beleidigt hat ...«

»Sie wollten mir damals nicht sagen, wer dieser Freund war, mit dem Ihre Frau eine Affäre hatte. Unter den gegebenen Umständen würde ich Sie dringend bitten, den Namen nicht länger geheimzuhalten.«

»Er ist verheiratet. Ich will nicht auch noch sein Leben kaputt machen.«

»Sagen Sie mir seinen Namen.«

Rölscheid zögerte.

Ich verlor die Geduld. »Herrgott Rölscheid! Wenn ich Ihnen helfen soll, müssen Sie mir alles sagen. Sonst sind Sie verloren.«

11

Vor den Toren der JVA atmete ich erst mal tief durch und schloss die Augen. Es fühlte sich gut an zu spüren, wie die Wärme der Sonnenstrahlen sich auf der Haut ausbreitete. Und die frische Luft. Es war ein Ritual. Jedes Mal, wenn ich die JVA verließ, brauchte ich diesen Moment.

Ich musste mir gut überlegen, wie ich mit den neu gewonnenen Informationen umgehen sollte. Ich durfte nicht in Aktionismus verfallen. Sollte ich mich für die Taktik entscheiden, einen Alternativtäter aus dem Hut zu zaubern, musste ich diesem Weg konsequent folgen. Das bedeutete, ich durfte mich nicht fahrlässig falschen Verdächtigungen hingeben. Rölscheid war schließlich mit der Sprache herausgerückt: Es war Andreas Frings, der Förster, mit dem Miriam Rölscheid vor einem Jahr eine Affäre gehabt hatte. Nur kurz. Sie hatten einmal miteinander geschlafen, wie Rölscheid mir versicherte, dann hatte Frings die Sache schon wieder beendet. Mein Gefühl sagte mir, dass er nicht als Mörder infrage käme. Die Tatsache aber, dass er eine Affäre mit dem Opfer hatte, könnte zu einem späteren Zeitpunkt von Nutzen sein – aber nur, wenn ich der Einzige war, der außer Frings davon wusste.

»Guten Tag, Herr Meller«, hörte ich eine freundliche Stimme neben mir. Ich machte die Augen auf. Das grelle Sonnenlicht blendete mich. Die Frau, die da vor mir stand, war einen Kopf kleiner als ich und übergewichtig, Ende dreißig schätzte ich. Ihre Haut – vor allem um die Auge herum – war faltig, wie bei Leuten, die ungesund lebten, zu viel Stress hatten und zu wenig Schlaf. Da half auch die Schminke nicht viel. Ihre Beine steckten in einer zu engen Jeans, und sie hatte einen Kaffeefleck auf der weißen Bluse, den sie entweder noch nicht bemerkt hatte, oder es war ihr einfach egal.

»Yvonne Lessing. Guten Tag.« Sie hielt mir die Hand hin, die ich nicht ergriff.

»Tut mir leid. Ich bin etwas in Eile ...«, sagte ich. Ich wendete mich ab und ging zu meinem Alfa Romeo. Sie folgte mir.

»Nun laufen Sie doch nicht weg, Sie wissen doch gar nicht, was ich will.«

»Doch. Weiß ich. Wer hat Ihnen gesagt, dass ich hier bin?«

»Ich habe in Ihrem Büro angerufen. Es hieß nur, Sie seien außer Haus. Na ja, und siehe da: Ihr Auto parkte vor der JVA.«

»Heißt, Sie kennen einen korrupten Polizisten, der für Sie eine Halterabfrage gemacht hat?«

Sie war Journalistin. Und deshalb hatte ich keine Lust, mit ihr zu reden. Gerade bog ein dunkelblauer VW Passat von der Straße um die Kurve. Lessings Gesichtsausdruck verriet, dass die Konkurrenz nahte. »Könnten Sie mir ein paar Worte zu Ihrem Mandanten sagen?«

»Er möchte in Ruhe gelassen werden. Genau wie ich. Kein Kommentar. Und wenn Sie was anderes schreiben, Gegendarstellung. Schönen Tag noch.«

Ich erreichte meinen Wagen, der in einer der Parkbuchten stand. Aus dem Passat war mittlerweile ein Fotograf ausgestiegen, der mit einem mächtigen Teleobjektiv auf mich zielte. Zum Glück, als er die Fotos schoss, befand sich schon eine dreckige Windschutzscheibe zwischen mir und der Linse. Ich war mir sicher, dass die Bilder nichts wurden.

Siegesgewiss drehte ich den Zündschlüssel herum, doch ich hatte mich zu früh gefreut. Ein kurzes Klicken und danach Stille. Ich versuchte es noch einmal. Keine Chance. Nicht mal das Radio ging an. Frau Lessing stand neben dem Auto und hatte ihr Handy am Ohr. Ich stieg aus, der Fotograf knipste weiter.

»Okay, Sie haben gewonnen«, sagte ich zu den beiden. »Wer von Ihnen kann mir Starthilfe geben?«

»Ich!« Der Fotograf ging zu seinem Passat und öffnete die Heckklappe. »Wenn Sie mir dafür ein paar Fragen beantworten.«

Lessing beendete das Telefonat, steckte das Handy ein. Ich sah zu ihr. »Wo steht Ihr Wagen?«

Sie ging los, ich folgte. Bevor der Fotograf das Kabel gefunden hatte, waren wir in ihren Peugeot 305 eingestiegen, und sie fuhr los. Der Fotojournalist zeigte uns zum Abschied den Mittelfinger. Yvonne Lessing bot mir an, mich ins Büro zu fahren, in der Hoffnung, auf dem Weg dorthin etwas aus mir herauszukriegen. Hauptkommissar Rongens Worte kamen mir in den Sinn. »*Passen Sie auf, womit Sie die Medien füttern.*«

»Ein kurzes Statement, mehr nicht.« Sie sah zu mir herüber, und in diesem Moment wirkte sie nett. Aber das konnte Taktik sein. Wir näherten uns einer roten Ampel, der Wagen wurde langsamer. Auf der Gegenspur hielt ein Taxi. Ich öffnete die Tür und stieg aus.

»Die Ermittlungen in dem Fall sind noch nicht abgeschlossen, auch wenn die Polizei vielleicht diesen Eindruck erweckt.«

»Wissen Sie das genau?«

»Sie wollten ein Zitat. Jetzt haben Sie eins. Das muss reichen.«

Ich winkte dem Taxifahrer, der mich sah und die Warnblinkanlage einschaltete. Die Ampel schaltete auf Grün, als ich die Straße überquert hatte. Der Peugeot fuhr davon.

Das Taxi setzte mich in der Nähe meines Büros ab, ich stieg etwas früher aus, um noch zum Kiosk zu gehen.

Der türkische Kioskbesitzer kannte mich noch aus der Zeit, als ich Kettenraucher war.

»Alles gut bei Ihnen?« Seine Hand griff routinemäßig zu den Zigarettenschachteln meiner Marke.

»Ja, mir geht's gut. Aber nein danke, keine Zigaretten.« Ich kaufte verschiedene Tageszeitungen. Ein Boulevardblatt erwähnte den Fall auf Seite eins: *»Ist der Folter-Mörder verrückt?«* Lag es daran, dass die nichts anderes zu berichten hatten, oder bewegte die Menschen das Thema wirklich? Ich musste mir auf jeden Fall eine Strategie einfallen lassen, wie ich mit der Presse umgehen würde. Mein Blick ging zu den Schachteln. Der Kioskbesitzer sah das und grinste.

12

Zwei Tage musste ich auf einen Termin bei der ermittelnden Staatsanwältin Dr. Franka Naumann warten. Sie war erst auf mein Gesprächsangebot eingegangen, nachdem ich ihr den Sachverhalt aus meiner Sicht schriftlich geschildert hatte. Zwei Tage, in denen nicht viel passierte, außer dass das Telefon ständig klingelte. Einige Journalisten waren hinter einem Kommentar von mir her. Interviewanfragen, sogar von großen Blättern und Magazinen. Ich hätte das Honorar, das man für ein Exklusivinterview bekam, gut brauchen können, aber das wollte ich meinem Mandanten nicht antun. Je weniger über ihn geschrieben wurde, desto besser, außerdem hatte ich keine Erfahrung im Umgang mit Medien. Nina studierte die Gebrauchsanweisung meines Telefons und fand heraus, wie man die Warteschleife einrichtete. So etwas hatte ich noch nie gebraucht. Man konnte sogar eine eigene Hintergrundmusik speichern. Ich hatte eine Idee. Wir nahmen das Geräusch meiner Kaffeemaschine auf, um es in einer Endlosschleife zu wiederholen. Das funktionierte. Kaum einer wartete mehr als drei Espresso ab, bevor er auflegte. Die Anrufe wurden mit der Zeit weniger.

Ich hatte Nina von meinem Gespräch mit Rölscheid berichtet und mich aus guten Gründen knapp gefasst. Von der Affäre zwischen Miriam Rölscheid und Andreas Frings hatte ich ihr gar nichts erzählt. Vom Sputnik und wie ein Vorhängeschloss funktionierte dagegen umso ausführlicher, dass sie anfing, sich über meinen Vortrag zu langweilen.

»Wir benutzen jeden Tag einen Schlüssel, aber nur die wenigsten Menschen wissen, wie ein Schloss funktioniert!« Meine Stimme klang wohl ziemlich lehrerhaft.

»Man kann ja nicht alles wissen«, war ihr Kommentar.

»Jetzt weißt du's«, erwiderte ich.

»Großartig. Das lässt mich heute Nacht besser schlafen. Und was bringt uns das für unseren Fall?«

»Zweifel! Man kann das Vorhängeschloss knacken, ohne Spuren zu hinterlassen.«

Als ich am nächsten Tag gegen Mittag ins Büro kam, reichte Nina mir einen Zettel. »Da hat ein Pjotr Iowanowitsch angerufen.

»Was wollte er?« Auf dem Zettel stand ein Datum.

»Du sollst dir seinen Geburtstag freihalten. Er lädt dich zu seiner Feier ein.«

»Oje.«

Ihr Gesichtsausdruck verriet Neugier. »Wieso? Wer ist das?«

»Ein Mandant. Wenn du was brauchst, ein Fahrrad von einem Eskimo oder original kubanische Seide …«

»Kubanische Seide?« Sie lachte.

»Ja. Es gibt Dinge, von denen hast du noch nie was gehört. Pjotr Iowanowitsch kann dir alles besorgen und das Beste – zollfrei. Er hat wahrscheinlich noch nie in seinem Leben Steuern gezahlt, außer das eine Mal, als sie ihn fast drangekriegt hätten und ich ihn vor dem Schlimmsten bewahrt habe.«

»Also ein Schmuggler?«

Ich nickte und wollte in mein Büro gehen.

»Warum freust du dich nicht, dass er dich zum Geburtstag einlädt?«, hakte sie nach.

»Ich freue mich doch.«

»Er hat auch noch gesagt, du darfst jemanden mitbringen.« Sie blickte mich erwartungsvoll an. »Oder willst du mich da auch nicht dabeihaben.«

Sie nahm es mir noch immer übel, dass ich sie nicht mit in die JVA genommen hatte, das war nicht zu überhören.

»Ich würde dich ja mitnehmen, aber ... ich weiß nicht, ob du dir das antun solltest.«

»Spießer! Ich bin kein kleines Mädchen mehr, und du musst mich nicht beschützen. Was passiert auf einem russischen Geburtstag? Trinkt man pausenlos Wodka und schmeißt Gläser an die Wand?«

»Die Feiern von Pjotr beginnen wie eine normale Party und enden wie Sodom und Gomorrha. Das letzte Mal hatte er um Mitternacht ein Dutzend leicht bekleidete Brasilianerinnen bestellt, von denen die Hälfte allerdings Männer waren. Einige Gäste haben das zu spät gemerkt, es kam zu tumultartigen Ausschreitungen.«

Nina lachte. »Bei so was wäre ich gerne mal dabei.«

»Mal sehen.« Ich verschwand in meinem Büro. Ich durfte Nina nicht zu der Geburtstagsparty mitnehmen, aber ich brachte es auch nichts übers Herz, ihr zu sagen, warum.

Der Anruf bei Pjotr konnte warten, ein anderer nicht. Das Telefonat mit Aleksandr rettete mir den Tag. An meinem Alfa Romeo, den Aleksandr vor der JVA abgeschleppt hatte, waren zum Glück nur die Batterie und die Lichtmaschine kaputt, und er machte mir einen guten Preis.

Nachdem ich den Wagen bei ihm abgeholt hatte, fuhr ich zum Reiterhof hinaus, um mich dort einmal umzusehen. Eine Pferdepflegerin namens Julia, die sich um alles kümmerte, bis der Insolvenzverwalter den Laden dichtmachen würde, gab mir bereitwillig Auskunft. Sie hatte meinen Mandanten als einen Mann kennengelernt, der jedem Streit eher aus dem Weg ging und die Faust extrem lang in der Tasche hielt. Das Ergebnis, wenn Rölscheid dann doch mal zuschlug, kannten wir beide. Julia zeigte mir die Stelle, wo Rölscheid für gewöhnlich seine Stiefel abstellte. Es wäre ein Leichtes, sie dort ungesehen zu entwenden und wieder hinzustellen. Die Frage, ob sie ihm den Mord an seiner Frau zutraute, wollte die Pferdepflegerin hingegen nicht beantworten.

Am Abend – Nina war schon gegangen – recherchierte ich im Internet, ob es Informationen über Frau Dr. Naumann gab. Private Interessen, Hobbys ... Ein bisschen Small Talk, um das Eis zu brechen, konnte nie schaden. Aber sie schien soziale Netzwerke zu meiden. Ich fand lediglich heraus, dass sie Tennis in einem Verein spielte und dort auch mal im Vorstand aktiv war. Beim Thema Tennis musste ich allerdings passen.

Den letzten Tag der Woche ließ ich ruhig angehen. Ich hatte erst um drei Uhr meinen Termin bei der Staatsanwältin, und Nina hatte sich freigenommen, weil sie zu ihren Eltern fahren wollte. Ihre Mutter feierte Geburtstag. Nach dem Mittagessen ging ich noch einmal die Ermittlungsakte und meine eigenen Unterlagen durch. Dann packte ich meine Aktentasche und machte mich auf den Weg.

Das Büro befand sich im fünften Stock, ich kam etwas außer Atem auf der Etage an. Das Gebäude war ein schmuckloser Backstein-und-Glas-Klotz aus den achtziger Jahren. Als ich den Korridor betrat, war ich einmal mehr froh, kein besseres Examen hingelegt zu haben. So war ich erst gar nicht auf die Idee gekommen, mich hier zu bewerben. Grünbraune Fliesen wechselten sich ab mit braunrotem Teppichboden. Dunkle Holzleisten in Hüfthöhe verliehen der Etage den Charme eines Altenheims. Sie waren aber nicht zum Abstützen für die Gebrechlichen da, sondern um die weißgeriffelte Tapete vor den Metallwagen zu schützen, mit denen die Justizbeamten in gemächlichem Tempo die Akten aus der Poststelle zu den Anwälten transportierten.

Die meisten Türen standen offen. Ich warf im Vorbeigehen einen Blick in das Büro der Geschäftsstelle. Dort türmten sich die Akten und hinter einem der Türme saß eine Frau versteckt, ich sah nur ihre Hand, die in Höchstgeschwindigkeit ein Dokument nach dem anderen abstempelte. Das Bild war irgendwie skurril.

Frau Dr. Naumann saß ebenfalls bei geöffneter Tür an ihrem Schreibtisch. Ich klopfte an den Türrahmen und sie schaute auf.

»Nicholas Meller, guten Tag.«

»Guten Tag, kommen Sie rein.«

Sie stand auf und trat mir ein paar Schritte entgegen. Wir begrüßten uns. »Franka Naumann.« Sie verzichtete auf ihren Doktortitel, was mir gefiel. Ihr Händedruck war halbgar, was mir weniger gefiel. Sie deutete auf einen Metallstuhl mit schwarzem Leder überzogen. »Nehmen Sie Platz, bitte.«

Das Büro war klein und die Möbel funktional. Laminiertes, helles Eschenholz auf dunkle Stahlrohre montiert, ich fragte mich, wo man so einfallsloses Zeug überhaupt noch kaufen konnte, aber es war definitiv unverwüstlich. In Zeiten entwickelt, als die Menschen noch Angst vor einem Atomkrieg hatten und der Schreibtisch auch als Schutzschild dienen musste. Auf einem Regal lagen die Akten, die geliefert wurden, auf einem anderen die, die irgendwann wieder abgeholt wurden, und im Schrank stapelten sich die Akten, die hierblieben. An der Schranktür klebte eine Zielscheibe vom Schießstand mit Löchern darin.

»Haben Sie das geschossen?«

Franka Naumann nickte stolz. »Ja. Nicht schlecht, oder?«

»Keine Ahnung. Wahrscheinlich schon. Ich habe es nur einmal versucht, aber der Schießtrainer hat mich als Gefahr für die Allgemeinheit eingestuft und mir die Waffe schnell wieder weggenommen.«

Frau Dr. Naumann lachte. Ich mochte ihr Lachen.

Sie taxierte mich. »Kann es sein, dass wir uns irgendwo schon mal begegnet sind?«

Ich stutzte. Ich hätte nicht gewusst, wo. Franka Naumann war fünf Jahre älter als ich, am Ende der Dreißig angelangt. Das wusste ich aus dem Internet. Darum war es eher unwahrscheinlich, dass wir zusammen studiert hatten. Trotzdem fragte ich nach: »Waren Sie hier in Köln an der Uni?«

»Ja. Aber daher kennen wir uns nicht. Da würde ich mich dran erinnern. Spielen Sie Tennis?«

»Früher mal ... auf der Playstation.«

Sie lachte erneut. Jetzt taxierte ich sie. Ihr Tennisspiel diente nur dem Zeitvertreib. Für eine ernsthafte Sportlerin hatte sie ein paar Pfunde zu viel auf den Rippen. Ich wunderte mich, dass man bei der Staatsanwaltschaft so leger gekleidet sein durfte, sie trug eine Stoffhose, weiße Bluse, große kreisrunde Ohrringe. Ihre blonden Haare hatte sie hochgesteckt. Einen Ehering sah ich nicht.

»Sie haben Ihre Kanzlei in Ehrenfeld?«

»Ja. Gutenbergstraße.«

»Dann sind wir uns vielleicht dort mal über den Weg gelaufen. Ich wohne ganz in der Nähe. Möchten Sie einen Kaffee?«

»Nein, danke. Ich hatte heute schon genug.«

Sie lehnte sich im Schreibtischstuhl zurück, schlug die Beine übereinander. Ihre Körperhaltung machte deutlich, dass wir uns in ihrem Revier befanden und ich der Eindringling war, der etwas von ihr wollte. Mein Blick ging aus dem Fenster, keine tolle Aussicht. Das Landgerichtsgebäude ragte in den strahlend blauen Himmel und raubte ihrem Büro die Sonne.

»Wenn schönes Wetter ist, haben Sie es wenigstens schattig hier.«

Sie reagierte nicht auf meinen kleinen Scherz. Auf dem Schreibtisch sah ich ein gerahmtes Foto von zwei Mädchen, etwa acht und zehn Jahre alt. Ich war mir sicher, dass Frau Naumann vor nicht allzu langer Zeit noch einen Ring am Finger getragen hatte.

Sie nickte mir zu. »Kommen wir zur Sache. Sie wollen, dass die Polizei die Ermittlungen im Fall Rölscheid wieder aufnimmt.«

Ich hatte mich erfolgreich geweigert, das Gespräch zu beginnen. Jetzt hob ich abwehrend eine Hand. »Nun, zunächst einmal möchte ich Widerspruch gegen das psychiatrische Gutachten einlegen. Wozu soll das dienen?«

»Das Ausmaß an Gewalt bei dem Verbrechen, das Ihrem Mandanten zur Last gelegt wird, erfordert meiner Meinung nach eine solche Untersuchung.«

»Ich lege trotzdem Widerspruch ein. Mein Mandant wird sich nicht untersuchen lassen.«

»Verstehe.« Sie sah auf das Fax, das ich ihr geschickt hatte. »Ich habe Ihre Argumentation gelesen, und sie hat mich ehrlich gesagt nicht überzeugt. Also, worüber reden wir?«

»Die Beweislage gegen meinen Mandanten ist alles andere als eindeutig.«

»Das haben Sie bereits geschrieben. Und?«

In diesem Moment wurde an den Türrahmen geklopft. Ein junger Mann, Ende zwanzig, mit einer randlosen Brille und kurz geschnittenen Haaren lugte herein. Er trug Jeans und ein Poloshirt. »Guten Tag, Frau Naumann.«

»Oh. Es ist gerade ungünstig.« Frau Naumann sah auf ihre Armbanduhr. »Können Sie etwas später wiederkommen?«

»Sicher. Wann denn?«

»Ich rufe Sie an, wenn dieser Termin hier vorbei ist.«

Er nickte, wollte gerade wieder gehen.

»Ach, können Sie bitte die Tür zumachen?«, rief sie ihm hinterher.

Er schloss die Tür. Franka Naumann wandte sich wieder mir zu. »Die Beweislage gegen Ihren Mandanten ist also nicht eindeutig. Was erwarten Sie? Hätten wir ihn mit dem Messer in der Hand auf frischer Tat ertappen sollen?«

»Im Obduktionsbericht stand nichts von einem Messer, sondern von Gegenständen, die nicht eindeutig zu definieren waren. Solche Gegenstände haben Sie bei meinem Mandanten nicht gefunden.«

»Ist das Ihr erster Mordfall?«
»Ja. Ist das ein Problem für Sie?«
»Entschuldigung. So war das jetzt nicht gemeint. Aber solche Diskussionen, was für Beweise man noch hätte bringen können, erachte ich als wenig zielführend.«

Ich nickte, um ihr anzudeuten, dass ich nicht ganz mit leeren Händen gekommen war. »Die Lederstiefel und das Handy des Opfers hätte jemand entwenden und so platzieren können, dass es in die Beweislogik der Polizei passt. Ich war da, ich habe mir den Reiterhof angesehen.«

»Das entkräftet die Indizien keineswegs.«

Sie gab keinen Millimeter nach, sie fühlte sich sicher. Frau Naumann sah das in mir, was sie sehen wollte: einen kleinen Strafrechtler, der noch nie ein großes Verbrechen vor der Brust hatte. Mein Image als unerfahrener Pflichtverteidiger schien gesetzt. So sollte es auch sein, das war von Beginn an meine Taktik gewesen.

Ich sah sie ungerührt an. »Wurde das Schloss an der Schranke mikroskopisch untersucht?«

Ihr Blick verriet, dass ich sie aus dem Konzept gebracht hatte. Nun musste ich nachlegen. »Ich habe in der Akte und in dem Bericht der KTU nichts dergleichen gelesen. Aber vielleicht habe ich es auch übersehen. Ist ja mein erster Mordfall.«

»Worauf wollen Sie hinaus?«

»Die Ermittlungen wurden einseitig geführt.«

Franka Naumann richtete sich auf, schüttelte energisch den Kopf. »Nein. Das sehe ich ganz anders.«

Ich lächelte sie an. »Als Strafverteidiger hat man den Vorteil, mit Kriminellen zu tun zu haben, und die erzählen einem Dinge, die sie der Polizei nie sagen würden. Ich habe mir erklären lassen, wie man so ein Vorhängeschloss ohne Schlüssel öffnen kann, ohne sichtbare Spuren zu hinterlassen. Darum müsste man das Vorhängeschloss mikroskopisch untersuchen, denn die Sache mit dem Schlüssel, da sind wir uns einig, ist ein wichtiges Indiz. Oder?«

Ich hatte einen Treffer gelandet, was ihre Körpersprache verriet. Frau Naumann verschränkte die Arme vor der Brust.

»Erzählen Sie mal weiter.«

»Nur so viel: ein solches Vorhängeschloss ohne einen Schlüssel zu öffnen ist möglich. Wir beide können so etwas nicht, aber es gibt Leute, die es können. Wer immer den Mord begangen hat, er muss über das nötige Fingerspitzengefühl verfügt haben.«

»Sie gehen also von einem Alternativtäter aus?« Die Staatsanwältin nahm einen Notizblock zur Hand.

»Ja. Ich beantrage deshalb eine mikroskopische Untersuchung der Metallstifte. Aber das ist nicht alles.« Ich holte meine Aufzeichnungen aus dem Aktenkoffer, und ich ließ mir Zeit.

»Was noch?« Sie wurde ungeduldig.

»Nachdem die Vermisstenanzeige einging, wurde ausschließlich gegen den Ehemann ermittelt. Etwas sehr Wichtiges wurde dabei übersehen. Das Opfer Miriam Rölscheid hatte nicht erst seit der Trennung von ihrem Mann zahlreiche Liebhaber, von denen keiner in den Kreis der Verdächtigen aufgenommen wurde.«

»Zahlreiche Liebhaber?«

»Wussten Sie das etwa nicht?« Ich tat überrascht.

»Woher haben Sie das?«

»Das pfeifen die Spatzen von den Dächern. Wie Sie wissen, sind mir die ehelichen Verhältnisse meines Mandanten aus einem früheren Fall gut bekannt. Frau Rölscheid hat aus ihren Affären nie einen Hehl gemacht. Im Gegenteil. Sie hat ihren Mann damit provoziert und gedemütigt.«

Eine Vorverurteilung durch die Polizei, aufgrund dessen wichtige Fakten übersehen oder ihnen nicht nachgegangen wurde, könnte mehr als nur ein schlechtes Licht auf die Ermittlungsbehören werfen, das könnte dem Prozess eine entscheidende Wendung geben, denn die Richter müssen in ihrem Urteil zweifelsfrei zu dem Schluss kommen, dass der Angeklagte – und nur der Angeklagte – die Tat begangen hat. Leider war mir der positive Gesprächsverlauf zu Kopf gestiegen, und ich unterschätzte meine Gegnerin.

»Netter Versuch.« Jetzt lächelte Frau Naumann. »Aber ich glaube, das reicht nicht.«

»Und was haben Sie auszusetzen?«

»Nun, Sie sagen es ja selbst – Frau Rölscheid hat Ihren Mandanten gedemütigt. Und das über einen langen Zeitraum hinweg. Damit hat er ein eindeutiges Motiv, anders als die zahllosen Liebhaber, von denen Sie sprachen. Es ging ihm um Rache.«

»Das war kein normaler Mord, sondern das Werk eines Psychopathen«, konterte ich. »Die Frau wurde gequält.«

»Genau! Vielen Dank, dass Sie darauf hinweisen. Deshalb möchte ich ja das psychiatrische Gutachten, gegen das Sie sich wehren. Jahrelange Demütigungen haben dazu geführt, dass Wolfgang Rölscheid einen krankhaften Hass entwickelt hat, der allein das Ausmaß an Grausamkeit erklärt, mit dem wir es hier zu tun haben. Ein eifersüchtiger Liebhaber hätte das Opfer vergewaltigt, gewürgt, geschlagen, aber nicht mit seltsamen Gegenständen ihren Darm und die Vagina perforiert und anschließend dann noch lebendig begraben.«

Frau Dr. Naumann hatte einen Volley-Stopp hingelegt. Mein Schwung, mit dem ich gestartet war, verpuffte. Ich versuchte, mir nichts anmerken zu lassen.

»Ich möchte, dass Sarah Hofer, die Freundin des Opfers, bezüglich der Affären von Miriam Rölscheid noch einmal befragt wird. Sie kann uns gewiss Namen nennen.«

Frau Naumann machte sich eine Notiz. »Ich werde das an die zuständigen Ermittler weitergeben, die kümmern sich darum.«

»Ich wäre gerne bei dem Gespräch mit Frau Hofer dabei.«

»Nein. Die Zeugin könnte sich unter Druck gesetzt fühlen.«

»Ich würde aber gerne die eine oder andere Frage stellen.«
»Dann formulieren Sie die Fragen schriftlich, oder stellen Sie sie vor Gericht.« Sie sah mich ungerührt an. »Was haben Sie sonst noch?«

Ich zog das Foto aus der Akte, auf der Miriam Rölscheids Leiche nackt und gefesselt zu sehen war, und legte es auf den Schreibtisch. »Jemand, der so etwas tut, muss eine Vorgeschichte haben. Außerdem liegen die Tatwaffen, die der Mörder benutzt hat, bis heute nicht vor.«

»Ja, und?«

»Wenn einer von Miriam Rölscheids Liebhabern eine Vorstrafe hätte, die in Richtung einer solch brutalen Straftat deutet, wäre dies ein Anhaltspunkt, vielleicht sogar Anlass für eine Hausdurchsuchung. Aber dazu müsste man die Liebhaber zuerst ausfindig machen.«

»Wie gesagt, ich werde veranlassen, dass man dem nachgeht. Sie kriegen dann das Protokoll zugeschickt.«

Franka Naumann erhob sich und gab mir die Hand, wieder so lasch wie bei der Begrüßung. Wir wünschten uns gegenseitig ein schönes Wochenende. Als ich ihr in die Augen sah, erwiderte sie mein Lächeln, und erst jetzt entdeckte ich die kleine Zahnlücke neben ihrem rechten Schneidezahn. Wir waren uns tatsächlich schon mal begegnet, aber ich konnte mich beim besten Willen nicht erinnern, wo oder wann.

Vielleicht gab es ja einen Grund, weshalb ich sie aus meinem Gedächtnis gestrichen hatte.

13

Christine erledigte Schreibkram. Das Schwesternzimmer war ziemlich klein und durch eine Glasfront vom Korridor der Klinik abgetrennt. Wenn man sich mit den Kollegen zusammen hinsetzen wollte, traf man sich eher in der Teeküche, aber eine kleine Stammbesetzung musste in dem Glaskasten sitzen, wie Fische im Aquarium. Katja war bei ihr und kümmerte sich um die Verteilung der Medikamente, füllte die Dosierungsschachteln, die jeder Patient bekam.

»Hast du dich gut eingelebt in Köln?«

Christine drehte sich zu Katja um, die hinter ihr im Stehen arbeitete. »Ja. So langsam wird meine Wohnung ganz schick. Klein, aber fein.«

»Hast du in Nordhorn noch bei deinen Eltern gewohnt?«

Christine schüttelte den Kopf. »Ich bin mit achtzehn ins Schwesternwohnheim gezogen und danach mit meinem Freund zusammen.«

»Der ist aber nicht mehr?«

Wieder schüttelte sie den Kopf. Keine ihrer Kolleginnen wusste, warum sie nach Köln geflüchtet war. Irgendwann, wenn wirklich alles vorbei wäre, würde sie Katja vielleicht einweihen.

»Gehst du auch mal abends weg?«

»Eher selten. Ich kenne ja noch nicht so viele.«

»Du hast doch auch das nächste Wochenende frei. Möchtest du da mitkommen, am Samstag ins Palladium? Da ist eine Party.«

»Was ist das Palladium?«

»Da finden normalerweise Konzerte statt. Nächsten Samstag legt da irgendein bekannter DJ auf.«

»Ich weiß nicht, ob das meine Musik ist.«

»Egal. Meine auch nicht. Das Palladium ist cool und riesig groß, da gibt es auch ruhigere Ecken.«

Der Oberarzt, Dr. Reuter, schneite herein. Sein Schritttempo reichte aus, um den weißen Kittel hinter sich herwehen zu lassen. Er rieb sich die Hände mit Desinfektionsmittel ein. »Bei Bellinger in Zimmer 212 kann man den Katheter ziehen. Und in der 216 die Drainage.« Er sah zu Christine. »Wie geht es Ihnen? Fühlen Sie sich wohl bei uns?«

»Ja, sehr.«

»Sie haben Glück. Im Moment ist nicht viel los. Gut, um sich einzugewöhnen.«

Er war schon wieder weg, bevor Christine etwas erwidern konnte.

»Der ist so.« Katja grinste. »Ich frage mich, was der nimmt.«

Christine lachte. »Er bemerkt wenigstens, dass man da ist. Da gibt's andere, die grüßen noch nicht mal. Bis wann brauchst du eine Antwort wegen Samstag?«

»Bis Mittwoch, ich gehe auf jeden Fall.« Katja nahm sich ein Paar Vinylhandschuhe, eine Spritze und eine Unterlage. »Ich gehe mal den Katheter ziehen.«

»Darf ich das machen?« Christine stand vom Schreibtisch auf und folgte Katja auf den Korridor.

»Stehst du auf Männer quälen?«

»Der Typ hat mir gestern einen Spruch reingedrückt.«

»Sexistisch?«

Christine schüttelte den Kopf. »Privatpatient.«

»Bitte schön.« Katja reichte ihr die Utensilien. »Dann mach ich die Drainage in der 216.«

Patient Bellinger saß mit hochgestellter Rückenlehne im Bett.

Obwohl er von der Operation noch ein wenig angeschlagen war, hatte er bereits seinen Laptop aufgeklappt vor sich stehen und tat hochkonzentriert, als Christine mit einem Lächeln eintrat. Sie hatte die Handschuhe bereits an.

»Das WLAN hier können Sie echt vergessen.« Bellinger schüttelte den Kopf. »Ich meine, wo sind wir denn hier?«

»In einem Krankenhaus?«

»Wissen Sie, was ich hier am Tag zahle? Funktionierendes WLAN wäre da wohl das Mindeste.«

Christine ging nicht darauf ein, betätigte die Fernbedienung des Bettes und ließ das Rückenteil herunter.

»Was kommt jetzt?« Er sah sie fragend an.

»Ich befreie Sie von dem Katheter, dann dürfen Sie wieder ganz normal auf die Toilette gehen.« Sie schob den Nachttisch mit dem Laptop zur Seite.

»Sie machen das?«

»Ja. Oder stört Sie das?«

»Stören, nein.«

Sein besorgter Blick sprach eine andere Sprache.

»Es ist kein Pfleger da.« Christine schlug die Bettdecke zur Seite und schob das Nachthemd nach oben. »Wenn Sie möchten, kann ich natürlich den Pfleger vom Dienst rufen, das dauert aber.«

»Nein, nein. So war das nicht gemeint. Machen Sie ruhig.«

Christine verkniff sich das Grinsen. Egal, wie großkotzig die Männer manchmal auftraten, wenn es um ihren besten Freund ging, wurden sie alle ganz klein. Da lag er vor ihr, der Penis mit Vorhaut, in dem ein gelber Schlauch steckte. Christine tat die Unterlage darunter, falls Urin nachlaufen sollte.

Bellinger starrte zur Decke. »Tut das weh?«

»Keine Angst. Ich bin ganz vorsichtig.«

Christine steckte die leere Spritze in das dafür vorgesehene Ventil und zog das sterile Wasser aus dem Ballon, der sich zurzeit in der Blase befand und verhinderte, dass der Katheter sich löste. Dann legte sie die Spritze weg, hielt den Penis zwischen Daumen und Zeigefinger fest.

»Jetzt einmal kurz Luft anhalten.«

Der Patient hielt die Luft an, er biss sichtlich die Zähne aufeinander. Christine zog langsam an dem Schlauch, spürte einen kurzen Widerstand, als der leere Ballon die Engstelle an der Prostata passierte.

»Aaah ...«, jammerte der Patient. »Vorsicht, bitte.«

Christine zog weiter, und dann war der Schlauch draußen. Bellinger holte tief Luft. Er hatte einen hochroten Kopf.

»War doch gar nicht so schlimm, oder?«

»Nein, nein, schon in Ordnung. Vielen Dank.«

»Gern geschehen.« Christine zog das Nachthemd wieder runter und tat die Bettdecke drüber. Sie wickelte den Katheter samt Zubehör in die Unterlage ein.

»Wegen des WLAN, soll ich da mal nachfragen?«

»Nein, geht schon.« Er schüttelte den Kopf. »Sie haben ja recht, wir sind schließlich in einem Krankenhaus hier.«

Die Mission war erfolgreich. Christine verließ das Zimmer mit einem gebrauchten Katheter und einem guten Gefühl.

In der Teeküche holte sie sich einen Joghurt aus dem Kühlschrank, ging zum Fenster und schaute raus in den angrenzenden Park. Die Sonne schien, aber es waren viele Wolken am Himmel, am Vormittag hatte es schon mehrfach geregnet. Hinter ihr ging die Tür auf. Mike kam rein.

»Ach, hier bist du.«

Christine drehte sich zu ihm um. »Sucht mich jemand?«

»Ja, ich.«

Sie wandte sich wieder dem Fenster zu und aß den Joghurt weiter.

»Gehst du nächsten Samstag mit ins Palladium?«, fragte Mike.

Es hatte sich also herumgesprochen. Christine ließ sich Zeit mit der Antwort. »Wer kommt denn alles mit?«

»Katja, ein paar Freunde von ihr und wir beide.«

»Ich weiß noch nicht.« Christine hatte eigentlich große Lust, mit Katja und ihren Freunden wegzugehen. Aber Mike stellte ein kleines Problem dar. Sie mochte ihn, aber er hatte ihre Signale falsch gedeutet. Jetzt wurde er leicht aufdringlich, weil er sich anscheinend Hoffnungen machte. Christine sah ihren Fehler ein, sie würde ihn nicht noch mal um Hilfe bitten. Das nächste Mal wäre ein Lastentaxi fällig.

»Komm, gib dir einen Ruck. Lass uns mitgehen.« Mike ließ nicht locker. Er trat von hinten nah an sie heran und legte ihr eine Hand auf die Schulter. Christine stieß die Hand instinktiv weg. Mike wich erschrocken zurück.

Christine brachte den leeren Joghurtbecher zum Mülleimer neben der Tür.

»Mike. Ich möchte etwas klarstellen. Ich finde dich nett, ich bin dir auch sehr dankbar, dass du so hilfsbereit bist, aber wenn du irgendwelche anderen Erwartungen hast, vergiss es. Ich habe im Moment keine Lust auf eine Beziehung. Tut mir leid, solltest du dir Hoffnungen gemacht haben.«

Christine verließ die Küche, ohne seine Reaktion abzuwarten. Sie ging ins Schwesternzimmer und sah durch die große Scheibe auf den Korridor. Mike verließ die Küche, ging in die andere Richtung davon.

14

Das Wochenende war ohne besondere Highlights verlaufen, wenn man davon absah, dass ich keine einzige Zigarette geraucht und sogar auf den elektrischen Ersatz verzichtet hatte. Am Montag Vormittag hatte ich im Büro gerade meinen zweiten Espresso intus, als das Telefon klingelte. Es war Nina, die einen Anruf durchstellen wollte.

»Die Staatsanwältin für dich.«

Ich zupfte unwillkürlich mein Hemd zurecht, als ob es einen Unterschied machte, ob ich ordentlich aussah oder mit offener Hose dasäße. Ich hatte Frau Naumann vor einer Stunde ein weiteres Fax gesendet, was wohl der Grund ihres Anrufs war.

»Meller.«

»Franka Naumann, hallo. Wie geht es Ihnen?«

»Gut. Ein bisschen viel zu tun ...«, log ich, aber sie ließ mich gar nicht ausreden.

»Ich rufe an wegen Andreas Frings. Sie wollen den Förster noch mal befragen. Darf ich wissen, warum?«

»Den Forstwirtschaftsmeister«, korrigierte ich sie. »Ich würde mir gerne selbst ein Bild machen vom Auffinden der Leiche. Was im Protokoll steht, reicht mir nicht.«

»Glauben Sie, es besteht Grund zu der Annahme, dass der Förster, der Forstwirtschaftsmeister natürlich, Spuren am Fundort vernichtet haben könnte?«

»So weit würde ich nicht gehen. Lassen Sie uns einfach noch mal mit ihm reden. Mehr nicht.«

Ich hörte durchs Telefon, wie sie in einer Akte blätterte. »Das Ergebnis der mikroskopischen Untersuchung ist da. Es gab Spuren.«

Ich richtete mich kerzengerade auf. »So? Welcher Art?«

Ein erster Lichtblick am Horizont.

»Laut KTU waren die Metallstifte in dem Vorhängeschloss durchaus stärker beansprucht, als es normalerweise üblich ist. Ich kann Ihnen das komplette Ergebnis der Untersuchung zusenden. Zu diesem Zeitpunkt würde ich aber keine voreiligen Schlüsse ziehen.«

»Wir werden sehen.« Ich verlieh meiner Stimme einen Unterton, als hätte ich noch ein weiteres Ass im Ärmel.

Franka Naumann ging nicht darauf ein. »Hätten Sie morgen Nachmittag Zeit, so gegen sechzehn Uhr? Dann bestelle ich den Förster ins Präsidium.«

»Ich bin um sechzehn Uhr da.«

Als ich den Hörer auflegte, stieß ich einen Tarzanschrei aus. Nina trat verwundert in den Türrahmen.

»Hast du Schmerzen?«

Ich grinste sie an. »Ganz im Gegenteil. Wie es scheint, haben wir einen ersten Teilsieg errungen. Die Ermittlungen gehen weiter! Das Spiel kann beginnen. Morgen befragen wir Frings.«

»Wir?«

»Natürlich kommst du mit. Sechzehn Uhr.« Ich stand auf. »Und für heute machen wir Feierabend. Was ist, gehen wir mittagessen?«

Am nächsten Tag waren wir um fünf nach vier im Präsidium, wo die Befragung in einem Besprechungsraum auf Rongens Etage stattfinden sollte. Als wir das Zimmer betraten, erhob sich Franka Naumann von ihrem Stuhl und kam uns entgegen. Sie versuchte souverän, Ninas Behinderung zu ignorieren. So ganz gelang es ihr nicht, aber sie hielt sich wacker. Auf einem Stuhl hinter einem kleinen Tisch saß ein etwas übergewichtiger Mann. Er war zweiundvierzig Jahre alt, was ich aus der Akte wusste. Drei Jahre jünger als sein Freund, mein Mandant, Wolfgang Rölscheid. Franka Naumann stellte uns Andreas Frings vor. Sein gerötetes Gesicht sah besorgt aus. Offensichtlich war ihm der Auftritt hier unangenehm. Rongen gesellte sich ebenfalls zu uns. Er wirkte gestresst, als ob er zu wenig geschlafen hätte.

Als alle saßen, ergriff die Staatsanwältin das Wort. Sie machte klar, dass Andreas Frings kein Beschuldigter war, sondern als Zeuge vernommen wurde. Das bedeutete, er musste die Wahrheit sagen und durfte die Aussage nicht verweigern, es sei denn, er würde sich selbst damit belasten.

Franka Naumann wandte sich an Frings. »Erzählen Sie uns bitte noch mal ganz genau von dem Tag, als Sie die Leiche gefunden haben.«

»Dürfte ich eine kurze Frage vorab stellen?«, grätschte ich dazwischen.

Franka Naumann sah mich erbost an, ihr blieb keine andere Wahl, als es zuzulassen.

»Wie gut kannten Sie das Opfer?«

Frings sah mich an. »Sie war die Frau meines Freundes. Aber wir verstanden uns nicht gut.«

Bis auf das eine Mal, als sie ihn verführt hatte! Dachte ich. Oder war es umgekehrt? Das wusste ich nicht. Deshalb musste ich vorsichtig sein. Die kurze Liaison zwischen Miriam Rölscheid und Frings würde das Tatmotiv nur erhärten, wenn Wolfgang Rölscheid seiner Frau die Schuld an der Affäre gab. Nun, offensichtlich wollte auch Frings nicht über die Sache sprechen, und das war gut so.

»Sie haben den Polizisten am Fundort aber nicht sofort gesagt, wer das Opfer ist«, fuhr ich fort.

Frings reagierte empört. »Haben Sie schon mal eine Leiche in der Erde liegen sehen?«

Franka Naumann schritt ein. »Können wir vielleicht von vorne beginnen?«

Ich nickte. »Sicher.«

Die Staatsanwältin stellte routiniert ihre Fragen, und Frings antwortete bereitwillig. Der Forstwirtschaftsmeister war ein Kölscher Typ. Er hatte den typischen Singsang drauf, selbst wenn er Hochdeutsch sprach. Seine Ausführungen gerieten etwas blumig und ausufernd. Frings erzählte stolz von seinen Hunden Bosco und Gero. Den Schweißhund hatte er noch nicht lange, der Vorgänger war an einer seltsamen Krankheit gestorben.

Ruckartig nahm Frings plötzlich eine komische Sitzhaltung ein und lehnte sich zur Seite.

»Geht's Ihnen nicht gut?«, fragte Franka Naumann.

»Mein Rücken. Zum Glück kein Bandscheibenvorfall, aber wenn ich nicht aufpasse, wird einer draus.«

»Wollen Sie lieber stehen, oder brauchen Sie eine Pause?«

»Nein, nein, geht schon.«

Rongen hatte seit der Begrüßung nichts mehr gesagt. Er hielt diese Befragung anscheinend für überflüssig, aber er würde noch aufwachen, da war ich mir sicher.

Frau Naumann fragte weiter. »Sie sind also mit dem Auto zu der Schranke gefahren, und dann?«

»Ich musste aussteigen. Ganz langsam, weil an dem Morgen hatte ich es auch wieder am Rücken. So wie heute. Dann habe ich aufgeschlossen und bin ...«

»Moment«, unterbrach ich. »Ging das Aufschließen ohne Probleme?«

»Komisch, dass Sie fragen. Stimmt, am Anfang ging es etwas schwer, aber dann doch.«

»Was heißt das, es ging schwer?« Franka Naumann wollte es genau wissen.

»Kennen Sie doch, manchmal, wenn ein Schloss sich nicht richtig drehen lässt. Ich habe ein bisschen hin und her bewegt, und beim zweiten Versuch ging's.«

»Davon steht aber nichts im Protokoll«, merkte ich an.

»Ist das wichtig?« Rongen klang genervt, weil er bereits wusste, worauf ich hinauswollte, und er das Schloss nicht hatte untersuchen lassen.

»Halten wir fest«, sagte Franka Naumann, »das Schloss hat etwas geklemmt. War das vorher schon mal so, dass es geklemmt hat?«

Frings nickte. »Klar. Das ist ja der Witterung ausgesetzt. Ich hätte da am nächsten Tag was Schmieröl reingetan, und gut ist.«

Nina schrieb die ganze Zeit mit. Zwischendurch schaute sie von ihrem Block auf, um Blickkontakt mit Frings aufzunehmen. Er war leicht irritiert von der Befragung.

»Fahren Sie bitte fort.« Franka Naumann sah auf die Uhr.

»Ich habe also aufgeschlossen, die Schranke aufgemacht, bin durchgefahren, wieder ausgestiegen, ganz vorsichtig und langsam wegen meinem Rücken, und dann habe ich die Schranke wieder zugemacht und abgeschlossen. Das ging ohne Probleme.«

»Wie weit sind Sie danach gefahren?«, fragte ich.

»Etwa so einen Kilometer. Dann habe ich angehalten und bin ausgestiegen.«

»Warum?«

Einen Moment herrschte Stille im Raum. Die Frage hatte bislang keiner gestellt, jedenfalls hatte ich nichts davon in den Unterlagen gelesen. Was macht ein Forstarbeiter im Wald? Diese Frage schien so banal, dass keiner der Polizisten auf die Idee gekommen war, sie zu stellen. Auch Rongen schien auf die Antwort gespannt.

»Das ist mein Job, im Wald nach dem Rechten zu sehen.«

»Und warum genau da? An dieser Stelle?«

»Na ja, weil da der Hochsitz ist, den ich kontrollieren wollte.«

Ich schaute ins Protokoll. »Und warum steht von diesem Hochsitz nichts in Ihrer Aussage?«

»Das weiß ich doch nicht. Ich habe es den Polizisten gesagt, als die mir den Schlüssel zurückgebracht haben.«

Rongen machte ein mürrisches Gesicht. »Was haben Sie denen gesagt?«

»Dass ich dort war, um den Hochsitz zu kontrollieren und drei Sprossen kaputt waren.«

»Wie bitte? Davon steht nichts im Protokoll.« Ich konnte mir ein verwundertes Kopfschütteln nicht verkneifen. »Kontrollieren Sie regelmäßig alle Hochsitze in Ihrem Wald?«, fragte Frau Naumann.

»Revier«, korrigierte Frings. »Nein, aber dieser war beschädigt. Das hatte mir ein Berufsjägerlehrling ein paar Tage vorher mitgeteilt. Die drei unteren Sprossen der Leiter waren kaputt.«

Ein Volltreffer.

»Nur dass ich das richtig verstehe.« Ich hob einen nachdenklichen Zeigefinger. »Ein Mitarbeiter ruft Sie an und informiert Sie, dass die Sprossen der Leiter kaputt sind. Sie fahren dahin und finden die Leiche?«

»Nicht ich. Gero, mein Schweißhund. Er hat eine sehr feine Nase.«

»Haben Sie ihn immer dabei, wenn Sie in den Wald gehen?«

»Natürlich, ja. Bosco und Gero nehme ich immer mit.«

»Heute auch?« Nina sagte zum ersten Mal etwas.

»Sie meinen hierhin? Nein. Gero ist noch ganz jung, der kann nicht lange im Zwinger bleiben, deshalb habe ich sie beide zu Hause gelassen. Wusste ja nicht, wie lange das hier geht.«

»Was war denn mit den Sprossen?«, hakte jetzt Rongen nach.

»Morsch oder so?«

»Nein. Die sahen eher so aus, als ob sie jemand absichtlich kaputt gemacht hat. Rowdies, die nichts Besseres zu tun haben.«

Jetzt machte ich den Sack zu.»Die kaputten Sprossen wurden nicht kriminaltechnisch untersucht. Ein schwerer Fehler!«

Rongen sah mich wütend an. Ich musste ihm meine Theorie nicht erklären. Das Auffinden der Leiche spielte bei den Ermittlungen eine entscheidende Rolle, deshalb waren die kaputten Sprossen von Bedeutung. Für mich schien es so, dass Andreas Frings und sein Schweißhund angelockt worden waren. Miriam Rölscheid lag zu dem Zeitpunkt etwa zehn Tage in der Erde. Der Schweißhund musste auf den Geruch anspringen.

Ich klappte meinen Notizblock zu und signalisierte damit, dass ich genug gehört hatte. Rongen wechselte mit der Staatsanwältin einen Blick, Franka erhob sich, zum Zeichen, dass die Befragung beendet war. Rongen begleitete den Zeugen nach draußen. Ich raunte Nina zu, dass sie ihnen folgen sollte.

Franka Naumann blieb im Raum. Sie ging ein-, zweimal auf und ab. Dann blieb sie abrupt stehen.

»Das beweist noch gar nichts. Ein kaputter Hochsitz in der Nähe der Fundstelle der Leiche kann ein Zufall sein.«

Ich schüttelte den Kopf.»Und das beschädigte Schloss an der Schranke?«

»Es war nicht beschädigt, sondern der Witterung ausgesetzt.«

Ich erhob mich langsam und ging zur Tür, blieb noch mal stehen, drehte mich zu ihr um.»Je länger Sie sich sträuben, meiner Argumentation zu folgen, desto peinlicher wird es am Ende für Sie und die Polizei.«

Damit ließ ich sie stehen. Als ich mich auf die Suche nach Nina machte, hatte ich das Gefühl, zu schweben. Heute war eindeutig mein Tag.

In Deutschland ist die Justiz der Wahrheitsfindung verpflichtet, es gibt keinen Wettstreit zwischen Anklage und Verteidigung um die Gunst der Geschworenen wie in den USA. Deshalb arbeitete Rongen indirekt auch für mich. Ich war nicht in der

Lage, Nachforschungen anzustellen, hatte keine Erfahrung mit so etwas. Aber ich würde die Staatsanwältin weiter vor mir hertreiben und mit kleinen Nadelstichen traktieren. Heute hatte ich das geschafft. Anders war ihr Gesichtsausdruck nicht zu interpretieren.

15

Nina und ich gingen vom Parkhaus zur Cantina Especiale, einem Mexikaner am Friesenplatz. Ich hatte furchtbaren Hunger und Lust auf mexikanisches Essen, Lust auf Bier. Viel Bier. Jetzt gab es was zu feiern.

»Erfolg ist eine Frage der Einstellung. Und jetzt habe ich die richtige Einstellung.«

»Du glaubst unserem Mandanten, dass er unschuldig ist?«

»Ja.«

»Sagst du es ihm auch?«

»Was?«

»Dass du ihm glaubst. Dass wir auf dem richtigen Weg sind.«

Ich schüttelte den Kopf. »Wenn du willst, kannst du zu ihm gehen.« Mir fiel ein, dass das nicht so gut wäre. »Nein, vergiss es. Es ist zu früh dafür. Was wir haben, reicht noch nicht.«

»Aber er kann doch jetzt wenigstens hoffen! Wir können ihm doch sagen, dass ...«

»Nein«, fiel ich ihr ins Wort. »Unterstehe dich. Einmal lasse ich dir diesen Fehler durchgehen, ein zweites Mal nicht. Und jetzt will ich nicht mehr über die Arbeit reden.« Ich hielt Nina die Tür auf, und sie ging vor.

Wir belegten einen Vierertisch in einer der hinteren Ecken der Cantina. Ich bestellte ein Sixpack Corona, ohne zu fragen, ob Nina was anderes wollte. Aber sie war einverstanden. Die Flaschen wurden uns in einem Eimer mit Eis serviert. »*Take six pay five*« Nach der Vorspeise – Nachos con Carne mit Käse überbacken – bestellte ich mir Fajitas mit Rindfleisch. Nina wählte Steak mit Pommes. Die attraktive Kellnerin mit roten, schulterlangen Haaren wollte gerade gehen, zögerte und fragte nach, ob sie das Steak zerschnitten bringen sollte.

»Ja, das wäre nett«, antwortete Nina.

Die Kellnerin ging.

»Ich hätte das auch machen können.«

»Ich weiß.«

Nina lächelte. Zum ersten Mal hatte ich das Gefühl, sie kokettierte geradezu mit ihrer Behinderung. Auch wenn der fehlende Arm nicht schön aussah, er war in der Tat etwas Besonderes.

Wir stießen mit unseren Flaschen an und tranken.

»Was hältst du davon, wenn wir uns heute mal so richtig besaufen?«

Nina nahm einen großen Schluck. »Und der Wagen?«

»Hol ich morgen wieder ab. Gar kein Problem.«

Nach dem Essen war das zweite Sixpack fast aufgebraucht, ich spürte, wie der Alkohol mir zu Kopf stieg, und Nina hatte bereits die Lampe an. Ihre Wangen glühten, und ihre Augen verrieten, dass sie sich rundum wohlfühlte.

»Wann muss ich morgen im Büro sein?« Sie lallte.

»Wenn du ausgeschlafen hast.«

Sie berührte mit ihrem Fuß mein Bein. Das war kurz zuvor schon mal passiert, aber diesmal zog sie den Fuß nicht zurück.

»Warst du eigentlich mal verheiratet?«, fragte sie.

»Noch nicht mal verlobt. Warum?«

»Nur so. Oder darf man seinem Chef solche Fragen nicht stellen?«

»Hängt vom Chef ab. Bei einer Kanzlei wie Schmitt & Holgräf würde ich mir so eine Frage verkneifen.«

»Ich bin froh, dass ich nicht in so einer Spießer-Kanzlei gelandet bin.«

»Im Lebenslauf sieht das aber besser aus.«

»Scheiß drauf. Ich scheiße auf meinen Lebenslauf. Der Lebenslauf ist mir so wichtig wie mein rechter Arm.«

Besoffene und Kinder sagen oft die Wahrheit. Nina ließ den Frust heraus, den ihr das Leben manchmal bereitete. Als sei ich ein Barkeeper, bei dem sie sich ausweinen konnte. Die Kellnerin kam wieder zu uns an den Tisch. »Alles in Ordnung? Oder soll ich noch was bringen?«

»Ähm, nein bringen Sie mir dann bitte die ...«

Ich war dabei, die Rechnung zu bestellen, aber Nina fiel mir ins Wort.

»Spendierst du mir noch einen?« Ihr Blick ließ kein Nein zu. »Ich nehme einen Mojito und du?«

Ich zuckte unschlüssig mit den Schultern, sah zu der Kellnerin. »Einen Whiskey Sour. Und die Rechnung dazu.«

Die Kellnerin verschwand. Sie hatte einen süßen Hintern in einer engen Jeans, und ich konnte nicht anders, als ihr nachzuschauen. Entweder spürte sie meinen Blick, oder ihr Kopf drehte sich gewohnheitsmäßig um. Sie grinste. Als ich wieder zu Nina sah, war klar, dass sie meinen kurzen Augenflirt bemerkt hatte.

»Gefällt sie dir?«

»Ich stehe auf rote Haare. Auf was für Typen stehst du so?«

»Er darf kein Anwalt sein. Feuerwehrmann. Arzt. Friseur. Hotelbesitzer. Irgendwas. Aber kein Anwalt.«

»Und wie soll er aussehen?«

»Eine Mischung aus ...«, sie zögerte. »Lassen wir das.«

Nina wusste längst, dass ich auch Single war. Ich hatte ihr irgendwann mal gesagt, dass es mit Maria König schon lange vorbei war und ich sie damals nur als Freundin bezeichnet hatte, um einem Gespräch über Beziehungen aus dem Weg zu gehen. Die Kellnerin brachte unsere Cocktails und die Rechnung. Ich bezahlte und gab ein ordentliches Trinkgeld. Sie bedankte sich und verschwand, diesmal schaute ich ihr nicht nach, sondern meine

Augen blieben bei Nina. Sie schlürfte an ihrem Mojito und wirkte irgendwie traurig. Ich wusste nicht, wieso und wollte auch nicht fragen. Es kam auch bei mir manchmal vor, dass der Alkohol im Gehirn eine Tür öffnete, die besser verschlossen bliebe.

Wir verließen die Cantina und überquerten die Straße. Die Sonne war bereits hinter den Häusermauern verschwunden, und der Himmel färbte sich tiefdunkelblau. Nina steuerte auf den nächstgelegenen U-Bahn-Eingang zu. Ich hielt sie zurück.

»Ich bringe dich nach Hause.«

»Quatsch, du bist betrunken. Ich fahre.« Sie kicherte albern.

»Wir fahren mit dem Taxi.« Ich wies zu dem Taxi-Stand, der sich keine zehn Schritte weiter befand. »Keine Widerrede. Ich bin dein Boss.«

»Okay, Boss.«

Wir setzten uns beide auf die Rückbank eines Mercedes, und Ninas Kopf sank auf meine Schulter.

»Danke«, seufzte sie.

»Wofür?«

»Für die Einladung und alles. Dass du mich eingestellt hast. Einfach so. Danke, halt.«

Kaum waren wir losgefahren, schlief Nina ein. Fünfzehn Minuten später hielt das Taxi vor ihrer Haustür.

»Aufwachen. Wir sind da.«

Sie hob ihren Kopf von meiner Schulter, orientierte sich.

»Schaffst du es allein oder soll ich dich hochbringen?«

»Bezahl das Taxi ...«

Begleitet von heftigem Husten und Würgen hing Ninas Kopf wenig später über der Kloschüssel. Die Tür zum Bad stand offen.

»Wenn du Hilfe brauchst, rufst du.«

Nina hustete, und noch ein Schwall platschte in die Kloschüssel. Sie gab mir mit erhobenem Daumen zu verstehen, dass alles in Ordnung sei. Ich ging in die Küche. Die Mitbewohnerin übernachtete wahrscheinlich bei ihrem Freund. Mir war etwas mulmig bei dem Gedanken, was als Nächstes kommen würde, und setzte darauf, dass es Nina zu schlecht ging, um den Abend fortzusetzen. Einfach Tschüss zu sagen und die Tür hinter mir zuzuziehen, ging aber nicht. Im Kühlschrank lagerte noch ein Bier. Ich setzte mich an den Küchentisch und trank aus der Flasche. Herd, Spüle, Schränke, alles sah zusammengewürfelt aus. Eine typische WG. Jeder Bewohner bringt was mit, egal, ob es optisch zueinanderpasste. Als ich die Flasche zur Hälfte geleert hatte, stand Nina im Türrahmen. Die dunkelblaue Stoffhose, die sie zu dem Termin im Präsidium angehabt hatte, war offensichtlich im Bad geblieben. Ihre Bluse verhüllte den weißen Slip nur zum Teil.

»Bringsu ... mich ins ... Bett ...« Sie rülpste und hielt sich die Hand vor den Mund. Ohne meine Reaktion abzuwarten, drehte sie sich um und torkelte in ihr Zimmer. Ich blieb sitzen, trank mein Bier zu Ende. Es waren etwa fünf Minuten vergangen, als ich mich aufraffte. Die Tür zu ihrem Zimmer stand offen. Nina lag auf dem Bauch auf der Bettdecke, den Kopf im Kissen versenkt und die Beine leicht gespreizt. Sie hatte ihren Slip und die Bluse angelassen. Ich hörte sie schnarchen. Im nächsten Moment drehte Nina sich plötzlich um und wickelte sich vollständig in ihre Bettdecke ein.

Die Stoffhose lag im Bad auf dem Boden und hatte etwas von dem Schwall abgekriegt. Ich tat sie in die Badewanne und ließ etwas Wasser darüber laufen. Auf dem Weg zur Wohnungstür schaute ich noch mal kurz in ihr Zimmer. Nina schlief. Dachte ich zumindest.

»Gehsu?« Sie schlug die Augen auf und drehte sich auf den Rücken, um mich anzusehen. Sie hatte die Beine leicht gespreizt, ihr Slip war sehr schmal und verhüllte nicht alles. Ein Anblick, der bei mir gezündet hätte. Bei jeder anderen Frau.

»Ja. Geht's wieder?«

»Einigermaßen.«

Wir sahen uns schweigend in die Augen. Bis ich mich abwendete und die Wohnungstür hinter mir zuzog.

16

Am nächsten Tag im Büro war ich, wie zu erwarten, allein. Nina lag bestimmt noch im Koma. Also musste ich mich selbst ans Telefon schwingen und mich um einen Besuchstermin in der JVA kümmern. Danach holte ich meinen Alfa Romeo aus dem Parkhaus, und als ich eine halbe Stunde später in den Besucherraum trat, war Rölscheid bereits anwesend. Er wirkte müde und erschöpft, und plötzlich war ich mir unsicher, was ich ihm eigentlich sagen sollte. Die Tatsache, dass der Förster womöglich mit seinen Hunden in den Wald gelockt worden war, um die Leiche zu finden, bedeutete noch nicht die Lösung unserer Probleme. Rölscheid würde Hoffnung schöpfen, wenn ich ihm davon erzählte, keine Frage, aber vor uns lag noch ein langer, steiniger Weg. Die Argumente würden noch nicht mal für einen Haftprüfungstermin reichen. Vielleicht waren es nur ein paar Rowdys, die den Hochstand demoliert hatten. Und die Spuren an dem Vorhängeschloss rührten vielleicht einfach daher, dass der Schlüssel zu oft geklemmt hatte.

»Wie geht es Ihnen?«

»Was glauben Sie, wie es mir geht.« Er machte eine missmutige Grimasse. »Was gibt es Neues?«

Ich setzte mich ihm gegenüber an den kleinen Tisch. »Nun, ich kann Ihnen mitteilen, dass ich die Polizei dazu gebracht habe, weiteren Spuren nachzugehen.«

»Das ist gut, oder?«

»Sehr gut sogar. Wenn sie was finden.«

»Und wenn nicht?«

»Wir sollten positiv denken.«
Rölscheid nickte. »Was passiert, wenn die Polizei keine neuen Beweise findet? Dann geht der Schuss nach hinten los, oder?«
Ich schwieg. Weil ich wusste, was in seinem Kopf vorging. Wenn ich die Sache vergeigte, würde er für sehr lange Zeit hier eingesperrt sein. Allein dieser Gedanke verursachte bei mir ein mulmiges Gefühl. Als ich für einen kurzen Moment die Augen zumachte, schossen mir sofort wieder die alten Bilder durch den Kopf. Ich war damals zwölf Jahre alt. Mein bester Freund, er hieß Martin, war weggelaufen, weil wir uns wegen irgendeiner Kleinigkeiten gestritten hatten. Ich blieb allein in dem verfallenen Haus, in dem wir gespielt hatten. Es war für uns wie ein Geisterhaus. Unsere Eltern hatten uns verboten, dort zu spielen, was den Reiz nur noch erhöhte. An diesem Tag ging ich die brüchigen Stufen in den Keller hinab. Mein Puls raste. Ich ging durch den dunklen Keller. Alle Fenster waren mit Brettern vernagelt. Hier und da fiel Licht in Streifen durch die Ritzen. Ich betrat einen der Räume, sah mich um, und dann war da plötzlich eine Bewegung. Ich erschrak, eine Ratte vielleicht oder ein anderes Tier. Ich wich zurück und stieß gegen die Metalltür, die krachend zufiel. Dieses Geräusch hörte ich manchmal noch heute im Schlaf, sodass ich schweißgebadet aufschreckte. Ich musste raus, sofort, fand die Tür, aber griff ins Leere. Die Tür hatte keinen Griff mehr. Ich war gefangen. Und das Tier? Die Ratte? Wo war sie? Ich zitterte. Was war es für ein Tier gewesen, ich wusste es nicht. Was taten Ratten? Ich wusste, sie lebten in Horden, nie allein. Würden sie kommen? Würden sie mich angreifen. Wie lange würde es dauern? Die Dunkelheit, noch wurde sie zerschnitten von Sonnenstrahlen, die durch die Ritzen der Bretter fielen. Das Fenster. Ich suchte nach irgendwas, wo ich mich draufstellen konnte. Nichts. Ich sprang hoch, versuchte, das Fenster zu erreichen. Bei einem dieser Sprünge knickte ich mit dem Fuß um. Ich heulte auf. Ich hatte Angst. Ich betete. Ich bat den lieben Gott,

dass Martin zurückkäme. Mit den Fäusten hämmerte ich gegen die Stahltür, die keinen Millimeter nachgab. Geplant war, dass ich bei Martin übernachten sollte, also würde meine Mutter mich nicht vermissen. Was, wenn er nicht zurückkäme? Er könnte nach Hause gegangen sein und glauben, ich würde das Gleiche tun. Schließlich ging draußen die Sonne unter, und die Dunkelheit im Keller wurde undurchdringlich. Es war die längste Nacht meines Lebens. Vermutlich war ich irgendwann eingeschlafen. Irgendwann tauchte er schließlich wieder auf, der helle Schlitz in dem vernagelten Fenster. Und er wurde heller und heller. Mit dem Licht kam die Hoffnung zurück. Ich hatte in die Hose gemacht, ohne es zu merken. Erst gegen Mittag erfuhr meine Mutter von meinem Verschwinden, als sie bei Martin anrief und fragte, wann ich nach Hause käme. Er erklärte ihr, wo wir uns getrennt hatten. Ich hörte Geräusche draußen, sie rief meinen Namen, und ich sprang auf. Meine Fäuste hämmerten gegen die Metalltür. Und dann ging sie schließlich auf, die Tür, und ich spürte die Wärme, die Wärme meiner Mutter. Ich war gerettet. Meine Mutter unternahm alles, um mich zu beruhigen und mir über die schreckliche Erfahrung hinwegzuhelfen. Mit Erfolg, so schien es. Doch mehrere Jahre später, als ich einmal in einem Aufzug stecken blieb, kamen die Erinnerungen zurück. Schlagartig. Die Angst. So plastisch und real, dass sie körperliche Schmerzen verursachte. Ich geriet in Panik, und als der Fahrstuhl endlich aufging, schämte ich mich für mein absurdes Verhalten, ich hatte völlig die Kontrolle über mich verloren.

Als ich jetzt im Besprechungszimmer die Augen wieder öffnete, sah mich Rölscheid noch immer fragend an. Ich brauchte einen Moment, um mich an seine Frage zu erinnern. Ich räusperte mich.

»Nun, wenn die Polizei keine neuen Beweise findet«, sagte ich schließlich, »dann müssen wir uns etwas Neues überlegen.« Ich erhob mich. »Aber zu diesem Zeitpunkt sollten wir diesen Fall gar nicht in Erwägung ziehen.«

Ich verabschiedete mich von ihm und rief nach den Vollzugsbeamten. In der Tür drehte ich mich noch einmal zu Rölscheid um. Ich hatte gedacht, mein Besuch würde ihm neue Hoffnung geben und seine Lebensgeister wieder wecken. Aber ich hatte mich eindeutig getäuscht. Mein Mandant saß mit gesenktem Kopf an dem Tisch und starrte vor sich hin. Es war das letzte Mal, dass wir uns sahen.

17

Es war bereits zwei Uhr, als ich hörte, wie Nina ins Büro kam. Kurz darauf stand sie vor meinem Schreibtisch. Sie trug ein gelbes Sommerkleid. Der fehlende Arm stach in diesem Outfit besonders hervor. Ihrem Gesichtsausdruck war zu entnehmen, dass sie ein leicht schlechtes Gewissen plagte.

»Ich hatte gestern einen echten Filmriss. Wie bin ich eigentlich ins Bett gekommen?« Sie zögerte. »Hast du mir die Hose ausgezogen?«

»Nein, das hast du selbst geschafft. Es ist nichts passiert.«

Ihr fiel ein Stein vom Herzen.

»Ich war heute Morgen bei unserem Mandanten«, sagte ich, um das Thema zu wechseln.

»Und?«

»Er sah nicht gut aus. Ich dachte, er würde sich freuen, dass weiter ermittelt wird. Tja, Fehlanzeige. Die Haft macht ihn fertig.«

Nina nickte. »Verständlich.«

In diesem Moment klingelte es.

»Erwarten wir jemanden?«, fragte ich.

Ninas Gesichtsausdruck verriet, nein. Sie ging in die Diele und drückte den Türöffner. Ich war neugierig, wer da kam, und wartete im Türrahmen, als Aleksandr Sokolow meine Kanzlei betrat. Er sah anders aus als sonst, ich kannte ihn fast nur in Arbeitskleidung, und damals vor Gericht hatte er sich in ein schlecht sitzendes Jackett gezwängt, ganz dem Image eines ahnungslosen Tölpels entsprechend. Jetzt trug er einen dunkelgrün schimmernden, maßgeschneiderten Anzug. Kein Hemd, keine Krawatte, nur ein eng anliegendes, schwarzes T-Shirt, unter dem sich seine muskulöse Brust abzeichnete. Er sah aus wie ein Gangster.

Nina, die ihn noch nie zuvor gesehen hatte, empfing Aleksandr mit einem freundlichen Lächeln, wie sie es bei jedem neuen Mandanten tat. »Guten Tag.«

Er taxierte sie, aber nur für einen kurzen Moment und ohne Regung, dann schritt er an Nina vorbei, als wäre sie gar nicht anwesend.

Aleksandr kam auf mich zu. »Guten Tag, Herr Anwalt.«

Wir gaben uns die Hand.

Nina war sichtlich irritiert von unserem Besucher. Gewohnt, dass Leute sie anstarrten, vielleicht ein dummer Kommentar dazu, das kannte sie, nicht aber, dass man sie völlig ignorierte. Sie konnte nicht wissen, was los war. Der Anblick von behinderten Menschen störte Aleksandr. In dem Russland, in dem er aufgewachsen war, hatte es keine Behinderten in der Öffentlichkeit gegeben. Sie blieben zu Hause, verkrochen sich oder wurden zu Zeiten der Sowjets sogar weggesperrt. Das steckte noch heute in vielen Russen drin, und ich hatte in meiner Jugend gute Gründe gehabt, mich von meinen russischen Freunden ein wenig zu distanzieren. Manches Erbe war unerträglich für mich. Ich konnte Nina auch nicht mitnehmen zu Pjotrs Geburtstagsfeier. Sie würde ähnliche Reaktionen auslösen wie brasilianische Tänzerinnen, die Männer waren.

»Hatten wir einen Termin?«, fragte ich Aleksandr.

»Nein«, antwortete er. »Ich war zufällig in der Gegend.«

Wir gingen in mein Büro, und Nina verschwand hinter ihrem Schreibtisch. Aleksandr schloss die Tür hinter uns und nahm gegenüber von mir Platz, auf einem der Stühle für Mandanten.

»Du warst also zufällig in der Gegend?« Die Frage war rhetorisch, ich wusste, dass es bei Aleksandr keine Zufälle gab.

»Wer ist die da draußen?« Sein Tonfall klang abfällig.
»Meine Referandarin. Nina Vonhoegen.« Ich zögerte einen Moment. »Suchst du dir ihretwegen einen neuen Anwalt?«
Er grinste. »Nein.«
»Willst du einen Espresso?«
»Nein. Nichts.«
»Was kann ich für dich tun?«
Seine kalten Haifischaugen taxierten mich. »Hast du noch Kontakt zu diesem Bullen?«
»Du meinst Hauptkommissar Rongen? Der den Fall bearbeitet, mit dem du rein gar nichts zu tun hast?« Ich wollte auf Nummer sicher gehen, dass wir von derselben Person sprachen.
Aleksandr nickte. »Genau den.«
»Ich habe ihn gestern erst getroffen. Warum?«
»Du hättest also die Möglichkeit, bei ihm vorbeizuschauen, um ein bisschen mit ihm zu reden?«
»Wenn du mir sagst, worüber ich mit ihm reden soll, vielleicht.«
»Zum Beispiel über die Frau mit dem Zettel.«
»Und weiter?«
»Du könntest einen Namen fallen lassen. Ivana. So hieß sie.«
Ich überlegte einen Moment, dann schüttelte ich den Kopf. »Das funktioniert nicht.«
»Was soll nicht funktionieren?«
»Wenn ich nach ihrem Namen frage, will Rongen wissen, woher ich den habe.«
»Du darfst es aber nicht sagen, oder? Schweigepflicht. Du hast den Namen ja von mir gehört. Ich bin dein Mandant.«
Die Schweigepflicht war ein hohes Rechtsgut, man durfte nur dann dagegen verstoßen, wenn ein anderes – viel höheres Rechtsgut – davon betroffen wäre, wenn man beispielsweise eine schwere Straftat verhindern und Leben retten könnte. Dies war hier nicht der Fall, nichts würde Ivana wieder zum Leben erwecken. Es

konnte nur einen Grund geben, weshalb Aleksandr so etwas von mir verlangte. Er wollte, dass Rongen sich mit ihm befasste.

»Das klingt nach Irreführung der Justiz«, sagte ich. »Ich mache mich strafbar und verliere vielleicht sogar meinen Job.«

»Wieso? Ein Mandant kam zu dir, wir haben uns unterhalten und da ist dieser Name gefallen.« Aleksandr grinste.

Ich dachte laut. »Dann wird Rongen misstrauisch. Er würde nachsehen, welche Mandanten ich in letzter Zeit vertreten habe. Dein Name ist auch dabei.«

»Glaubst du, der Bulle ist so schlau?«

Es war, wie ich es bereits vermutet hatte. Sokolow wollte in den Fokus der Ermittlungen geraten, um Rongen auf eine falsche Spur zu locken. Das ergab im ersten Moment für mich keinen Sinn, er würde sein Image als ahnungsloser Mitläufer riskieren. Dann begriff ich, und mein Mund war auf einmal staubtrocken. Aleksandr hatte nichts mit dem Mord zu tun, aber er wusste, wer es war, und schien demjenigen einen Gefallen schuldig zu sein. Wenn Aleksandr die Konzentration der Ermittler auf sich zog und sich irgendwann herausstellen würde, dass er absolut unschuldig war, wäre bis dahin wertvolle Zeit verstrichen. Ich durfte mich in so etwas nicht mit hineinziehen lassen. Leicht gesagt.

Aleksandr griff in die Innentasche seines Jacketts und holte ein braunes Kuvert heraus, legte es sanft auf die Tischplatte und schob es mir herüber. Ich nahm den Umschlag in die Hand. Ziemlich schwer. Schaute hinein. Hunderter und Fünfziger. Ich schätzte an die fünftausend Euro.

»Betrachte das als Vorschuss. Ich brauche bestimmt bald deine Hilfe als Anwalt.«

Er stand auf und verließ mein Büro. Ohne ein weiteres Wort. Wenn ich Rongen den Namen des Opfers steckte – es müsste wie ein Versehen, ein Versprecher, klingen –, würde ich zum Komplizen werden. Irreführung der Justiz war eine Straftat, und ich könnte sogar meine Zulassung verlieren. Es gefiel mir gar nicht, in ein Spiel hineingezogen zu werden, dessen Regeln ich nicht verstand. Aber es war allein meine Schuld. Warum hatte ich mich auch nach dieser ermordeten Prostituierten erkundigt, ein Fall, mit dem ich nichts, absolut gar nichts zu tun hatte. Verdammt. Hätte ich nur den Mund gehalten. Aleksandr wäre nicht in mein Büro gestiefelt, aber ich hätte jetzt auch keinen Umschlag mit fünftausend Euro in bar in der Hand. Das Geld würde mich leicht über den Sommer bringen. Ich ließ das Kuvert schnell in meiner Schreibtischschublade verschwinden, als Nina reinkam.

»Was war das denn für einer?«

»Hat er dir auf Wiedersehen gesagt?«

»Nein, ich war in der Küche.«

»Aleksandr Sokolow. Du findest ihn bei den Akten. Ich habe ihn zweimal vertreten.«

»Ein neuer Fall?«

»So etwas in der Art.«

Niemals durfte ich ihr sagen, was Sokolow von mir wollte. So sehr ich es auch hasste, leider blieb mir keine andere Wahl. Dass eine Behinderte für mich arbeitete, war anscheinend kein großes Problem für ihn, aber eine Absage würde er nicht akzeptieren. Dafür kannte ich ihn gut genug.

Am nächsten Morgen, es war Donnerstag – die Woche neigte sich wieder dem Ende entgegen –, konnte ich einen anderen Fall im Vorbeigehen abschließen. Der Jugendliche, der im Rahmen einer Schlägerei mit Gleichaltrigen einer Polizistin aus Versehen einen Ellbogen ins Gesicht gerammt hatte, wurde nicht angeklagt. Die Staatsanwaltschaft war bereit, das Verfahren gegen eine Zahlung einzustellen. Ich drehte noch etwas an der Preisschraube und verkaufte das Ergebnis meinem Mandanten als großen Erfolg. Alle waren zufrieden.

Ich legte gerade den Hörer auf, da kam Nina herein und blieb vor meinem Schreibtisch stehen, sie reichte mir einen Computerausdruck. »Das habe ich im Internet gefunden.«

Ich sah mir den Ausdruck an. Es war ein Artikel aus dem *Dürener Tagesspiegel*. Die Schlagzeile lautete: »*Leiche im Garten vergraben. Mörderischer Ehemann täuscht Verschwinden seiner Frau vor.*«

»Lies mal.« Sie setzte sich auf einen der Besucherstühle. Es ging in dem Artikel um einen Mann aus Düren, der mit einer zehn Jahre jüngeren Frau verheiratet gewesen war. Nachbarn hatten ausgesagt, dass die Eheleute sich oft und laut stritten. Einmal war sogar die Polizei gekommen, weil der Mann seine Frau geschlagen haben soll. Daraufhin hatte sie das Haus verlassen und die Scheidung eingereicht. Ich sah auf das Datum. Der Zeitungsartikel war anderthalb Jahre alt.

Ich blickte auf, sah Nina fragend an. »Warum soll ich das lesen, ich meine ...«

Nina unterbrach mich. »Hast du ganz bis zu Ende gelesen?«

Ich schüttelte den Kopf und las weiter. Nachdem die Ehefrau ausgezogen war, begann das übliche Scheidungsprozedere, beide hatten sich einen Anwalt genommen. Dann war die Frau eines Tages verschwunden, was zu einer Vermisstenanzeige führte. Ihre Mutter machte sich Sorgen um die Tochter, aber die Polizei ging der Sache nicht nach, da kein Hinweis auf ein Verbrechen vorlag. Die Kreditkarte wurde nach dem Verschwinden der Frau mehrmals in unterschiedlichen Städten an Geldautomaten benutzt. Vier Monate nach der Vermisstenanzeige schöpfte die Polizei dann doch Verdacht. Die Nachbarn berichteten, der Ehemann habe unmittelbar nach dem Verschwinden seiner Frau ein kleines Häuschen in den Garten gestellt, das wiederum auf einem Betonfundament stand. Wie sich herausstellen sollte, lag die Leiche der Frau unter diesem Fundament. Was die Polizei dazu bewogen hatte, den Garten umzugraben, stand nicht in dem Artikel, aus ermittlungstaktischen Gründen wurde es verschwiegen. Der letzte Satz des Artikels lautete: »*Der Ehemann beteuert auch noch nach der Verurteilung vehement seine Unschuld.*«

»Was hältst du davon?« Nina stand auf. »Es gibt eindeutige Parallelen zu unserem Fall.«

Ich war nicht ganz so euphorisch. »Es gibt kein Patent darauf, wie man die Leiche der Ehefrau entsorgt. Der eine zersägt sie, der andere vergräbt sie im Garten oder im Wald oder bringt sie zur Müllkippe.«

»Aber er beteuert seine Unschuld.«

»Vielleicht hat ihm sein Anwalt dazu geraten. Womöglich geht der Fall in Revision vor dem BGH. Davon steht nichts in dem Artikel.«

»Und wenn er unschuldig ist?«

»Was dann?«

»Es könnte ein Hinweis darauf sein, dass unser Alternativtäter nicht zum ersten Mal gemordet hat. Er tötet Frauen und schiebt die Morde den Ehemännern in die Schuhe. Er lässt andere für seine Taten bezahlen. Rölscheid könnte auch so ein Opfer sein.«

Ich nickte. Das war ein einleuchtender Gedanke. Meine Vorstellung von unserem Alternativtäter war bisher eine etwas andere gewesen. Ich ging davon aus, dass Miriam eine Affäre mit ihrem Mörder gehabt hatte – so wie mit Frings, der immer noch auf meiner Liste potenzieller Verdächtiger stand, auch wenn die Tatsache, dass er die Leiche gefunden hatte, eher dagegen sprach. Miriam hatte ihrem Liebhaber von der körperlichen Gewalt ihres Mannes erzählt, und der Mörder hatte daraufhin den Plan entwickelt, Rölscheid den Mord in die Schuhe zu schieben. Wenn man nun aber Ninas Idee, dass der Mörder dies nicht zum ersten Mal machte, weiterspann, dann gehörte die Abwälzung der Schuld ganz klar zu seinem Modus Operandi. Was würde dies für unseren Fall bedeuten, für unseren Mandanten?

Ich las den Artikel ein zweites Mal, und jetzt stach mir ins Auge, was ich vorher überlesen hatte. Es gab eine signifikante Gemeinsamkeit zwischen dem verurteilten Mörder in der JVA Aachen und Wolfgang Rölscheid. Die häusliche Gewalt. Im Umfeld des Opfers befand sich also eine Person, die in den Augen der Polizei prädestiniert war, den Mord begangen zu haben. War es die Vorgeschichte der Frau, auf die der Mörder angesprungen war? Ging es gar nicht um Rache, Hass oder dergleichen? Vielleicht war der Täter seinem Opfer noch nicht mal vorher begegnet. Er könnte die Frau – oder die Frauen – ausspioniert haben, so wie Psychopathen und Serienmörder das taten.

»Wir müssen noch mal zurück auf Los«, sagte ich.

»Zurück auf Los?«

»Monopoly. Noch mal von vorne anfangen.« Ich gab ihr den Computerausdruck zurück. »Gute Arbeit. Kompliment.«

Mir kam es vor, als ob Nina mit Kritik besser umgehen konnte als mit Komplimenten. Sie rutschte verlegen auf dem Stuhl herum und errötete leicht.

»Danke.« Mit einem Nicken wies sie auf den Artikel hin. »Und, was machen wir jetzt?«

»Wir brauchen das Urteil vom Landgericht Aachen. Ich kümmere mich drum.«

Als Nina gegangen war, überlegte ich, welches die beste Taktik wäre, an das Urteil zu gelangen, und entschied mich, den Staatsanwalt in Aachen anzurufen. Als Verteidiger, der nicht direkt mit dem Fall zu tun hatte, bekam man das Urteil nur, wenn man entweder einen sehr guten Grund vorweisen konnte oder derjenige am anderen Ende der Leitung einem wohlgesonnen war. Ich kannte den Staatsanwalt nicht und er mich nicht, also hing alles von meiner Überredungskunst ab. Wenn er nicht mitspielte, müsste ich den Kollegen aus Aachen behelligen, dessen Namen ich aus dem Zeitungsartikel hatte. Aber ein anderer Strafverteidiger würde erst recht wissen wollen, wieso ich mich für seinen Mandanten interessierte. Die dritte Möglichkeit wäre, mir eine Besuchserlaubnis in der JVA Aachen zu besorgen und den Verurteilten zu überreden, mich als seinen Anwalt einzusetzen. Die Abwerbung eines Mandanten war erlaubt, aber es hätte mich viel Mühe gekostet, ohne zu wissen, ob sich der Aufwand überhaupt lohnen würde.

Ich hätte auch Franka Naumann um den Gefallen bitten können, ihren Kollegen in Aachen anzurufen, aber nach unserem letzten Zusammentreffen im Präsidium, bei dem ich sie etwas vorgeführt hatte, glaubte ich nicht, dass sie sich für mich mächtig ins Zeug legen würde.

Also war ein Anruf in Aachen fällig.

Nach zehn Minuten fiel dem Staatsanwalt am Telefon kein Argument mehr ein, wieso man mir das Urteil mit ein paar geschwärzten Passagen nicht zusenden sollte. Er sagte, er werde seine Geschäftsstelle damit beauftragen, was bedeutete, dass die Sache dauern konnte. Mir blieb keine andere Wahl. Wenn ich jetzt noch von ihm forderte, dass er die Angelegenheit selbst in die Hand nahm, würde er es sich am Ende doch noch mal anders überlegen. Also bedankte ich mich recht freundlich und wünschte ihm ein schönes Wochenende, das kurz bevorstand.

18

An einem Freitagnachmittag bei schönem Wetter wirkte der Universitätspark fast wie der Veranstaltungsort eines Marathonlaufs, nur dass die Teilnehmer keine Nummern auf der Brust trugen. Christine gehörte zu denen, die sich kurz vor dem Wochenende gern noch mal geißelten. Den iPod trug sie am linken Oberarm, ihre braunen Haare mit dem leichtem Rotstich hatte sie zu einem Pferdeschwanz zusammengebunden. Es war warm genug, um über dem Sport-BH nur ein Alibi-T-Shirt zu tragen. Ihre schwarze, eng anliegende Stretchhose ging bis über die Knie. Christine joggte am liebsten allein und nur wenn es hell war. Sie musste ihr eigenes Tempo finden, dann konnte sie stundenlang laufen, ohne müde zu werden. Manchmal schaffte sie die zwölf Kilometer, was zwei Runden im Grüngürtel bedeuteten. Aber heute ging ihr schon nach einer guten halben Stunde die Puste aus, und Christine wollte nichts erzwingen. Sie nahm eine Abkürzung und erreichte fünf Minuten später die Haustür, schloss auf und gab sich wenigstens noch die Treppe in den zweiten Stock. Oben angekommen, starrte sie verwundert auf ihre Fußmatte, auf der ein kleiner Blumenstrauß lag, ordentlich gebunden, wie vom Floristen. Es waren Tulpen, keine Rosen. Ein Zettel hing daran. Christine wusste sofort, von wem die Blumen waren. Sie hob den Strauß auf und las den Text auf dem Zettel: *»Liebe Christine. Ich wollte dir nicht zu nahe treten, tut mir leid. Ich respektiere, was du neulich gesagt hast, und hoffe, dass wir weiterhin gute Freunde bleiben. Mike.«*

Christine musste unwillkürlich lächeln. Genau das hatte sie sich gewünscht, sie wollte Mike als Freund behalten, nur keine ernsthafte Beziehung mit ihm. Sie betrat die Wohnung, tat die Blumen in eine Vase und bedankte sich kurz bei Mike per WhatsApp. Jetzt tat es ihr leid, dass er wegen ihr auf die Party am Samstag im Palladium verzichtete, aber vielleicht war es besser so, wenn sie ein paar Tage auf Abstand zueinander gingen, bis sich das Verhältnis wieder normalisierte hatte.

Christine klappte den Laptop auf und wählte Musik aus. Sie hatte Lust auf Emmelie De Forrest, schaltete die Bluetooth-Boxen an. Dann ging sie zum Fenster und ließ die Rollos herunter, bevor sie sich aus der engen Sporthose schälte und den verschwitzten Slip gleich mit abstreifte. Es folgten T-Shirt und BH, erst zum Schluss die Socken. Nackt ging sie zum Kühlschrank und holte eine Flasche Volvic heraus. Sie trank langsam. Das Nachschwitzen gehörte zum Sportprogramm dazu, und Christine genoss die Luft an ihrer nackten Haut. Sie trank den letzten Schluck Wasser aus der Flasche, ihr Körper hatte sich akklimatisiert. Dann verschwand sie im Badezimmer.

Er kannte Emmelie de Forrest, vor allem den Song »Teardrops«. Der Laptop stand günstig, die Kamera erfasste den Großteil des Wohnzimmers. Solange Christine im Bad war, wandte er sich dem anderen Monitor zu, auf dem die Fotos waren, die er von Mike und Christine vor der Haustür gemacht hatte, während sie das Sofa aus dem Transporter luden. Insgesamt zweihundert Bilder, von denen aber nur wenige geeignet waren. Auf einem Foto stellte Mike Körperkontakt her, legte seinen Arm über Christines Schulter, und beide lachten. Er kopierte das Bild in einen eigenen Ordner und noch drei weitere in ähnlichen Posen. Der Blumenstrauß, mit dem Christine zur Tür hereingekommen war, stammte wahrscheinlich von Mike. Ein gutes Zeichen. Zwischen den beiden tat sich etwas. Nach zehn Minuten kam Christine aus dem Bad zurück, mit einem

Handtuch um den Kopf gewickelt, aber sonst splitternackt. Sie hatte die Schamhaare rasiert, zumindest soweit er das auf dem Monitor sehen konnte. Christine begab sich direkt vor die Kamera des Laptops und suchte ein neues Musikstück aus. Sie konnte sich nicht entscheiden, was ihm nur recht war; umso länger konnte er ihre kleinen Brüste anschauen, die in gebückter Haltung vor der Kamera herunterhingen. »Hollywood Hills« ertönte, von Sunrise Avenue. Ihr Musikgeschmack war eher gewöhnlich. Christine wandte sich ab, blieb aber im Blickwinkel der Kamera. Sie begann ihren Körper mit Lotion einzureiben. Christines Po war eher flach und breit, zu flach für seinen Geschmack. Aber darauf kam es nicht an. Von den Frauen, die er bisher einer Behandlung unterzogen hatte, war sie eindeutig die Hübscheste. Aber darauf kam es nicht an. Sie hatte auch ein besseres Wesen, einen anständigen Charakter. Es hatte Spaß gemacht, sich mit ihr zu unterhalten. Ein Vergnügen, das er mit keiner ihrer Vorgängerinnen gehabt hatte. Aber auch darauf kam es nicht an.

Christine drehte sich um, und da entdeckte er etwas. Ein neues Detail. Ein Leberfleck auf ihrer rechten Pobacke. Deutlich sichtbar. Wieso war ihm dies bisher noch nicht aufgefallen? Er wandte sich dem anderen Monitor zu und rief den Ordner auf, in dem die Fotos gespeichert waren, die Christines Exfreund von ihr gemacht hatte. Er hatte sie im Internet gefunden, die Originalbilder. Die in der Polizeiakte waren an den intimen Stellen verpixelt. Obwohl die Originalfotos fast alles von Christines Körper zeigten und keine Intimzone ausließen, der Leberfleck war nie zu sehen. Sie schämte sich zurecht für diese Bilder. Sie waren vulgär, zum Teil erniedrigend, als ob sie eine devote Neigung habe. Nicht angemessen für eine Krankenschwester, die in einem christlichen Hospital arbeitete. Was mochte sie zu diesen Bildern bewegt haben? Ihr Exfreund war ein Manipulator, aber es gehörten immer zwei dazu. Sie schien empfänglich für Befehle zu sein. Das gefiel ihm. Auf einem Foto lag sie mit angewinkelten Beinen auf dem Bett und schaute an ihrem Oberschenkel vorbei in die Linse der Kamera. Der Bildaufbau zwang den Betrachter, sich zu entscheiden. Wollte er Christine in die Augen sehen oder zwischen ihre Beine? Ein Kissen verdeckte die Scham. Auf dem nächsten Foto der Serie fehlte das Kissen, Christines Lächeln blieb. Und ihre Augen, die den Betrachter fixierten. Es wirkte nicht obszön, höchstens ein wenig frivol. Christine hatte Spaß dabei, sich zu zeigen, das verriet ihr Lächeln. Mit jedem Bild, das folgte, wirkte ihr Gesichtsausdruck etwas verkrampfter. Man konnte spüren, dass sie sich nicht mehr wohlfühlte, und bei jedem elektronischen Klicken war sie womöglich innerlich kurz zusammengezuckt. Auf den letzten Fotos dieser Serie war dann von ihrem Gesicht nichts mehr zu sehen. Ihre Finger spreizten die Schamlippen und man sah den blauen Faden aus ihrer Vagina herausschauen. Im nächsten Bild zog sie den Tampon raus. Eine ziemliche Sauerei.

Bei einer anderen Serie, die vierundzwanzig Bilder umfasste, trug Christine eine Maske wie zu Zeiten von Mozart. Sonst nichts. Zunächst ein erotischer Anblick, der aber von Foto zu Foto wieder ins Vulgäre abdriftete. Die Maske gab ihr scheinbar etwas mehr Sicherheit, aber wer Christine kannte, würde sie auf diesen Bildern wiedererkennen. Verständlich, dass sie gegen die Bilder im Netz vorgegangen war. Die Anzeige bei der Polizei war grundsätzlich der richtige Weg, sie hatte ja nicht ahnen können, welche Lawine sie damit lostrat. Er sehnte sich schon nach dem Tag, wenn das Schicksal Christine überrollen würde.

Sie rieb sich immer noch mit Lotion ein. Da ertönte ein Ping, und er drehte sich zu dem dritten Monitor um, der hinter ihm stand. Eine Mail, er las sie. Noch keine halbe Stunde war es her, dass er eine Anzeige bei der Frachtenbörse »Timecoms« eingestellt hatte, und schon jetzt war der Auftrag an eine Spedition vergeben worden, mit der er noch nie zuvor Kontakt hatte. Er las die

Mail aufmerksam durch und fand keinen Fehler. Die Daten stimmten, ebenso der Preis. Er bestätigte den Auftrag und schrieb unter »Besondere Vereinbarungen«, dass er die Rechnung vorab per Überweisung begleichen werde. Da er sich momentan im Ausland aufhalte, könne dies ein paar Tage dauern.

Er musste das Geld erst per Bareinzahlung über Western Union verschicken. Zuzüglich zu dem, was der Spediteur für den Transport bekam, war noch eine Provision für die Briefkastenfirma fällig, die die Rechnung am Ende beglich. So hinterließ er keine Spuren. Das Verfahren hatte er sich bei einem Kriminellen abgeguckt. Der war allerdings aufgeflogen, weil er einen entscheidenden Fehler gemacht hatte. Ihm würde so etwas nicht passieren.

Als er wieder auf den anderen Monitor schaute, hatte Christine sich bereits angezogen. Sie trug jetzt eine Jogginghose und ein T-Shirt mit der Aufschrift *Zicke,* nahm ihre Bücher aus einem Regal und setzte sich an den Esstisch. Weil sie lernen wollte, schaltete sie die Musik ab. Er ließ seine Rechner angeschaltet und verließ den Computerraum. Die Steinwände im Keller waren weiß gestrichen und reflektierten das grelle Neonlicht. Er sperrte die schwere Brandschutztür ab. Oben in seiner Wohnung hatte er einen Computer für den Alltag. Die Rechner hier unten im Keller waren besonders gesichert. Sollte jemand unerlaubt eindringen, löschten sich die Festplatten automatisch innerhalb weniger Minuten, selbst wenn die Stromversorgung gekappt wurde. Er hatte von allen Dateien Backups auf der ganzen Welt verteilt, die Adressen und Zugangsdaten waren nur in seinem Kopf gespeichert.

Er ging zum letzten Raum am Ende des Korridors. Die hinterste Brandschutztür hatte zwei Schlösser übereinander. Er trat ein, schaltete das Licht an. Vor ihm überspannte die Brücke von Arnheim den künstlichen Fluss. Er stellte den Radiator auf Stufe drei, verriegelte die Tür von innen. Seine Hände fingen leicht an zu zittern, als er sich dem Haus am rechten Rheinufer näherte, die zwei kleinen, versteckten Riegel löste und das Dach abnahm. Der Major war allein mit der Partisanin. Bis jetzt hatte sie noch nicht leiden müssen, wenn man das Warten auf die Folter nicht schon als Tortur betrachtete. Sie starrte den Major mit Augen voller Angst an. Nein, er würde sich nicht sexuell an ihr vergehen. Dies verschaffte ihm keine Befriedigung, aber das wusste die Partisanin noch nicht. Sie trug ein weißes Korsett, das die Taille eng umschnürte. Sie lag breitbeinig gefesselt auf dem massiven Holztisch, ihre Hände hinter dem Kopf zusammengeschnürt. Dem Major schutzlos ausgeliefert. Diese Situation hatte das Miniaturmodell wie in einem Schnappschuss eingefangen. Alles, was danach käme, spielte sich nur in seinem Kopf ab. Er ging zu einem Schrank, öffnete die Schublade, in der er die Modellfarben aufbewahrte. Vierundneunzig kleine Dosen. Dann suchte er nach dem dünnsten Pinsel, nahm eine Dose helles Rosa und eine in Braun. Er mischte die beiden Farben auf einer kleinen Glasplatte, bis er den richtigen Ton gefunden hatte. Er setzte die Vergrößerungsbrille auf. Sie war notwendig für die kleinen Details. Er nahm ein wenig seiner Mischfarbe auf den Pinsel, dann näherte er sich der Stelle an der rechten Pobacke der Partisanin.

Er malte einen kleinen braunen Punkt an die Stelle. Einen Leberfleck.

19

Am Samstag hatten wir unser Fußballturnier. Wir verloren jedes Spiel. Eine Schmach, vor allem weil die Gäste vom Tetra Pack, mit denen ich mich letztes Jahr verkracht hatte, höllisch gut waren. Von meinen Mitspielern musste ich mir einiges anhören, sie waren sauer, weil jeder wusste, dass ich es eigentlich besser konnte. Aber das musste mir keiner sagen, ich selbst war von mir am meisten enttäuscht. Mir fehlte es an Technik, aber vor allem an Kondition. Trotz Joggen und Zigarettenentzug. Die anderen Jungs wollten nicht bis zum Ende des Turniers warten und beschlossen, unsere Niederlage im Shooters bei Bier und Schnaps zu vergessen. Aber ich hatte keine Lust mitzukommen, mir war die Stimmung gründlich vermiest worden. Zum Glück hatte Nina heute etwas Besseres vorgehabt, als meiner Niederlage beizuwohnen.

Ich schnaufte am Spielfeldrand wie eine Dampflok und befeuerte den Kessel erst einmal mit einer Zigarette, die ich mir von jemandem schnorrte. Dann ging ich duschen und ließ mir viel Zeit. Als ich aus der Umkleide kam, feierte die Siegermannschaft bereits. Das »Team Hubertus« war als Favorit in das Turnier gestartet, weil einer der Stammgäste früher für kurze Zeit als Profi gespielt hatte und daher was von Training und Taktik verstand. Mancher beschimpfte das Team auch als die »Bayern« von Ehrenfeld.

Ich wollte mich gerade vom Acker machen, als ich hinter mir eine Stimme vernahm, die meinen Namen rief.

Ich drehte mich um und sah Franka Naumann, die von ferne winkend auf mich zukam. Sie hatte eine Sporttasche geschultert.

»Na, das ist ja eine Überraschung«, rief ich ihr zu.

Ich hätte sie beinahe nicht erkannt, so anders sah sie aus in der hellblauen Jeans und dem Kapuzenshirt. Ihr halblanges Haar trug sie offen, und es sah aus, als ob sie vor Kurzem erst geduscht hatte.

»Sie waren bei dem Turnier?«, fragte ich etwas verdutzt.

»Ja, beim Finale. Ich spiele hier nebenan Tennis.« Direkt neben den Fußballplätzen befand sich hinter Bäumen versteckt eine Tennisanlage. Man konnte das Schlagen der Bälle hören. »Und ich bin öfters im Hubertus.«

Die Gewinnermannschaft. Na toll.

»Ich wohne direkt nebenan«, fügte sie hinzu.

»In der Lukasstraße?«

Sie nickte. »In dem Neubaukomplex. Aber nicht zur Bahnseite hin, sondern mit Blick in den Innenhof. Richtig schön da.«

Ich sah mich um. Der Bierstand hatte noch geöffnet. »Ich brauche jetzt dringend was Isotonisches. Trinken Sie ein Kölsch mit?«

Sie lächelte nett, wie ich das von ihr gewohnt war. »Gerne.«

Um den Getränkewagen standen noch ein paar Spieler und Fans. Wir orderten zwei Kölsch und stellten uns etwas abseits von den anderen.

»Dürfen wir uns überhaupt privat treffen?«, fragte ich.

»Wieso nicht?« Sie lächelte. »Aber kein Wort über die Arbeit.«

»Ich heiße übrigens Nicholas.«

»Franka.«

Wir stießen mit unseren Gläsern an und tranken. Ich leerte mein Glas auf ex. Das erste Bier nach dem Spiel war immer das beste.

Es wurde leerer um uns herum, die meisten brachen auf, um im Hubertus weiterzufeiern. Franka rief einem Bekannten zu, dass sie nachkommen würde.

»Ich möchte dich nicht aufhalten«, sagte ich.

»Komm doch mit. Oder stört es dich, mit der Siegermannschaft zu feiern?«

Ich wog einen Moment lang das Für und Wider ab.

Als wir später im Hubertus an der Theke saßen, kam ich kaum zu Wort. Franka hatte ein ziemlich starkes Mitteilungsbedürfnis, redete wie ein Wasserfall, über Gott und die Welt. Berufliches ließen wir bewusst außen vor. Auf unserem Deckel drängten sich die Striche. Irgendwann war Franka betrunken genug, mir zu erzählen, wo wir uns schon mal begegnet waren. »Das war hier, hier im Hubertus.«

Ich sah sie verwundert an. »Nicht dein Ernst. Ich kann mich aber echt nicht erinnern.«

»Ich war als Biene Maja verkleidet.«

Nun riss ich erst recht die Augen auf. Aber es machte noch immer nicht Klick bei mir.

»Weiberfastnacht vor zwei Jahren.«

Ich konnte mich beim besten Willen nicht an jede Frau erinnern, die ich einmal an Karneval kennenlernte, aber irgendwas war da. Richtig! Mir war an der Biene Maja aber weniger das Kostüm in Erinnerung geblieben als die charmante, schmale Zahnlücke, die sie zur Schau stellte, immer wenn sie lächelnd ihr Gebiss zeigte. »Sollte ich mich danebenbenommen haben, entschuldige ich mich hiermit.«

»Nein. Hast du nicht.« Franka zögerte. »Nicht wirklich.«

»Nicht wirklich?«

»Mein Exmann und ich sind zwei Wochen vorher geschieden worden. Ich wollte feiern gehen, richtig einen draufmachen, du verstehst?«

Ich verstand. »Hat aber nicht geklappt?«

Sie lachte und schüttelte den Kopf dabei. »Ich war noch nicht so weit. Ich habe die ganze Zeit geredet, über Trennung und so. Da bist du irgendwann nicht mehr von der Toilette zurückgekommen und hast dir eine andere gesucht.«

»Das war nicht böse gemeint.«

»Weiß ich. Auf Biene Maja hätte ich an dem Abend auch keinen Bock gehabt.«

Unsere kurze, gemeinsame Vergangenheit hatten wir damit geklärt. Was nun im Raum schwebte, war der Tonfall ihrer letzten Bemerkung. Gegenüber Biene Maja hatte ich mich korrekt verhalten, aber was sie heute von mir erwartete, war mir unklar.

Franka stürzte das halbvolle Glas Kölsch herunter. Ich deutete dem Wirt an, dass unsere Gläser leer waren. Er zapfte zwei neue.

»In meinem Leben hatte vorher alles geklappt«, fuhr Franka in ihrer Erzählung fort. »Schule, Studium, Job, Ehemann, zwei gesunde Kinder. Alles, was eine Frau wie ich sich so gewünscht hat. Und *pamm!* Tauscht er mich gegen eine Jüngere aus. Ich habe mich so mies gefühlt, wie eine Versagerin.«

Der Wirt stellte die Kölschgläser vor uns. Wir stießen an.

»Ich habe dich wirklich unterschätzt«, sagte sie.

»Inwiefern?«

»Du bist ein guter Anwalt. Hätte ich nicht gedacht.«

»Wir wollten nicht über den Job reden.«

»Dann bist du eben ein guter Typ. Darf ich das sagen?«

»Und du bist einsam. Darf ich das sagen?«

»Ich habe meine Kinder.«

»Wo sind die eigentlich?«

»Bei ihm.«

Langsam wurde es brenzlig, das spürte ich. Diesmal würde ich nicht auf die Toilette verschwinden können und nicht mehr zurückkommen. Ich musste einen Ausweg finden, ohne sie vor den Kopf zu stoßen. Das hatte sie nicht verdient. Noch weniger aber hätte sie es verdient, von einem Typen wie mir flachgelegt zu werden. Es passierte mir nicht gerade selten, dass ich morgens in einem fremden Bett aufwachte. Ich trank mein Glas auf ex. Franka sah das leere Glas und schüttete aus ihrem noch was nach.

»Ich bezahle den Deckel«, sagte ich.

»Einspruch«, erwiderte sie.

»Einspruch abgelehnt.«

Wir lachten beide, und ich bezahlte die Rechnung.

»Ich bringe dich noch nach Hause. Bis vor die Tür. Kein Einspruch möglich.«

Sie nickte.

20

Mike saß mit Jan an einem Vierer-Tisch im Walfisch, einem Brauhaus in der Altstadt. Er hatte sich mit zwei Freunden verabredet, die ihn vergessen machen sollten, dass er eigentlich im Palladium sein wollte, um mit Christine, Katja und ein paar anderen zu feiern. Christines Nachricht auf WhatsApp hatte Mike riesig gefreut, und es folgte ein halbstündiger Dialog hin und her, bis Christine auch diesen beendete. Sie bestimmte, wie weit es gehen sollte, damit musste Mike sich abfinden, aber die Erfahrung hatte ihn gelehrt, dass Geduld sich manchmal auszahlte.

In diesem Moment kam ihr Freund Freddy von der Toilette zurück, das Handy am Ohr. Er ging an ihnen vorbei, nach draußen, um das Gespräch dort zu führen.

»Dreimal darfst du raten, wer dran ist.« Jan wusste es und Mike auch. Seitdem Freddy eine neue Freundin hatte, lebte er nur noch auf Abruf. Egal, zu welcher Tageszeit – wenn sie mit den Fingern schnippte, spurte er.

»Wieder einer weniger«, sagte Mike. Es war nicht leicht, den Kontakt zu Schulfreunden zu halten, wenn Frauen oder der Ernst des Lebens dazwischenkamen.

»Und bei dir?«, fragte Jan.

»Ein schwieriger Fall.«

»Du interessierst dich doch nur für schwierige Fälle. Wer ist es diesmal?«

»Krankenschwester. Seit vier Wochen bei uns. Sie muss sich erst einleben in Köln, sagt sie ...«

»Auf gut Deutsch, sie will nicht.«

Jan kannte seinen Freund und dessen Probleme mit Frauen. Mike geriet immer an die Falschen. Frauen, die was von ihm wollten, lehnte er ab – und andersherum.

»Ungünstiges Timing, sage ich.« Mike trank sein Kölschglas leer und zeigte dem Kellner an, dass er noch eins wollte. »Sie ist auf jeden Fall der Knaller. Supersüß. Intelligent. Traumfrau.« Er sah in sein leeres Glas. »Es hat bestimmt damit zu tun, weil wir zusammen auf einer Station arbeiten. Aber sie macht eine Zusatzausbildung zur Intensivpflegerin und dann wechselt sie die Abteilung und dann ...« Der Kellner stellte ihm ein neues Glas Kölsch hin und Mike trank einen großen Schluck.

Freddy kam in die Kneipe zurück. »Ich muss los, Jungs. Nehme mir ein Taxi. Kommst du mit?« Er sah Jan an. Die beiden waren neuerdings Nachbarn. Jan sah fragend zu Mike.

»Geh ruhig. Nach dem nächsten Kölsch ist auch bei mir Schluss.«

Sie lösten den Deckel auf. Seine Freunde verschwanden. Eine Stunde und acht Kölsch später trat auch Mike aus dem Brauhaus. Er hatte sich zu ein paar älteren Leuten an die Theke gesetzt und auf ein Bier folgte das nächste, bis Mike eine innere Stimme hörte, die sagte: *Es reicht!*

Mike sah vor sich auf den Boden. Das Kopfsteinpflaster war nass, übersät mit kleinen Pfützen. Am Nachthimmel verzogen sich langsam die Wolken und gaben den Blick frei auf die Sterne. Mike überlegte. Direkt vor ihm lag die Buttergasse, der kürzeste Heimweg. Kleine Gässchen, Kopfsteinpflaster und schiefe Fassaden vermittelten das Gefühl, man sei im Mittelalter. Die Buttergasse lag im Dunkeln. Mike entschied, einen anderen Weg zu nehmen. Auch heutzutage war die Altstadt ab einer gewissen Uhrzeit nicht mehr sicher. Ein kleines Labyrinth mit vielen dunklen Ecken, wo Typen nur darauf warteten, einen Besoffenen auszunehmen. Mike war kein ängstlicher Typ. Seine Ein-Meter-neunzig und zwei Jahre

Kickboxen gaben ihm Selbstvertrauen. Wenn er nüchtern war. In seinem jetzigen Zustand könnte er sich gegen einen Angriff nicht mehr zur Wehr setzen. Er torkelte deshalb durch die schmale Hafengasse, musste sich an einer Hauswand abstützen und erst sein Gleichgewicht wiederfinden. Dann konzentrierte er sich darauf, einen Fuß vor den anderen zu setzen. Sein Magen rebellierte, und Mike konnte sich gerade noch rechtzeitig vornüberbeugen, als der Schwall auch schon aus seinem Mund schoss. Es folgte eine zweite Welle, danach ging es ihm etwas besser.

»Alles in Ordnung?«

Mike fuhr herum. Hinter ihm hatte sich ein Mann genähert. Er trug einen dunklen Mantel und einen schwarzen Hut. Von der Krempe tropfte das Wasser. Sein Gesicht lag im Schatten des Hutes verborgen.

»Ja. Geht schon. Danke.«

»Sicher?«

»Ja. Passen Sie nur auf, wo Sie hintreten.«

Der Mann lachte. Dann ging er an Mike vorbei und verschwand. Mike wartete einen Moment, bevor er ihm auf die Rheinpromenade folgte, wo Samstagnacht in der Regel viel los war. Mike ging in Richtung Deutzer Brücke und hielt von dort auf die Haltestelle zu, erwischte eine Bahn, die ihn eine Station weit brachte, wo er umsteigen musste. Auf dem Bahnsteig wartete er eine halbe Stunde und schlief mehrmals auf der Bank ein, wachte zum Glück auf, als seine U-Bahn mit lautem Getöse einfuhr. Mike betrat den hinteren Waggon, der noch gut besetzt war. Er musste sich konzentrieren, nicht wieder einzuschlafen. Nach und nach leerte sich die Bahn, und als er am Akazienweg ausstieg, war er der letzte Fahrgast. Er torkelte auf die Rolltreppe zu, sie war mal wieder kaputt. Also zu Fuß die Stufen hoch. Er bog in den Akazienweg ein und überquerte kurz darauf einen kleinen Platz. Als er zwischen den Bäumen herging, hörte er das Knacken eines Astes rechts neben sich. Mike fuhr herum. Erstarrte. Da war eine Gestalt, die sich aus dem Schatten eines Baumes löste und näherkam. Mike traute seinen Augen nicht. Es war der Mann mit dem Hut.

»Was wollen Sie?« Mikes Stimme klang zittrig.

»Dich nach Hause begleiten.«

»Sind Sie schwul oder was?«

»Bist du schwul?«

»Nein, bin ich nicht.«

»Ich weiß. Du liebst ein Mädchen, aber sie dich nicht.«

Der Mann verkürzte den Abstand zu ihm. Sein Gesicht blieb immer noch im Verborgenen. Er war nicht sehr groß oder kräftig, es war sein Auftreten und etwas Seltsames in seiner Stimme, das Mike Angst einflößte. Mike sah ihn wie gebannt an.

»Woher wissen Sie ... Kennen Sie sie?« Mikes Gedanken rasten. Was wollte dieser Kerl?

»Christine? Ja. Ich passe auf sie auf.«

»Warum muss jemand auf sie aufpassen?«

»Hat sie dir nicht davon erzählt? Warum sie nach Köln geflüchtet ist?«

Der Mann sprach auf einmal leise. Wenn Mike ihn verstehen wollte, musste er einen Schritt auf ihn zumachen. »Geflüchtet?«

»Sie hat schlimme Erfahrungen mit ihrem Ex gemacht. Wenn du ihr Freund sein willst, solltest du Geduld haben. Das wollte ich dir sagen. Ich habe Christine damals geholfen.«

»Wer sind Sie? Ein Verwandter?«

Er nickte. »Möchtest du einen Ratschlag von mir hören?«

Mike zögerte, nickte dann.

»Ich würde mich sehr freuen, wenn Christine wieder glücklich wird. Sie hat mir von dir erzählt. Ich wollte dich eigentlich in der Kneipe ansprechen, aber da waren deine Freunde, und dann musstest du dich übergeben. Deshalb bin ich dir gefolgt.«

Mike atmete tief durch, seine Angst ließ nach. »Gut. Dann sagen Sie mir, was ich tun soll.«

»Du darfst niemandem von unserem Gespräch erzählen. Vor allem nicht Christine.«

»Okay. Versprochen.«

»Nein. Dein Versprechen reicht mir nicht.«

»Was soll ich dann tun?«

Das Letzte, was Mike hörte, war das Geräusch der Teleskopstange, die aus der Faust des Mannes herauszischte. Ein Totschläger. Mike blieb keine Zeit zu reagieren. Der erste Schlag traf ihn seitlich am Schädel. Der zweite Schlag zerfetzte ihm die linke Augenbraue, und das Blut schoss heraus. Erst der dritte Schlag beendete alles, noch bevor Mike auf den Boden fiel. Seine Schädelplatte war von der Wucht des Aufpralls in Stücke gesprengt worden. Der Mann sah sich um. Hinter den schwarzen Fenstern der Nachbarschaft blieb alles ruhig. Kein Geräusch, keine Menschen, nichts, niemand. Er steckte den Totschläger in den Mantel, ging neben Mike in die Hocke, nahm ihm das Handy und die Brieftasche ab und sorgte dafür, dass die Kleidung des Opfers zerwühlt aussah wie nach einem Kampf. Der Mann öffnete Mikes rechtes Augenlid und leuchtete mit einer kleinen Taschenlampe in die Pupille, die keine Reaktion mehr zeigte. Er steckte die Beute in seine Manteltasche und holte ein kleines Plastikgefäß heraus, in dem die Überreste eines benutzten Joints waren. Der Mann platzierte das Beweisstück nahe bei der Leiche. Dann schlich er sich in der Dunkelheit davon.

21

»Und, was hast du am Samstag so getrieben?« Mein Espresso war fertig, und die Kaffeemaschine ließ wieder ein Gespräch zu.

»Stell dir vor – ich habe kurz im Shooters vorbeigeschaut, weil ich dachte, dass ihr da feiert. Die haben mir erzählt, wie das Turnier gelaufen ist. Und dann bin ich von da aus noch mit zwei Jungs ins Ivory.«

»Ins Ivory?« Ich klang wie ein Vater, dessen vierzehnjährige Tochter heimlich zum ersten Mal in der Disko war.

Nina verstand meine übertriebene Reaktion falsch. »Was hast du gegen den Laden?«

»Nichts, aber ...« Ich konnte mir einfach nicht vorstellen, wer aus meiner Mannschaft sie ins Ivory begleitet hatte. Für den Laden schienen mir alle viel zu uncool, sie wären gar nicht am Türsteher vorbeigekommen. »Mit wem warst du denn da?«

»Die hießen Daniel und Oliver. Waren echt nett, wir sind ins Gespräch gekommen, als ich nach dir gefragt habe. Die kannten dich aber nicht.«

»Du ziehst einfach so mit Wildfremden um die Häuser?«

»Wieso denn nicht?« Sie lächelte verschmitzt. »Was ist los mit dir?«

Ich wollte nicht den Hauch eines Anscheins erwecken, ich würde mich sehr für ihr Privatleben interessieren. Aber es war so, ich war neugierig. »Im Ivory ist doch samstags die Hölle los. Wie seid ihr da reingekommen?«

»Das ist der Vorteil, wenn man behindert ist.« Sie grinste. »Die

Türsteher haben Schiss, dass ich sie sonst wegen Diskriminierung drankriege. Und, was hast du gemacht?«

Ich überlegte einen Moment, ob ich es ihr sagen sollte. »Die Staatsanwältin, Frau Dr. Naumann, war auch beim Turnier.«

»Echt? Ist sie ein heimlicher Fan von dir?«

»Nein. Sie hat nebenan Tennis gespielt. Wir waren danach noch im Hubertus.«

»Ist das denn erlaubt? Sich mit der Gegenseite privat zu treffen?«

»Wir haben nur Bier getrunken, mehr nicht.«

»Und wenn noch mehr passiert wäre?« Sie grinste. »Ich meine, wäre das von der StPO her erlaubt?«

»Es ist nichts passiert.«

Die Szene vor der Haustür verschwieg ich ihr. Franka hatte gefragt, ob ich noch mit raufkomme. Wirklich nur auf ein Bier oder ein Glas Wein, wie sie betonte. Als ich verneinte, verharrten wir noch gut eine Viertelstunde vor der Tür, bis es Franka kalt wurde. Dann erst fällte ich die Entscheidung zu gehen. Auf dem Weg nach Hause kaufte ich mir eine Packung Zigaretten, die ich bis Sonntagabend aufgebraucht hatte.

»Findest du sie attraktiv?«

»Sie hat zwei Arme. Das stört mich irgendwie.«

Nina boxte mir vor die Brust. »Keine Witze über Behinderte, ja?«

In diesem Moment piepte das Faxgerät und sprang an. Ich war froh, dass das Thema damit vorbei war. Erwartungsvoll sahen wir beide, was da kam. Die erste Seite war ein Anschreiben von der Staatsanwaltschaft Aachen. Dann folgte das Urteil im Namen des Volkes gegen Udo Lauscher. Ich überflog es sofort.

Das Einzige, was bei diesem Urteil fehlte, um perfekt zu sein, war ein Geständnis. Udo Lauscher, dreiundvierzig Jahre alt, verheiratet und kinderlos, beteuerte selbst noch im Schlusswort seine

Unschuld. Aber die Richter der Großen Strafkammer am Landgericht Aachen verurteilten ihn trotzdem zu lebenslänglich. Eine »besondere Schwere der Schuld«, die eine Begnadigung nach fünfzehn Jahren unmöglich gemacht hätte, wurde nicht festgestellt. Die Beweisführung der Staatsanwaltschaft war lückenlos, und der Strafverteidiger, Julius Andrees aus Aachen, hatte dem nur wenig entgegenzusetzen gehabt. Am Ende bestand für das Gericht kein Zweifel, dass Udo Lauscher seine Frau erschlagen, sie im eigenen Garten vergraben hatte und an der Stelle ein Betonfundament für ein Gartenhaus gießen ließ. Lauscher hingegen hatte behauptet, seine Frau habe ihn nach einem heftigen Streit verlassen. Die Mutter des Opfers gab vier Tage nach dem Verschwinden der Tochter eine Vermisstenanzeige auf. Obwohl kein konkreter Hinweis auf ein Verbrechen vorlag, stellte die Polizei Nachforschungen an und fand heraus, dass in regelmäßigen Abständen Geldbeträge von Dagmars Kreditkarte abgebucht wurden, was von den Polizisten als Lebenszeichen gewertet wurde. Die Akte wurde beiseitegelegt und landete erst einige Zeit später auf dem Schreibtisch von Kriminaloberkommissar Lothar Assenbach. Ihm fiel etwas auf: Lauscher war in der Vergangenheit vom Kölner Amtsgericht zu einer Geldstrafe verurteilt worden. Ein Streit mit einem anderen Autofahrer um einen Parkplatz in der Kölner Innenstadt war eskaliert, und es kam dabei zu Handgreiflichkeiten. Lauscher verlor den Prozess damals. Er galt als aggressiv und jähzornig. Hauptkommissar Assenbach stieß auf die Anzeige bezüglich Körperverletzung im Rahmen häuslicher Gewalt. Die vermisste Ehefrau hatte diese Anzeige ohne Angaben von Gründen zurückgezogen. Assenbach hielt es für möglich, dass Lauscher sie unter Druck gesetzt hatte, dies zu tun. Der Kommissar befragte die Nachbarn und erfuhr, dass kurz nach dem Verschwinden von Dagmar Lauscher in dem Garten das Betonfundament gegossen wurde. Ein Zufall? Assenbach besorgte sich die Handydaten des Ehemanns, und als das Ergebnis vorlag, wurde Udo Lauscher nicht mehr als Zeuge, sondern als Verdächtiger geführt. An bestimmten Tagen, als von Dagmar Lauschers Kreditkarte Geld abgehoben wurde, befand sich der Ehemann in derselben Ortschaft. Dies konnte kein Zufall sein.

Die Handydaten waren im Mordfall Lauscher ein wichtiges Indiz. Der Ehemann wurde diesbezüglich mehrfach vernommen. Er leugnete nicht, an den entsprechenden Tagen in den Orten gewesen zu sein, wo das Geld abgehoben wurde, aber er sei seiner Frau niemals begegnet – was auch unmöglich war, denn ihre Leiche verweste zu diesem Zeitpunkt bereits unter dem Betonfundament im Garten. Irgendwann reichten die Verdachtsmomente gegen den Ehemann aus, und ein Richter ordnete die Durchsuchung des Hauses mitsamt Garten an. Das Betonfundament wurde aufgerissen und das Erdreich ausgehoben. Dort fand man schließlich die Leiche von Dagmar Lauscher. Beim Motiv gingen die Richter von Wut und Hass aus, der sich über viele Jahre angestaut hatte.

Genau wie bei Wolfgang Rölscheid.

Da die Leiche von Dagmar Lauscher schon zu sehr verwest war, gab es keinen Befund über die genaue Todesursache, aber Gewalteinwirkungen wurden festgestellt. Mehrere Knochen an Hand und im Gesicht waren gebrochen. Das Urteil wurde vor sieben Monaten gefällt, war aber noch nicht rechtskräftig, sondern lag beim Bundesgerichtshof in letzter Instanz. Wenn der BGH es bestätigte, würde Udo Lauscher keine weiteren Rechtsmittel mehr einlegen können.

Zum Fall unseres Mandanten Wolfgang Rölscheid gab es mehrere Parallelen. Erstens: das Tatmotiv. Hass und Wut. Zweitens: die Anzeige im Rahmen häuslicher Gewalt. Bei Udo Lauscher war es nur nicht zu einem Gerichtsverfahren gekommen, weil die Ehefrau es sich anders überlegt hatte und die Anzeige zurückzog. Drittens: die Art der Fesselung. Dagmar Lauscher war mit Händen und Füßen hinter dem Rücken gefesselt, genau wie Miriam Rölscheid. Und viertens: die Tatsache, dass der Verurteilte vehement seine Unschuld beteuerte. Alle Parallelen waren nicht aussagekräftig genug, um damit zur Staatsanwaltschaft zu gehen.

»Was machen wir jetzt?«, fragte Nina.

Ich hatte ihr eine knappe Zusammenfassung gegeben. Jetzt ging ich zu meinem Schreibtisch und öffnete den Internet-Browser in meinem Computer. Ich sah mir die Website der Kanzlei Julius Andrees & Partner an. Der Kollege machte mit Sicherheit keine Pflichtverteidigungen. Udo Lauscher besaß das Einfamilienhaus und zwei Eigentumswohnungen. Er hatte also ausreichend Vermögen gehabt, um seine Anwälte bezahlen zu können. Was ihm nicht viel half. Gegen eine erdrückende Beweislage, wie in seinem Fall, konnte auch der beste Strafverteidiger nichts ausrichten.

»Wir müssen mit ihm reden und die ganze Akte dieses Falls studieren«, sagte ich schließlich zu Nina. »Das Urteil allein gibt nicht viel her. Vielleicht sollten wir das Nylonseil, mit dem Dagmar Lauscher gefesselt wurde, analysieren lassen und mit dem aus unserem Fall vergleichen. Mit etwas Glück landen wir einen Treffer, und dann wäre bewiesen, dass die beiden Fälle zusammengehören.«

»Kann man ein Beweisstück anfordern wie ein Urteil?«

»Nein. Auch die Strafakte nicht. Wir müssen wohl oder übel an den werten Kollegen in Aachen herantreten.«

Auch wenn ich keine große Lust hatte, mich mit einer anderen Kanzlei einzulassen, hielt ich diese Vorgehensweise für besser, als zu versuchen, den verurteilten Udo Lauscher abzuwerben. Denn ich wollte schnell Gewissheit bekommen. Das war ich meinem Mandanten Wolfgang Rölscheid schuldig. Jeder Tag, den er unschuldig im Knast säße, wäre einer zu viel.

Nina rief bei Andrees & Partner in Aachen an und stellte das Telefonat zu mir durch. Ich hätte die Nummer auch selbst wählen können, aber die Gegenseite sollte den Eindruck bekommen, ich sei eine richtige Kanzlei mit Mitarbeitern.

»Ja?« Eine gelangweilte Stimme ertönte aus dem Hörer.

»Nicholas Meller. Strafverteidiger aus Köln. Ich rufe wegen eines Mandanten von Ihnen an. Udo Lauscher. Wegen Mordes verurteilt. Das Verfahren ist noch beim BGH anhängig.«

»Ja. Was ist mit ihm?« Man hörte, dass er auf seiner Computertastatur tippte, während er sprach.

»Ich würde mir gerne seine Strafakte ansehen, weil wir hier in Köln einen ähnlich gelagerten Fall haben.«

»Was meinen Sie mit ähnlich gelagert?«

»Mann tötet Ehefrau, fesselt und vergräbt sie in der Nähe seines Hauses.«

Das Tippen hörte auf. »Ich glaube, darüber habe ich was in der Zeitung gelesen. Erzählen Sie mal.«

»Vielleicht könnten wir einen Kaffee zusammen trinken? Ich könnte zu Ihnen nach Aachen kommen.«

»Ich habe im Moment sehr viel zu tun.« Er fing wieder an zu tippen.

Die Arroganz mancher Anwälte brachte mich auf die Palme. Ich bemühte mich, ganz ruhig zu bleiben. »Vielleicht könnte mir Ihre Bürovorsteherin freundlicherweise die Akte raussuchen. Ich würde vorbeikommen, und wenn es sich lohnt, darüber zu reden, können Sie vielleicht ein paar Minuten erübrigen.«

»Das klingt gut. Ich stelle Sie zu Frau Neles durch.«

Julius Andrees hielt es nicht für nötig, sich zu verabschieden. Elektronisches Geklimper drang aus dem Hörer, dazu eine Frauenstimme: »*Kanzlei Andrees und Partner. Fachanwälte für Strafverteidigung, Wirtschaftskriminalität, Steuerstrafrecht. Ihr gutes Recht liegt uns am Herzen ... Kanzlei Andrees und Partner. Fachanwälte für ...*«

Ich fragte mich gerade, wie oft ich mir den Werbetext wohl würde anhören müssen, da erklang eine freundliche Frauenstimme.

»Neles, guten Tag Herr Meller. Mein Chef hat mich in Kenntnis gesetzt. Wann wollen Sie vorbeikommen?«

Ich war so perplex, dass ich ins Stottern geriet.

»Tja, also ... äh ... Morgen.«

»Am Vormittag?«

»Gerne. Sollen wir eine Uhrzeit festmachen?«, schlug ich vor.

»Wie Sie möchten. Sie können aber auch kommen, wenn es Ihnen passt. Darf ich Ihnen einen Parkplatz in unserer Tiefgarage reservieren?«

»Oh, das wäre sehr nett.«

»Dann bräuchte ich nur Ihr Kennzeichen, der Stellplatz wäre die Sieben im ersten Untergeschoss, die Einfahrt ist in der Buchkremerstraße, und der Code lautet: 1-8-2-3.«

Ich gab ihr das Kennzeichen meines Alfa Romeos durch, bedankte mich und legte auf.

Nina kam ins Büro, mit einem Stapel Tageszeitungen unterm Arm.

»Morgen schmeißt du dich bitte richtig in Schale. Wir haben einen Termin in Aachen.«

»Wow. In der JVA?«

»Nein. Bei Julius Andrees und Partner.«

Nina legte die Tageszeitungen auf meinen Schreibtisch. Ich sah auf die Schlagzeilen der Boulevardpresse. Eine Meldung fiel mir ins Auge: *»Krankenpfleger auf dem Heimweg überfallen! Tot«*. Ich fing an zu lesen. Ein tragischer Vorfall. Der Diebstahl eines Handys und der Brieftasche hatte einem jungen Mann das Leben gekostet.

22

Am nächsten Morgen holte ich Nina von zu Hause ab. Im Gegensatz zum letzten Mal, als sie sich als Anwältin verkleidet hatte, traf sie diesmal genau meinen Geschmack. Ein dunkles Kostüm, dazu schwarze Nylons und einen passenden Blazer. Um den Hals ein dunkelrotes Tuch und hochhackige Schuhe. Sie stieg ein und schnallte sich an. Nina hatte sich viel Zeit zum Schminken genommen, das sah man.

»Du siehst fantastisch aus.«

»Danke.« Sie musterte mich. Ich trug meinen besten Anzug und eine breitgestreifte Krawatte. »Du auch. Solltest öfter so etwas tragen.«

»Demnächst. Wenn ich erfolgreich bin.«

»Rauchst du wieder?«

Ich sah sie fragend an. »Riecht man das?«

»Ich rieche das.«

»Nur hin und wieder. Versprochen.«

Sie grinste, als ob sie wüsste, dass ich das Versprechen wahrscheinlich nicht einhalten würde.

Als ich wenig später auf die Autobahn fuhr, spürte ich, dass etwas mit dem Wagen nicht stimmte. Der Alfa zog nicht so an, wie er sollte. Ich versuchte, es zu ignorieren, und hoffte, dass wir es wenigstens noch bis nach Aachen schafften, aber dann fing der Wagen an zu ruckeln, und als ich einen Blick in den Rückspiegel warf, sah ich die weiße Qualmwolke. Autofahrer, die uns überholten, machten hektische Handzeichen, dass etwas nicht stimmte. Ich steuerte nach wenigen Kilometern den Rastplatz Frechen an, und wir stiegen aus. Der Wagen stank wie eine Raffinerie im Hochsommer. Selbst mir als Laien war klar, dass es die Zylinderkopfdichtung sein musste. Ich rechnete mir im Kopf aus, was der Spaß kosten würde – Abschleppen, Mietwagen, Reparatur ...

»Soll ich in der Kanzlei anrufen und absagen?« Nina hatte ihr Handy schon parat.

»Nein! Für meinen Geldbeutel wäre es zwar das Beste, aber wie sähe das aus. Gestern habe ich noch Druck gemacht, und jetzt schaffe ich es noch nicht mal von Köln bis nach Aachen.« Ich trat wütend gegen den Kotflügel meines geliebten Alfas. Es ging ums Prinzip. Ich hatte keinen Bock mehr auf so ein Leben, immer auf Kante genäht, immer zurückstecken, wenn ein Hindernis auftauchte. Ich hatte meinen besten schwarzen Anzug an, die gestreifte Krawatte von Boss, braune Schuhe passend zum Ledergürtel, und ich wollte nur nach Aachen. Nicht nach Neuseeland oder an den Nordpol.

Ich nahm mein Handy und wählte eine Nummer. Nach dem zweiten Klingeln hatte ich Aleksandr am Apparat. Aleksandr besaß zum Glück einen Abschleppwagen, und er hatte Zeit, uns abzuholen. Ich fragte ihn, ob er nicht ein Ersatzfahrzeug mitbringen könnte. Die Antwort: Kein Problem!

Nina und ich warteten in der Raststätte. Sie trank einen Tee, ich einen Kaffee, der nach nichts schmeckte. Immerhin – da ich mit Frau Neles keine feste Uhrzeit vereinbart hatte, konnten wir auch nicht zu spät kommen. Ninas Handy piepte zum wiederholten Male, und sie schaltete den Alarm bei *WhatsApp* aus.

»Wer stört denn?«

»Einer von den beiden Jungs.«

»Mit denen du im Ivory warst?«

Sie nickte.

»Der Richtige oder der Falsche?«

»Wie? Ach, so ... Leider der Falsche.« Sie grinste. »Schluss jetzt, okay?«

Es fiel mir schwer, nicht weiterzufragen, aber ich musste den Wunsch respektieren. Mein Handy piepte. Aleksandr war eingetroffen. Als wir auf den Parkplatz zurückkamen, traute ich meinen Augen nicht. Auf der Ladefläche des Abschleppwagens stand ein weißer Bentley mit mattschwarzen Felgen. In dem kurzen Telefonat mit Aleksandr hatte ich beiläufig erwähnt, dass ich auf dem Weg nach Aachen zu einem Kollegen sei.

»Hab mir gedacht, kannst mal ein bisschen Eindruck schinden.« Aleksandr ließ den Bentley von der Ladefläche gleiten. Er hatte cremefarbene Ledersitze. Die Armaturen waren aus Holz, ebenso das Lenkrad.

»Muss ich im Kofferraum nachschauen, ob eine Leiche drin liegt?«

»Nein.« Aleksandr lachte.

Wir tauschten die Autoschlüssel, und während ich mich ans Steuer setzte, machte Aleksandr etwas, das ich nicht von ihm erwartet hätte: Er öffnete Nina galant die Beifahrertür. Sie bedankte sich und stieg zu mir in den Wagen, Aleksandr schloss die Tür nahezu ohne ein Geräusch. Der Anblick des Interieurs rief mir in Erinnerung, warum Aleksandr nicht einen Golf oder ein anderes Auto mitgebracht hatte. Der Auftrag, den ich für ihn erledigen sollte, war keine Selbstverständlichkeit. Das wusste er. Aleksandr erschien neben mir an der Fahrerseite und ich ließ das Fenster herunter.

»Das ist Nussbaum-Wurzelholz«, erklärte er. »Alle Regler und Bedienknöpfe sind gefräst aus massivem Metall. In der Karre wurde kein Gramm Plastik verarbeitet. Ach ja, GT Supersport, bedeutet rund 630 PS.«

»Was, wenn ich eine Beule in das Auto fahre?«

Aleksandr lächelte und klopfte mir auf die Schulter. »Du schaffst das schon. Ist ja nur ein Auto. Angenehme Fahrt.«

Er ging zu seinem Abschleppwagen. Ich strich mit der Hand über das Armaturenbrett, dann startete ich den Motor per Knopfdruck. Er war kaum zu hören. Zaghaft trat ich aufs Gaspedal, und der Wagen schoss davon.

Wir fuhren wieder auf die Autobahn, und sofern es das Gesetz zuließ, erreichte die Tachonadel auch einmal die magische Zahl Dreihundert. Es fühlte sich an, als würden wir abheben, nur dass Nina leider Flugangst bekam. Ich drosselte das Tempo daher wieder auf moderate hundertsechzig.

Als wir kurz darauf Aachen erreichten, ließen wir uns vom Navigationsgerät zu unserem Zielort lotsen. Dort angekommen stellte ich die Luxuskarosse auf dem reservierten Parkplatz ab. Dann nahmen wir die Treppe in den vierten Stock.

Ich trat zuerst durch die Glastür in den Vorraum, und meine Erwartung, was den Stil der Kanzlei betraf, bestätigte sich. Die Wände mit dunklem Holz vertäfelt, alles sehr edel und konservativ. Hinter dem Tresen saßen zwei hübsche Frauen, die eine schwarzhaarig, die andere brünett.

»Nicholas Meller«, stellte ich mich vor.

Die Schwarzhaarige stand sofort auf und zeigte mir ihr strahlend weißes Gebiss. »Neles. Wir haben gestern miteinander telefoniert.«

Sie kam hinter dem Tresen hervor, gab zuerst mir die Hand, dann bemerkte sie, dass aus dem Ärmel von Ninas Blazer keine Hand herausschaute.

»Oh«, sagte sie etwas verlegen.

Nina lächelte sie an, reichte ihr die Linke, die Frau Neles erleichtert schüttelte.

»Ich habe die Strafakte unseres Mandanten aus dem Archiv holen lassen. Sie können sie im Besprechungsraum in Ruhe durchsehen.« Wir folgten Frau Neles in den Raum, in dem sich ein ovaler Holztisch befand. Auf dem Tisch stapelten sich vier dicke Aktenbündel.

»Was darf ich Ihnen bringen? Kaffee, Tee, Wasser?«
»Für mich ein Kölsch.«
Frau Neles sah mich etwas irritiert an.
»War nur ein Scherz. Kaffee bitte. Schwarz.«
Sie lachte. Dann sah sie zu Nina.
»Ich nehme Tee. Mit Milch.«
Die Bürovorsteherin verschwand. Ich stellte mich ans Fenster und genoss den Ausblick auf den Aachener Dom. Nina hatte sich an den Tisch gesetzt und fing bereits an, in einem der Ordner zu blättern. Ich hatte ihr auf der Fahrt hierher erklärt, wonach wir suchten. Hatte die Polizei noch in andere Richtungen als gegen Udo Lauscher ermittelt? Gab es Anhaltspunkte für eine Verschwörung? Womit begründete der Angeklagte seine Aussage, er sei unschuldig? Und zu guter Letzt: das Nylonseil. War es identisch mit dem, das unser Mörder benutzt hatte? Darauf ruhten insgeheim meine größten Hoffnungen. In Baumärkten und im Fachhandel wurde Nylonseil als Meterware verkauft, und wenn das Seil von derselben Rolle stammte, konnten Kriminaltechniker so etwas nachweisen.

Die Tür ging auf, und ich erwartete, dass Kaffee und Tee gebracht würden, aber es war der Kollege Julius Andrees, mit dem ich telefoniert hatte. Er war knapp über fünfzig und passte perfekt ins Ambiente. Er trug einen dunkelblauen Zweireiher vom Maßschneider, mit einem rosa Hemd darunter und einer beigen, breiten Krawatte, doppelter Windsorknoten versteht sich.

»Andrees, guten Tag.«
Wir gaben uns die Hand.
»Nicholas Meller.«
Er ignorierte Nina, die schließlich nur meine Referendarin war.
»Ich hoffe, Sie haben alles, was Sie brauchen.«
»Ja, vielen Dank. Frau Neles bringt uns noch einen Kaffee.«
»Nach was suchen Sie denn?«

»Eine Verbindung zwischen dem Fall Lauscher und unserem Mandanten.«

»Haben Sie schon irgendeinen Anhaltspunkt?« Der Kollege wirkte auf einmal doch interessiert.

»Nicht direkt. Es gab beide Male einen Vorfall von häuslicher Gewalt, und in beiden Fällen beteuern die Beschuldigten ihre Unschuld.«

»Das ist in der Tat nicht viel.« Das Interesse schien schon wieder nachzulassen.

»Ich würde mich gerne mit Ihrem Mandanten unterhalten.«

»Warum?«

»Es gibt mehrere Details, die mich interessieren und über die ich gern mit Ihrem Mandanten persönlich sprechen würde.«

»Sie können von mir aus mit Herrn Lauscher reden, vorausgesetzt, er stimmt zu. Aber wir müssen uns vorher einig sein, was passiert, wenn Sie mit Ihrer Vermutung richtig liegen. Dann würde ich die Sache für unseren Mandanten bearbeiten und Sie für den Ihren.«

»Hat Lauscher zu irgendeiner Zeit die Theorie geäußert, dass ihm jemand den Mord in die Schuhe geschoben haben könnte?«

»Allerdings. Er hatte ein paar Leute in Verdacht, aber es stellte sich alles als haltlos heraus.«

»Sie glauben, er hat seine Frau umgebracht?«

»Ja.«

Frau Neles kam mit Kaffee und Tee herein, stellte das Tablett ab.

»Eine Frage, wenn ich stören darf.« In Gegenwart ihres Chefs war Frau Neles eine andere Person. Sie sah zu ihm und wartete, bis Julius Andrees ihr das Wort erteilte. Dann wandte sie sich zu mir. »Haben Sie auf dem reservierten Parkplatz geparkt?«

»Ja, wieso?«

Sie wirkte erleichtert. »Dann gehört der Bentley also zu Ihnen. Sie haben mir gestern ein anderes Kennzeichen durchgegeben. Dann ist ja alles in Ordnung.«

Bei der Erwähnung der Automarke sendete Julius Andrees ein verräterisches Signal aus, die Augen zuckten kurz. Nina bemerkte das auch und konnte sich ein Grinsen nicht verkneifen.

Frau Neles verließ uns wieder.

»Welches Modell fahren Sie?«, wollte Andrees sofort wissen.

»Continental.«

»GT?«

»Supersport«, setzte ich mit einem Kopfnicken nach. Andrees wusste offensichtlich Bescheid. Jetzt hatte ich seine uneingeschränkte Aufmerksamkeit und er war die Freundlichkeit in Person. »Also. Quid pro quo. Ich gebe Ihnen meine Informationen über den Mandanten, und sollte sich ein Zusammenhang zwischen den Fällen herausstellen, werden wir in Kooperation jeder für seinen Mandanten arbeiten.«

Mir war klar, wie dieser Vorschlag in der Praxis aussah. Julius Andrees würde sich zurücklehnen und abwarten, während Nina und ich die Arbeit machten. Vom Erfolg könnte er unmittelbar partizipieren. Die Alternative wäre, dass ich versuchte, ihm den Mandanten abspenstig zu machen, dafür bräuchte ich zuallererst eine Besuchserlaubnis in der JVA. Alles würde sich ewig hinziehen, und Geduld war nun mal nicht meine Stärke.

»Okay. Einverstanden.«

»Sie haben bestimmt nichts dagegen, wenn ich unsere kleine Vereinbarung schriftlich aufsetzen lasse. Danach können Sie Herrn Lauscher besuchen.«

»Machen Sie das.«

Andrees ging. Nina wartete, bis er durch die Tür war.

»So ein arroganter Arsch«, murmelte sie. Dann wandte sie sich zu mir um. »Und was bedeutet diese Vereinbarung jetzt?«

»Dass wir quasi für den Arsch arbeiten. Pro bono. Für lau. Und wenn wir was finden sollten, steht er auf der Matte und ist der große Star, der einen bereits verurteilten Mandanten heraushaut.«

Ich ließ mich auf einem der noblen Stühle nieder.

»Was ist los?« Nina sah mich an. »Du bist doch nicht etwa neidisch auf das hier – auf so einen Idioten?«

»Ich? Neidisch? Auf den?« Ich schnaubte nur verächtlich. Aber wenn ich ehrlich zu mir selbst war, war es genau das.

Nina wandte sich wieder den Aktenordnern zu, und ich starrte aus dem Fenster. An dieser Aussicht auf den Aachener Dom gab es absolut nichts auszusetzen, nichts gegen eine Tiefgarage mit reservierten Parkplätzen, den Besprechungsraum, den Tisch, die Stühle, zwei hübsche Damen am Empfang. Allein der Stuhl, auf dem ich saß, dürfte um die tausend Euro gekostet haben, und es standen fünf davon im Raum. Und zugegeben: Es machte Spaß, mit dem Bentley über die Autobahn zu brettern, und es hatte mich für einen Moment vergessen lassen, wie mein Leben in Wirklichkeit aussah. Ich musste mich von Woche zu Woche hangeln, an jedem Ersten im Monat war Zahltag. Miete, Strom, Daueraufträge, Anwaltskammer. Alle wollten Geld, und es kam fast nichts rein. Hatten die Verbrecher Urlaub, oder streikte die Polizei, oder warum kam keiner mehr zu mir? Stattdessen zogen mich Mandanten wie Aleksandr Sokolow in Dinge rein, mit denen ich ums Verrecken nichts zu tun haben wollte. Aber mir blieb keine Wahl. Es gab keine Alternative. Ich hatte das Gefühl, als würde mein Leben immer so weitergehen.

In diesem Moment vibrierte mein Handy. Ich konnte nicht sagen, warum, aber ich spürte, dass es nichts Gutes bedeuten konnte. Ich kramte das Handy aus der Innentasche meines Jacketts und sah aufs Display. Es war Franka Naumann.

»Nicholas Meller.«

»Franka, hallo.« Ihre Stimme verriet, dass etwas vorgefallen war. »Was gibt's?«

»Ich habe schlechte Nachrichten für dich.«

»Ist etwas mit meinem Mandanten?«

»Er ist heute Morgen auf dem Weg zum Freigang die Treppe runtergestürzt. Liegt auf der Intensivstation. Koma.«

Es fühlte sich an wie ein Schlag in die Magengrube. Ich war benommen, musste die Information erst verarbeiten.

»Bist du noch dran?«

»Ja.« Ich warf Nina einen Blick zu, die mich besorgt ansah. »War es ein Selbstmordversuch?«

»Er ist gestürzt, ohne Fremdeinwirkung. Ob er sich hat fallen lassen oder gestolpert ist, wissen wir nicht.«

»Und was wird jetzt?«

»Wenn er überlebt, dann ... Ich glaube nicht, dass er wieder prozessfähig sein wird.«

»Verdammt! Ist denn niemand von diesen superschlauen Psychologen mal auf die Idee gekommen, dass der Mann suizidgefährdet sein könnte?«

»Es ist nicht gesagt, dass es ein Suizidversuch war.« Sie versuchte, mich zu beruhigen. »Nicholas, nimm's dir nicht so zu Herzen.«

»Und was, wenn er unschuldig ist?«

Es gab für mich im Moment nur eine Erklärung. Wenn Rölscheid seine Frau nicht getötet hatte, dann hatte er sich womöglich die Treppe runtergestürzt, weil er spürte, dass ihm niemand glaubte. Ihm fehlte der Lichtstrahl in der Dunkelheit, wie ich ihn damals in meinem Verlies hatte. Ich wusste, wie es sich anfühlte, wenn dieses Licht plötzlich verschwand und man nur noch von Finsternis umgeben war.

Franka sagte nichts zu meiner Unschuldsvermutung. »Lass uns später noch mal reden.«

»In welchem Krankenhaus liegt er?«

»St. Josef. In Buchforst.«

»Erteilen mir die Ärzte dort Auskunft?«

»Ich kläre das. Da er sich in staatlicher Obhut befindet, sehe ich da kein großes Problem. Der medizinische Befund wandert ja irgendwann in die Akte, in die du eh Einsicht hast.«

»Danke für den Anruf.« Ich legte auf und berichtete Nina die schlechten Neuigkeiten.

»Was bedeutet das für unseren Fall?«

»Es wird wahrscheinlich nie zu einem Prozess kommen. Die Sache ist vorbei.«

Nina lehnte sich in ihrem Stuhl zurück. Wir schwiegen, sahen durch die großen, getönten Scheiben auf die Stadt. Wolken von weiß bis dunkelgrau zogen am Himmel vorbei. Der Aachener Dom lag in der Sonne und seine Kuppel leuchtete.

»Wir machen weiter.« Das Leuchten der Kuppel ließ nach, eine Wolke schob sich vor die Sonne. Ich ging zurück an den Tisch. Nina sah mich erwartungsvoll an. »Der werte Kollege Andrees kommt gleich rein und hält mir einen Vertrag hin, und den werde ich unterschreiben. Wir haben also einen neuen Mandanten. Udo Lauscher.«

Wir warteten, die meiste Zeit schweigend, sahen aus dem Fenster, bis die Tür aufging und Frau Neles hereinschaute. Ich drehte mich ruckartig zu ihr herum. Sie interpretierte meinen Gesichtsausdruck falsch.

»Oh, tut mir leid, wenn ich störe.«

»Aber nein. Kommen Sie rein.« Ich lächelte und stand auf. Nina tat so, als würde sie weiter in einer Akte blättern.

Frau Neles legte mir zwei Blätter vor.

»Ich habe auf Wunsch von Dr. Andrees einen Kooperationsvertrag aufgesetzt.«

»Das ging aber schnell.« Ich wusste, warum. Andrees hatte wohl Sorge, ich könnte auf Anhieb etwas in den Akten finden und es mir mit der Kooperation noch mal anders überlegen.

»Ja, wir sind hier immer sehr schnell.« Frau Neles lächelte. »Ich organisiere einen Besuchstermin in der JVA für Sie. Unser Mandant muss selbstverständlich der Kooperation zustimmen, aber das wird er, da bin ich mir sicher.«

Ich nahm einen Kugelschreiber aus der Innentasche meines Jacketts.

»Wollen Sie ihn nicht erst mal durchlesen?«

»Nein. Ich bin noch schneller als Sie.« Und mit einem Lächeln fügte ich noch hinzu. »Und ich vertraue Ihnen.«

23

Ich trat aufs Gaspedal. Der Bentley setzte seine sechshundert PS in Gang und schnurrte nur so dahin. Ich verlor jedes Gefühl für Geschwindigkeit. Die Bäume jenseits der Autobahn rauschten nur so an uns vorbei. Die Leitplanke wies mir den Kurs. In einer lang gezogenen Rechtskurve drifteten wir mit der Fliehkraft weiter nach außen, und ich spürte, wie sich Nina auf dem Beifahrersitz verkrampfte.

»Bitte, fahr etwas langsamer!«

Ich nahm den Fuß leicht vom Gas. Die Tachonadel bewegte sich gegen den Uhrzeigersinn. Ein schwarzer 7er-BMW rauschte im Rückspiegel heran, wurde immer größer, fuhr zu dicht auf und erwartete, dass ich ihm die linke Spur überließ. Die Kurve lag hinter uns, der Asphalt vor mir zerteilte in gerader Linie die Landschaft. Ich trat das Gaspedal bis zum Anschlag durch und sah mit Befriedigung im Rückspiegel, wie der BMW kleiner und kleiner wurde.

Wir fuhren an einem Schild vorbei, das auf Tempo Hundertdreißig hinwies. Ich bremste ab und reihte mich in die Kolonne auf der rechten Spur ein. Der schwarze BMW zischte an uns vorbei.

Wir hatten eine Anhöhe erreicht, fuhren bergab. Köln lag wie ein Miniaturmodell im Sonnenlicht vor uns. Eine Dunstglocke schwebte über der Stadt.

Als wir an einem Schild vorbeikamen, das die Raststätte Frechen ankündigte, brach Nina das Schweigen, das zuletzt geherrscht hatte. »Glaubst du wirklich, dass der Fall Lauscher was mit unserem Fall zu tun hat?«

»Die Frage muss lauten, ob wir es uns leisten könnten, nicht daran zu glauben? Wenn Wolfgang Rölscheid es nicht war – irgendwer muss den Mord begangen haben. Und wer zweimal auf diese Weise gemordet hat, der tut es wohl auch ein drittes und viertes Mal.«

»Dieser Typ ... geben wir ihm einen Namen«, schlug Nina vor.

»Einen Namen?«

»Nur für uns. Damit wir über ihn reden können.«

»Das Phantom?«

Nina schüttelte den Kopf. »Klingt wie Phantom der Oper.«

»Denk dir einen Namen aus, der dir gefällt, ich brauche so etwas nicht.« Ich setzte den Blinker und bog auf die Raststätte ab.

»Musst du auf Toilette?«

»Nein.« Ich fuhr an den überdachten Zapfsäulen vorbei und stellte den Bentley in einer der Parktaschen ab.

»Ich muss telefonieren. Dauert nur ein paar Minuten.« Ich stieg aus, ging ein paar Schritte vom Auto weg, bis ich sicher sein konnte, dass Nina mich nicht hörte. Denn ich würde lauter sprechen müssen, um meinem Auftritt die nötige Überzeugung zu verleihen. Die Nummer von Rongen war in meinem Handy gespeichert, drei Freizeichen später ging er dran.

»Rongen.«

»Nicholas Meller. Schon gehört, was mit meinem Mandanten passiert ist?«

»Ja, es tut mir leid.«

»Mir auch. Sehr sogar.« Ich musste mir keine Mühe geben, verärgert zu klingen. Schließlich war ich es wirklich. »Und wissen Sie was? Ich glaube mittlerweile fest daran, dass Rölscheid unschuldig ist. Ja, unschuldig. Das heißt, da draußen rennt ein Irrer rum, der die Frau so zugerichtet hat, aber Sie sind von der einfachsten aller Hypothesen ausgegangen, dem gewalttätigen Ehemann.«

»Ich verstehe Ihre Wut. Wir können gerne noch mal über alles reden, aber besser erst, wenn Sie ein wenig Abstand gewonnen haben.«

»Abstand. Ja, gute Idee. Abstand ist immer gut. Soll ich Ihnen sagen, was ich denke? Ihnen war dieser Ivana-Fall wichtiger, deshalb wollten Sie meinen Mandanten ...«

»Welcher Fall?«, fiel er mir ins Wort.

»Sie wissen schon ...« Ich wurde kleinlaut, tat, als sei mir ein Fehler unterlaufen.

»Woher kennen Sie den Namen Ivana?«

»Weil Sie ihn mir vielleicht gesagt haben?«

»Nein. Gewiss nicht. Als Sie bei uns waren, wussten wir den Namen des Opfers noch gar nicht.«

»Sie haben Ivana beiläufig erwähnt, als wir zur Befragung des Försters in Ihrem Büro waren. Aber das tut jetzt auch nichts zur Sache. Ihre Ermittlungen im Fall Rölscheid waren schlampig, weil Sie sich von Anfang an nur auf den Ehemann als Täter festgelegt haben. Wenn man einem Beweisstück vorschnell eine Hypothese zuordnet, läuft man Gefahr, die Realität zu verzerren, damit sie zur Hypothese passt.«

»Sie müssen mir keine Nachhilfe in Polizeiarbeit geben. Wenn Sie neue Erkenntnisse im Fall Rölscheid haben, teilen Sie sie mir einfach mit.«

»Das werde ich beizeiten tun. Schönen Tag noch.«

Ich beendete das Telefonat abrupt und atmete tief durch. Meine Schuld gegenüber Aleksandr war damit beglichen. Rongen würde meinen Versprecher am Telefon nicht ignorieren, dessen war ich mir sicher. Ich mochte aber nicht daran denken, worauf ich mich da eingelassen hatte und welche Konsequenzen das für mich haben könnte.

Ich kehrte zum Wagen zurück, stieg ein.

»Mit wem hast du telefoniert?«

»Du musst nicht alles wissen«, brummte ich und ließ den Motor an.

24

Auch in dieser Nacht hatte sie wieder furchtbare Dinge geträumt, und als sie aufwachte, erschien die Realität noch viel schlimmer. Mike war aus ihrem Leben verschwunden, es blieben nur noch die Erinnerungen an ihn. Und Schuldgefühle. Christine hatte ihn mit ihren Worten vor den Kopf gestoßen. Immerhin hatte er es mit Fassung ertragen, die Blumen waren eine anständige Geste gewesen. Weil er ein anständiger Kerl war. Sie starrte auf ihr Handy, auf die letzten Nachrichten, die er ihr über WhatsApp gesendet hat. Er wünschte viel Spaß im Palladium, wo er eigentlich auch hätte hingehen wollen, aber aus Freundschaft zu Christine hatte er verzichtet. Sie brach erneut in Tränen aus. Es schmerzte so sehr, jeder Gedanke an ihn. Sonntagabend hatte die Stationsleiterin sich bei allen gemeldet, nachdem sie von Mikes Vater über das Unglück informiert worden war. Die Patienten merkten sofort, dass etwas nicht stimmte, und zeigten ehrliche Anteilnahme. Mike war bei allen beliebt gewesen. Christine hatte am Sonntagabend mit dem Gedanken gespielt, wieder aus Köln wegzugehen. Irgendwohin, wo nichts mehr an ihn erinnerte. Doch jetzt, zwei Tage später, sah die Welt schon wieder anders aus, und ein erneuter Ortswechsel ergab keinen Sinn. Was aber blieb, waren die Schuldgefühle. Wenn Mike mit ihnen im Palladium gewesen wäre, wäre er vielleicht nicht seinem Mörder begegnet, vielleicht würde er noch leben.

Christine stürzte sich in die Arbeit, versuchte, nicht die ganze Zeit an ihn zu denken. Jetzt stand sie am Fenster der Teeküche und schaute in den Park, als die Tür hinter ihr aufging. Es war nicht

Mike. Christine fing wieder an zu weinen. Die Stationsleiterin nahm sie in den Arm. Auch ihr liefen die Tränen über die Wangen. Sogar der Oberarzt ging langsamer als sonst über den Korridor, sein Kittel wehte nicht wie sonst hinter ihm her.

Als Christine an diesem Nachmittag in ihrer Wohnung auf dem Sofa saß, fiel ihr Blick auf die Visitenkarte des Polizisten, die seit Tagen auf dem kleinen Beistelltisch lag. Sie wusste selbst nicht recht, warum, aber kurz entschlossen griff sie zum Telefon und wählte die Nummer. Die Verbindung kam zustande.

»Höfner.«

»Christine Thalberg.«

Er war sofort im Bilde. »Hat jemand versucht, auf Ihren Rechner zuzugreifen?«

»Nein, das nicht.« Ihrer Stimme war anzuhören, wie sie sich fühlte. »Etwas anderes ist passiert.«

»Was denn?« Er klang besorgt.

»Sie haben es bestimmt in der Zeitung gelesen.« Christine schluckte. »Der junge Mann, der in der Nacht zu Sonntag in Bickendorf getötet wurde. Er war ein Freund von mir.«

»O je. Wie schrecklich.« Einen Moment herrschte Stille in der Leitung. »Kann ich irgendwas für Sie tun?«

»Ja. Ich würde mich gerne mit Ihnen über diese Sache unterhalten.«

»Worüber genau?«

»Über den Mord. Ich würde gerne Ihre Meinung als Polizist hören.«

»Sind Sie zu Hause?«

»Ja. Aber ich kann auch irgendwohin kommen, wenn das besser ist für Sie.«

»Nein, nein. Geben Sie mir, sagen wir, anderthalb Stunden.«

»Das ist wirklich nett.«

»Kein Problem. Bis später.«

Der Anruf erwischte ihn unvorbereitet. Er war noch im Büro, griff zum Telefon und teilte seinem Kollegen Volker Zentek mit, dass er dringend weg müsste. Ein Arzttermin, den er verschwitzt hatte. Es war kein Problem, der Tag heute war sehr ruhig verlaufen.

Er machte sich sofort auf den Heimweg. Zu Hause angekommen, ging er hinunter in den Keller. Hinter der ersten Brandschutztür befand sich der Raum mit dem Schminktisch. Er hatte im Laufe der Zeit ein ganzes Arsenal an Perücken, falschen Bärten, Wimpern, verschiedene Brillen und sogar falsche Zähne angesammelt. Den Dreitagebart hatte er sich nicht abrasiert, sondern nur gestutzt, weil er eh vorgehabt hatte, Christine noch einmal in ihrer Wohnung aufzusuchen. Die Verwandlung in Oberkommissar Stephan Höfner dauerte etwa zwanzig Minuten. Früher hätte er nicht gedacht, dass eine Verkleidung so perfekt sein könnte, um einen anderen Menschen aus ihm zu machen. Aber dann hatte er im Fernsehen einen Film über einen französischen Gangster gesehen, eine wahre Geschichte. Der Mann hieß Jacques Mesrine und war in den siebziger Jahren Staatsfeind Nummer eins in Frankreich. Kein Terrorist, sondern ein gewöhnlicher Bankräuber. Und ein Genie in Sachen Tarnung. Es gab zahlreiche Fotos, auf denen Mesrine jedes Mal völlig anders aussah. Seine Verkleidungen waren so perfekt, dass er — nach seinem letzten Gefängnisausbruch, als in ganz Frankreich nach ihm gefahndet wurde – in eine Polizeistation gehen und sich dort als Kommissar ausgeben konnte. Niemand hatte ihn erkannt.

Das Wichtigste war, übermäßiges Schwitzen zu verhindern, weil dies bei ihm zu Juckreiz führte. Kopfjucken könnte den Auftritt als Oberkommissar Höfner zur Tortur werden lassen. Er steckte sich mehrere Haarklammern in sein echtes Haar, dann zog er langsam die Perücke wie eine Mütze über den Kopf. Anschließend legte er den Bierbauch an und versteckte ihn ordentlich unter dem T-Shirt. Dann setzt er die Brille auf. Er war zufrieden mit seinem Äußeren. Bevor er losfuhr, ging er in den Computerraum. Auf dem Monitor sah er sich in Christines Wohnung um, ob jemand dort war und auf ihn wartete. Es könnte eine Falle sein, wenn es auch nicht sehr wahrscheinlich schien. Der Laptop war aufgeklappt, er konnte Christine sehen, die nervös hin und her ging, aus dem Blickwinkel verschwand und wieder auftauchte. Er griff zum Hörer und wählte ihre Nummer. Nach dem zweiten Klingeln war sie dran.

»Ich wollte nur Bescheid geben, dass ich jetzt losfahre. In etwa zehn Minuten bin ich bei Ihnen.«

»Danke«, antwortete sie.

Er legte auf und beobachtete, was sie tat. Redete sie mit jemandem, rief sie jemanden an? Nichts dergleichen. Sie drehte der Kamera den Rücken zu, ging zum Fenster und sah hinaus. Er genoss ihren Anblick. Vor dem Fenster war sie nur als Silhouette zu erkennen, aber in seinen Erinnerungen hatte er das Bild vor Augen, wie die Jeans perfekt ihren Hintern abbildete. Viele Frauen sahen von hinten hübscher aus als von vorne, fand er. Der Gürtel war unterhalb der Taille. Er mochte es nicht, wenn die Hose zu sehr hochgezogen war. Die Neugier in ihm wuchs: Was genau würde sie von ihm wollen?

Wenig später klingelte er an ihrer Wohnungstür. Christine öffnete so rasch, als habe sie direkt hinter der Tür gestanden. Stephan Höfner betrat die Wohnung, diesmal zeigte er seinen Dienstausweis nicht.

»Ich bin Ihnen so dankbar, dass Sie gekommen sind«, sagte Christine und ließ ihn herein.

»Es tut mir alles sehr leid für Sie, was passiert ist.«

Christine schloss die Tür, ging vor ins Wohnzimmer. Der Laptop stand immer noch aufgeklappt auf dem Tisch. Sie deutete zu ihrem Sofa. »Bitte, setzen Sie sich. Möchten Sie was trinken.«

»Nein, danke.« Er blieb stehen, lächelte sie an. »Wie kann ich Ihnen helfen?«

»Ich hätte da eine Frage, was den Mord an Mike betrifft.« Sie setzte sich aufs Sofa.

»Ich darf über so etwas nicht reden. Das unterliegt dem Dienstgeheimnis. Es sei denn, es handelt sich um Fragen eher allgemeiner Art.«

Christine zeigte zu der Vase auf dem Tisch. Die Tulpen fingen an zu welken. »Die waren von ihm. Mike und ich haben zusammen im Krankenhaus gearbeitet, wir hatten uns angefreundet. Er hat mir geholfen, das Sofa hier raufzutragen.«

»Waren Sie mit ihm zusammen?«

»Nein. Er hätte sich das gewünscht, aber ich bin im Moment nicht bereit für eine feste Beziehung.«

Er räusperte sich. »Ich verstehe immer noch nicht ganz, weshalb ich hier bin.«

Christine nahm allen Mut zusammen, um auszusprechen, was ihr auf dem Herzen lag. »Könnte sein Tod mit meiner Anzeige gegen meinen Exfreund zu tun haben?«

Er blieb äußerlich ganz ruhig, aber die Frage jagte ihm eine Hitzewelle durch den Körper. Er hätte niemals damit gerechnet, dass sie diese Verbindung herstellt.

»Wie kommen Sie denn darauf?«

»Mein Exfreund ist krankhaft eifersüchtig. Er könnte mich mit Mike gesehen haben, vielleicht hat er mich sogar beobachtet. An dem Tag, als wir das Sofa hier raufgetragen haben, kurz bevor Sie kamen und die Software auf meinem Laptop gefunden haben.«

Er fiel ihr ins Wort. »Nein, das ist unmöglich. An dem Tag, als ich kam, hatte es keinen Zugriff auf Ihren Laptop gegeben. Ihr Ex kann Sie also nicht beobachtet haben.«

Christine atmete auf.

Er musste jetzt auch ganz ruhig bleiben. Nur keinen Verdacht erregen. »Haben Sie schon mit jemand anderem als mit mir über diese Möglichkeit gesprochen?«

Wenn sie jetzt Ja sagte, müsste er sein Vorhaben abbrechen. Sofort.

»Nein.«

»Haben Sie Schuldgefühle?« Er sah ihr in die Augen. Er musste Christine eine Erklärung liefern, weshalb das, was sie angenommen hatte, nicht stimmen konnte. Sie durfte diesen Gedanken nicht weiterspinnen.

Christine nickte. »Wir hätten eigentlich am Samstag zusammen weggehen sollen, aber ich wollte nicht, dass er mitkommt. Wenn er dabei gewesen wäre …«

Er fiel ihr ins Wort. »Ihr Freund ist auf dem Heimweg getötet worden. Von Leuten, die sein Geld und sein Handy geraubt haben. So etwas passiert. Leider. Daran hat niemand Schuld. Sie nicht, nicht irgendwer anders, nur der oder die Täter.«

»Ist das sicher, dass es ein Raubüberfall war?«

»Ja.« Er setzte sich neben sie aufs Sofa. »Was ich Ihnen jetzt sage, ist geheim. Okay?«

»Versprochen. Sie können mir vertrauen.«

»Ich habe im Computer nachgesehen. Es wurden eindeutige Spuren am Tatort gefunden. DNA. Es gibt einen Verdächtigen. Aber die Ermittler wollen erst mehr über ihn herauskriegen.«

Christine lief eine Träne aus dem rechten Auge. Wohl eine Freudenträne, vermutete er.

»Danke, dass Sie mir das gesagt haben. Mir fällt ein Stein vom Herzen.«

»Die DNA-Spur stammt von einem Joint, der am Tatort lag. Es sieht nach Beschaffungskriminalität aus. Ihr Freund ist auf dem Nachhauseweg anscheinend den falschen Leuten begegnet. Das hätte auch passieren können, wenn er mit Ihnen unterwegs gewesen wäre.«

Christine stand auf. »Ich bin Ihnen so dankbar. Das ist wirklich supernett von Ihnen.«

»Gern geschehen. Aber mehr darf ich Ihnen wirklich nicht sagen.« Er stand auch auf. Unter der Perücke fing es an zu jucken, als würden Ameisen über seine Kopfhaut wandern. »Ich werde trotzdem noch eine Sache überprüfen.«

»Was denn?«

»Ob Ihr Exfreund ein Alibi für Samstagnacht hat.«

»Das würden Sie tun?«

»Ich rufe bei dem Kollegen in Nordhorn an. Wenn er ein Alibi hat, haben wir absolute Gewissheit.«

Christine umarmte ihn zum Abschied. Er berührte sanft ihren Körper mit seiner rechten Hand, spürte den Verschluss ihres BHs unter ihrem Shirt. Er nahm die Hand sofort wieder weg.

Auf dem Weg zum Auto ließ sein Puls nach, er beruhigte sich wieder. Zum Glück war die Situation noch immer unter Kontrolle. Wenn Christine diesen Verdacht gegenüber einem echten Polizisten geäußert hätte, wäre man der Spur sicher nachgegangen. Er wusste, dass Christines Exfreund kein Alibi zum Tatzeitpunkt hatte, noch nicht mal sein Handy war zu dem Zeitpunkt eingeschaltet gewesen, sonst wäre Mike noch am Leben. Der tragische Tod des Jungen würde irgendwann zu einem Puzzleteil in einem viel größeren Mordfall werden. Aber bis dahin durfte niemand dieser Spur folgen, andernfalls wäre die Existenz von Oberkommissar Stephan Höfner gefährdet. Er hielt Christine an einer unsichtbaren Leine. Sie gehorchte ihm – bis in den Tod.

25

Wir betraten den modernen, lichtdurchfluteten Haupteingang der Klinik und ließen uns an der Pförtnerloge sagen, wie wir zur Operativen Intensivstation gelangten. Zum Glück befand sie sich im ersten Stock. Nina ging instinktiv zu den Fahrstühlen. Doch ich schlug den Weg zum Treppenhaus ein, Nina folgte mir in einigem Abstand. Oben angekommen, warteten wir vor der Tür zur Intensivstation. Ich klingelte, um uns anzumelden. Nach kurzer Zeit ertönte im Lautsprecher eine Männerstimme. »Ja?«

»Nicholas Meller. Ich bin der Anwalt von dem Patienten aus der JVA. Wolfgang Rölscheid.«

Die Tür ging auf, und ein Pfleger in blauer Kleidung und Birkenstocklatschen stand vor uns. Er war einen Kopf kleiner als ich, hatte einen dunklen Vollbart und die Arme verziert mit Tätowierungen. Er schaute geradewegs an mir vorbei zu Nina, musterte ihren Arm. »Kein Unfall? Geburtsfehler.«

»Ja, genau.« Auf den Arm angesprochen zu werden störte Nina nicht. Komische Blicke oder verklemmtes Wegsehen nervte sie.

Jetzt schaute er zu mir. »Sie sind also Anwalt. Können Sie sich ausweisen?«

Das tat ich. Er sah sich das Foto auf meinem Anwaltsausweis genau an, las meinen Namen, dann gab er ihn zurück. »Wir müssen leider vorsichtig sein. Es gibt Journalisten, die kennen keine Skrupel, um hier reinzukommen.« Und an Nina gewandt: »Sind Sie auch Anwältin?«

»Nein, noch nicht. Referendarin.«

Er nickte. »Dann folgen Sie mir bitte.«

Der Pfleger war mir persönlich etwas zu lässig, aber Nina schien ihn sympathisch zu finden. Wir gingen durch einen kurzen schmalen Gang, dann waren wir auf dem Korridor der Intensivstation. Mich überraschte, wie still es hier war. Die Schiebetüren zu den Zimmern standen alle offen, im Abstand von fünf Türen befand sich je eine Kommandozentrale – etliche Monitore, auf denen Patientendaten, Sinuskurven, Vitalfunktionen abgebildet waren. Der Pfleger führte uns ins Stationszimmer, das klein und eng war, offensichtlich nicht für gesellige Veranstaltungen gedacht. Es gab nur einen Stuhl, deshalb blieben wir stehen.

»Herr Rölscheid ist gerade im OP.« Er sah auf die Uhr an der Wand. »Kann nicht mehr lange dauern.«

»Was genau ist passiert?«

»Er wurde mit schweren Kopfverletzungen per Hubschrauber eingeliefert, vor etwa fünf Stunden. Ohne Bewusstsein. Ramsay sechs.«

»Bedeutet?«

»Die Ramsay-Skala Stufe sechs ist die tiefste Stufe der Sedierung. Der Patient reagiert auf nichts mehr. Aus diesem Grund konnten wir auch die Justizbeamten wegschicken. Es ist unmöglich, dass der Patient einfach so wieder aufwacht.«

»Und wann werden Sie versuchen, ihn wieder aufzuwecken?«, wollte Nina wissen.

»Die Akutphase bei solchen Verletzungen dauert fünf bis sieben Tage, danach folgen noch mal fünf bis sechs Wochen, in denen das Blut im Hirn resorbiert werden muss. In dieser Zeit bleibt der Patient im künstlichen Koma. Dann erst kann man versuchen, ihn wieder aufzuwecken, und feststellen, ob noch Chancen auf Heilung bestehen. Wenn keine Besserung in Sicht ist, spricht man nach sechs Monaten vom apallischen Syndrom, das bedeutet dauerhafte, schwere Hirnschädigung.«

»Und Sie operieren, seitdem er hier ist?«, fragte ich.

»Nein. Wir haben ihm eine Hirndrucksonde angelegt, und die hat angezeigt, dass der Druck in seinem Kopf weiter steigt. Darum führen die Ärzte jetzt eine Dekalottierung durch. Die Chirurgen nehmen also ein Stück seiner Schädelplatte heraus.«

Auf dem Korridor tat sich etwas. Das typische Geräusch, wenn elektrische Türen aufschwangen. Wir verließen das Stationszimmer und sahen, wie zwei Pfleger mit Hauben und Mundschutz ein Krankenbett über den Flur schoben. Drumherum alles, was die moderne Medizin an Technik so zu bieten hatte. Sie kamen auf uns zu.

»Bitte, machen Sie Platz«, sagte der Pfleger. Wir traten zur Seite, und Rölscheid wurde an uns vorbeigeschoben. Sein lebloser Körper, verkabelt mit Drähten und Schläuchen, lag friedlich da, als würde er schlafen, sein Kopf war rasiert, und an der Stelle, wo sie ihm ein Stück Schädel herausgenommen hatten, war ein großes Pflaster, die Kopfhaut darunter vernäht. Das Bett wurde in Zimmer elf geschoben.

Der Pfleger verabschiedete sich von uns. »Ich mache jetzt den Patienten fertig. Gehen Sie in das Wartezimmer, neben den Fahrstühlen. Ich sage dem Stationsarzt, dass Sie da sind.«

Er schloss die Schiebetür zum Zimmer. Nina und ich folgten seiner Anweisung, verließen die Intensivstation wieder und gingen in den Warteraum für Angehörige. Weiße Tapete, Linoleumboden, sechs Stühle. Ein paar Zeitschriften auf einem niedrigen Beistelltisch, sonst nichts. Von draußen drang der Lärm eines Hubschraubers herein. Zuerst leise, aber lauter werdend. Ein martialischer Sound. Ich sah aus dem Fenster zu dem Landeplatz auf der Wiese, von dem Helikopter war noch nichts zu sehen. Dann kam er seitlich herangeflogen und landete über uns auf dem Dach. Nina interessierte das nicht. Sie hatte sich hingesetzt und war in Gedanken vertieft.

»Dich nimmt das sehr mit.«

Sie nickte stumm. Es war nie leicht, einen Menschen, den man kannte, auf der Schwelle zwischen Leben und Tod zu erleben, aber allmählich bekam ich das Gefühl, es war nicht nur die Krankenhausatmosphäre und der Anblick des Patienten, was Nina zu schaffen machte. Schon auf der Fahrt hierher war sie auffallend wortkarg gewesen.

»Sagst du mir, was los ist?«

Draußen schwoll der Lärm wieder an.

»Vielleicht hätten wir das alles verhindern können.« Ihre Worte gingen in dem Wummern der Rotorblätter unter. Der Hubschrauber flog davon, es wurde wieder still.

»Wie meinst du das? Wie hätten wir das verhindern können?«

Sie sah zu mir. »Hast du ihm ein wenig Hoffnung gemacht? Als du das letzte Mal bei ihm warst?«

Ihre Stimme hatte etwas Anklagendes.

»Du meinst also, ich hätte es verhindern können – nicht wir.«

»Nein! So war das nicht gemeint.«

»Wie dann?«

»Vergiss es einfach.«

»Nein, tue ich nicht. Ich möchte das geklärt wissen. Lass uns darüber reden und dann abhaken. Was willst du mir sagen?« Ich spürte, wie ich wütend wurde.

Nina stand auf, um mit mir auf Augenhöhe zu sein. Ich sah, dass sie kurz davor war zu weinen. »Ich glaube, er hat aufgegeben. Und wir – du und ich – wir haben zwar keine Schuld daran, aber ... es macht mich trotzdem total fertig. Verstehst du das?«

Ich atmete tief ein und wieder aus. Nina hatte mich an meinem wunden Punkt getroffen. Die Schuldgefühle waren da, egal, wie sehr ich versuchte, sie mir auszureden. »Mich auch, glaub mir.«

Ich machte einen Schritt auf Nina zu und nahm sie fest in den Arm. Spürte ihren Herzschlag. Roch ihr Parfüm.

Da ging die Tür auf, wir lösten uns voneinander. Ein Arzt im weißen Kittel trat ein, er hatte eine Krankenakte dabei, in die er hineinsah. »Herr Meller. Können Sie sich ausweisen?«
Ich zeigte ihm meinen Ausweis und erklärte, dass Nina meine Referendarin sei. Wir setzten uns. Dann wiederholte der Arzt in groben Zügen das, was wir bereits von dem Pfleger erfahren hatten.
»Haben Sie noch irgendwelche Fragen?«, schloss er seinen kleinen Vortrag und sah zu mir.
»Ich weiß, dass Sie zum jetzigen Zeitpunkt noch nicht viel sagen können, aber – wie ist Ihre persönliche Einschätzung: Wird der Patient jemals wieder so gesund, dass er ...«
»Eine Haftstrafe antreten kann?«, brachte er meinen Satz zu Ende. Er schüttelte den Kopf. »Das halte ich für ...«, er wollte sich nicht festlegen, suchte nach einer passenden Formulierung. »Sie als Jurist würden sagen, mit an Sicherheit grenzender Wahrscheinlichkeit nein.«
Mehr wollte ich gar nicht hören. Ich erhob mich von meinem Stuhl.
»Kriegt der Patient denn noch irgendwas mit?«, fragte Nina.
»Das kann niemand sagen. Vielleicht. Aber das entzieht sich meiner medizinischen Kenntnis.«
»Können wir ihn noch einmal sehen?«
Ich sah Nina verwundert an, protestierte nicht, obwohl mir keineswegs danach war, noch mal dorthin zu gehen.
»Natürlich«, sagte der Arzt.
Er stand auf, ging zur Tür, Nina und ich folgten ihm. Kurz darauf standen wir am Fußende des Krankenbetts in Zimmer elf. Da spürte ich Ninas Hand auf meiner, sie drückte sie.
Nina sah zu mir, dann zu Rölscheid. »Herr Rölscheid, ich bin es, Nina Vonhoegen. Ich wiederhole, was ich Ihnen schon einmal gesagt habe. Wir tun alles, was in unserer Macht steht, um die Wahrheit herauszufinden.«

Sie ließ meine Hand los, wandte sich ab und verließ das Zimmer.

Auf der Fahrt zu Ninas Wohnung hatte keiner von uns das Bedürfnis zu reden. Ich genoss es, den Bentley durch die Straßen zu kurven. Eine kleine Entschädigung für diesen ansonsten ziemlich verkorksten Tag. Ich hielt direkt vor der Haustür. Nina blieb sitzen und sah mich an.

»Heute ist der erste Tag ...« Sie sprach nicht weiter.

»Der erste Tag von was?«

»Der erste Tag, an dem ich das Gefühl habe, das Studium hat sich gelohnt. Du glaubst gar nicht, wie oft ich die Brocken schon hinschmeißen wollte. Zuletzt, als du mich im Auto so angepfiffen hast.«

»Ich dachte, diesen Scheißtag hätten wir abgehakt.«

»Haben wir.« Sie hob beschwichtigend die Hand. »Heute bin ich froh, richtig froh, dass ich nicht in den Sack gehauen habe. Und dass du mich eingestellt und nicht gleich wieder rausgeschmissen hast.«

Sie beugte sich rüber zu mir, so schnell, dass ich nicht reagieren konnte, und gab mir einen Kuss auf den Mund. Dann stieg sie aus.

Ich sah ihr nach, wie sie, ohne sich noch einmal umzudrehen, im Hauseingang verschwand. Was immer dieser Abschiedskuss zu bedeuten hatte, er fühlte sich gut an.

Zehn Minuten später bog ich von der Vogelsanger Straße in die Einfahrt vom Schrottplatz ein. In Aleksandrs Werkstatt brannte noch Licht. Ich ließ den Motor verstummen, blieb noch einen Moment sitzen und genoss ein letztes Mal das Ambiente des Interieurs. Ich würde höchstwahrscheinlich nicht so schnell wieder in einem Bentley sitzen.

Aleksandr war über den Motor meines Alfas gebeugt, als ich die Werkstatt betrat. Er drehte sich zu mir um. Ich ließ den Schlüssel des Bentleys zwischen meinen Fingern baumeln.

Aleksandr grinste. »Geiles Gefährt, oder?«

»Kann man so sagen.«

»Ich bin gleich fertig.«

»Und?«

»Zylinderkopfdichtung. Ich habe dir auch noch einen neuen Anlasser eingebaut und die Verteilerkappe gewechselt. Jetzt solltest du erst mal eine Zeit lang Ruhe haben.«

»Was schulde ich dir dafür?«

»Nichts.« Aleksandr wischte sich die ölverschmierten Hände mit einem dreckigen Lappen ab. Er musste nichts weiter sagen. Er sah mich nur erwartungsvoll an.

»Ist erledigt«, sagte ich.

Er ließ die Motorhaube meines Alfas zufallen. Ich bekam den Schlüssel, stieg ein und fuhr davon. Der Motor heulte auf wie schon lange nicht mehr.

26

Nina sah schon wieder aus wie eine gestandene Anwältin. Es wurde offensichtlich zur Gewohnheit. Sie trug eine schwarze Stoffhose, ihre Bluse schimmerte türkis unter dem Blazer hervor, und sie hatte ein rosa Tuch um den Hals. Die hochgesteckten Haare ließen sie älter wirken und brachten ihre langen silbernen Ohrringe optimal zur Geltung. Ich hatte mich ebenfalls herausgeputzt, trug einen grauen Anzug, weißes Hemd und schwarze Schuhe passend zum Gürtel. Auf die Krawatte verzichtete ich heute und ließ den obersten Knopf des Hemdes offen. Unser neuer Mandant, Udo Lauscher, war bisher die Protz-Kanzlei des Kollegen Julius Andrees gewohnt, und wir wollten nicht den Eindruck vermitteln, dass wir zweite Wahl waren. Nina und mir war klar, welches Potenzial dieser Fall hatte – wenn wir beweisen würden, dass unser Mandant unschuldig war und ein Triebtäter mindestens zwei Frauen auf dem Gewissen hatte, er immer noch frei herumlief und die Polizei ihn nicht mal auf dem Radar hatte.

Die Besuchsgenehmigung zu bekommen hatte ein paar Tage gedauert. Auf der Fahrt nach Aachen fragte ich nicht nach, wie Nina das Wochenende verbracht hatte. Obwohl es mich brennend interessierte, ob sie wieder im Ivory war und, wenn ja, mit wem. Das Prozedere beim Betreten der JVA unterschied sich kaum von dem in Köln. Da Nina keinen Anwaltsausweis hatte, bedurfte es einer genaueren Überprüfung ihrer Personalien. Schließlich öffneten sich die Türen, und wir schritten durch die Korridore zum Besucherraum, wo Udo Lauscher bereits am doppelt vergitterten

Fenster stand. Die Sonne schien ihm ins Gesicht. Erst als die Tür hinter uns zuging, drehte er sich um. Er trug zivile Kleidung, blaue Jeans und ein weißes Polohemd, dazu ausgelatschte Turnschuhe. Lauscher hatte sich eingelebt in den Knastalltag. Er wirkte nicht niedergeschlagen, eher aggressiv. Ich konnte mir gut vorstellen, dass er jähzornig und wenig einsichtig war, kein leicht zu handhabender Mandant, schätzte ich. Im Moment versuchte er, seine Neugier vor uns zu verbergen.

»Was wollen Sie von mir?«, fragte er ohne Umschweife. »Wieso braucht mein Anwalt Verstärkung, gibt es neue Beweise?«

»Nein. Aber einen Anfangsverdacht.«

»Einen Anfangsverdacht? Gegen wen?«

»Vielleicht sollten wir uns erst einmal vorstellen.« Ich wies auf Nina. »Das ist meine Referendarin, Frau Vonhoegen, und mein Name ist Meller.«

Lauscher war ein wenig irritiert von Ninas Behinderung, sagte aber nichts, nickte nur mit dem Kopf. Ich überreichte ihm meine Karte, die ich extra zu diesem Zweck heute Morgen aus den Tiefen meiner Schreibtischschublade hervorgekramt hatte.

Er betrachtete sie eingehend. Dann sah er auf.

»Ihr Kollege Julius Andrees ist ein ausgemachtes Arschloch.«

Wir widersprachen ihm nicht.

»Ich hoffe, dass Sie ein bisschen mehr zu bieten haben als er.«

»Das wird sich zeigen.«

Wir setzten uns, und ich fasste in einem Schnelldurchlauf zusammen, was uns zu ihm geführt hatte. Von dem Mord in Bergheim-Glessen hatte er in der Zeitung gelesen. Als ich fertig war, stellte ich meine erste Frage: »Zuerst möchte ich von Ihnen wissen, ob Julius Andrees Ihnen dazu geraten hat, auf unschuldig zu plädieren?«

»Natürlich nicht. Ganz im Gegenteil. Er hat mir zu einem Geständnis geraten, nein, nicht Geständnis, wie heißt es noch gleich …?«

»Eine Einlassung?«
»Ja, genau. Er wollte versuchen, auf Totschlag zu plädieren. Aber ich habe meine Frau nicht getötet. Darum lege ich auch kein Geständnis ab. Niemals.«
»Dann sind wir uns einig«, warf Nina ein.
Lauscher sah sie an, und in seinem Gesicht ging die Sonne auf. Ich bemühte mich, seine Aufmerksamkeit wieder auf unseren Fall zu richten. »Wolfgang Rölscheid, der mutmaßliche Mörder aus Glessen, ist unser Mandant. Wir sind bei der Recherche auf Ungereimtheiten gestoßen. Fakten, die eine gewisse Ähnlichkeit mit Ihrem Fall haben.«
»Was für Fakten?«
»Nicht annähernd ausreichend, um Sie hier herauszuholen. Wir müssen zunächst Genaueres über Ihren Fall wissen. Ich muss Sie daher bitten, noch einmal zu erzählen, was genau sich zugetragen hat.«
»Und sparen Sie nicht mit Details.« Nina klappte ihren Block auf, um mitzuschreiben.
Lauscher sah an die Decke, faltete die Hände. Mir fielen seine abgekauten Fingernägel auf.
»Ich habe Dagmar richtig geliebt«, begann er, ohne den Blick zu wenden. »Es hat gedauert, bis ich sie durchschaut hatte. Sie wusste genau, auf welche Knöpfe sie bei mir drücken musste, um mich zu provozieren.« Er senkte den Blick, sah vor sich auf den Tisch. Die folgenden Worte kamen ihm nicht leicht über die Lippen. »Ich habe sie geschlagen. Und ehrlich gesagt, richtig bereuen tue ich es nicht. Frauen können auch Gewalt ausüben, auf andere Art als Männer. Aber ich habe sie nicht getötet.«
»Wie oft haben Sie sie geschlagen. Und wie?« Nina sah ihn an, mit neutralem Gesichtsausdruck.
Lauscher zögerte einen Moment, bevor er fortfuhr. »Das erste Mal war es nur eine Ohrfeige. Das ging drei-, viermal so. Irgendwann bin ich dann mal richtig ausgerastet. Da habe ich auch mit

der Faust zugeschlagen. In den Magen. Auf die Oberschenkel. Sie hat mich angezeigt und das Haus verlassen.«

»Warum hat sie die Anzeige zurückgezogen?«, wollte ich wissen. »Haben Sie Ihre Frau unter Druck gesetzt?«

»Nein. Dagmar hat immer sehr aufs Geld geschaut. Wenn ich eine Strafe hätte zahlen müssen, glaubte sie, auch Nachteile dadurch zu haben.«

Ich bat Lauscher, uns etwas über seinen Werdegang zu sagen, und er berichtete, wie er nach dem Abitur und seiner Zeit bei der Bundeswehr begonnen hatte, Elektrotechnik zu studieren, das Studium aber abgebrochen hatte, um sich im IT-Bereich als Berater selbstständig zu machen. Seine Kunden befanden sich in einem Radius von rund dreihundert Kilometern. Die Ehe blieb kinderlos, weil beide das so wollten. Lauscher hatte einige Punkte in der Verkehrssünderkartei in Flensburg, weil er häufig zu schnell fuhr und auf der Autobahn drängelte. Hinzu kam die Sache mit der Prügelei um einen Parkplatz in Köln.

Kurze Zeit nachdem seine Frau Dagmar das gemeinsame Haus verlassen hatte, zog eine neue Freundin bei ihm ein. Ihr Name war Hanna. Sie verließ ihn an dem Tag, als die Polizei mit einem Durchsuchungsbeschluss vor der Tür stand.

»Wo haben Sie das Gartenhaus gekauft, unter dem Ihre Frau begraben lag?« Die Frage hatte mir schon die ganze Zeit unter den Nägeln gebrannt.

»Aus dem Internet. Die Firma hat auch den Kontakt zu einem Betonbauer in der Nähe hergestellt.«

»Auch übers Internet?«

»Ja.«

Ich nickte bedächtig mit dem Kopf. Lauscher schien zu dämmern, worauf die Frage hinauslief.

»Sie meinen, der Täter wusste, dass dieses Betonfundament in meinem Garten gegossen wurde?«

»Wo waren Sie an besagtem Tag, als der Betonbauer da war?«

»Zu Hause. Ich hatte eigentlich keine Zeit, weil ich dienstlich viel in der Umgebung zu tun hatte. Ich habe ihn in Empfang genommen und bin dann losgefahren.«

»Wo waren Sie in den Tagen davor?«

»Ebenfalls unterwegs. Bisschen weiter weg, sodass ich in Hotels übernachten musste.«

»Waren Sie allein?«

Er nickte.

»Sie hätten also unbemerkt nach Hause fahren können, nachdem Sie ins Hotel eingecheckt hatten. Genau davon ging die Polizei aus, richtig?«

Lauscher nickte.

Nina sah von ihrem Notizblock auf. »Sie kennen sich doch aus mit dem Internet. Haben Sie besondere Sicherungsvorkehrungen an Ihrem Rechner zu Hause? Oder wäre es möglich gewesen, Ihren E-Mail-Verkehr zu lesen?«

»Ich habe eine Firewall in meinem Router, aber Internetsicherheit ist nicht mein Spezialgebiet.«

»Wäre noch die Tatsache, dass die Kreditkarte Ihrer Frau immer dort benutzt wurde, wo Sie sich gerade aufgehalten haben.«

Lauscher nickte heftig. »Jemand muss mich beschattet haben.«

»Ist Ihnen irgendetwas in dieser Richtung aufgefallen?«, fragte Nina. »Ein Wagen, der Ihnen gefolgt ist oder so.«

»Nein, nichts dergleichen.« Lauscher seufzte. Er sah uns verwundert an. »Warum zum Teufel wurden mir solche Fragen nicht schon damals gestellt? Von der Polizei oder diesem Andrees?«

Ich zuckte mit den Schultern. »Die Kriminalbeamten entwickeln bei einem Mordfall eine Grundhypothese. Je mehr Indizien dieser Hypothese entsprechen, desto selektiver wird der Blick der Ermittler. Das ist nur menschlich. Unser Gehirn arbeitet so.«

Man sah Lauscher an, wie es in ihm arbeitete, als ihm dämmerte, dass ihm der Mörder seiner Frau gezielt eine Falle gestellt hatte. Er sah uns fragend an.

»Und Sie glauben, der Mörder meiner Frau und der von dieser Miriam Rölscheid ist ein und dieselbe Person?«

Ich erhob mich, zum Zeichen, dass wir für heute fertig waren.

»Davon sind wir überzeugt, ja«, sagte ich, während wir uns zur Tür des Besprechungszimmers begaben. »Jetzt müssen wir nur noch die Staatsanwaltschaft davon überzeugen.«

27

»Hallo, komm rein.«

Franka freute sich, mich zu sehen. Das verrieten ihr Blick und ein leicht verschmitztes Lächeln. Sie stand hinter ihrem Schreibtisch auf und gab mir die Hand. Anders als bei meinem ersten Besuch in ihrem Büro drückte sie diesmal fester zu.

»Was führt dich zu mir?«

Ich hatte ihr gestern Nachmittag am Telefon keinen Grund genannt, als ich mich kurzfristig für heute Morgen mit ihr verabredete hatte. Auch so ein Vorteil, wenn man mit der Staatsanwaltschaft per Du war.

Ich setzte mich ihr gegenüber, öffnete meinen Aktenkoffer und holte mehrere Schriftstücke der Kanzlei Julius Andrees & Partner heraus. »Ich habe einen neuen Mandanten, Udo Lauscher, verurteilt wegen Mordes an seiner Frau. Das Urteil liegt beim BGH.«

Sie sah auf die Dokumente, erkannte den Briefkopf.

»Julius Andrees?« Sie klang verwundert.

»Ja, ich bin mit ihm eine Kooperation eingegangen, um möglichst schnell an seinen Mandanten heranzukommen.«

»Du glaubst, der Mordfall Lauscher und der von Wolfgang Rölscheid hängen zusammen?«

Ich nickte. »Die Leiche von Dagmar Lauscher wurde im Garten des gemeinsam bewohnten Hauses gefunden. Sie war schon zu stark verwest, um eine genaue Todesursache zu ermitteln, aber das Skelett wies schwere Verletzungen durch Gewalteinwirkung auf. An den Beinen, dem Hüftknochen, im Gesicht. Ihre Hände waren mit einem Nylonseil gefesselt. Genau wie bei Miriam Rölscheid. Und deshalb möchte ich, dass dieses Nylonseil mit dem aus unserem Fall verglichen wird. Die kriminaltechnische Untersuchung solltest du veranlassen, den Antrag findest du weiter hinten.«

Sie legte die Papiere vor sich auf den Tisch, ohne einen Blick hineinzuwerfen. »Erzähl mir mehr darüber.«

»Ich glaube, dass es einen Mörder gibt, der mindestens zwei Frauen getötet hat, und in beiden Fällen ist es ihm gelungen, die Tat einem anderen in die Schuhe zu schieben.«

»Hast du dafür irgendwelche konkreten Beweise? Oder wenigstens Indizien?«

»Wenn die Seile aus der gleichen Fabrikation stammen, also quasi von derselben Rolle, wäre das ein Beweis, oder?«

»Dann sollten wir erst das Ergebnis abwarten.«

»Wir glauben, dass ...«

Sie unterbrach mich. »Julius Andrees glaubt auch an die Unschuld seines Mandanten?«

»Nein. Der glaubt nur an Bargeld. Mit *wir* meine ich meine Referandarin Nina Vonhoegen und mich. Es war Nina, die mich überhaupt erst auf den Fall Lauscher aufmerksam gemacht hat. Nun, wir glauben also, dass Udo Lauschers Computer ausspioniert wurde. Daher wusste der Mörder, dass ein Betonfundament im Garten gegossen wurde. Es dürfte zu spät sein, Lauschers Computer zu untersuchen, aber vielleicht wurde auch Rölscheids Rechner infiziert. Das ließe sich überprüfen. Ich nehme an, das wurde bisher nicht gemacht.«

»Sein Rechner wurde von Experten gecheckt.«

»Auch hinsichtlich Schadsoftware, Trojaner und Spyware?«

Franka lehnte sich in ihrem Stuhl zurück, zögerte, bevor sie antwortete.

»Ich lasse das Nylonseil überprüfen und hake beim Kommissariat nach wegen Rölscheids Computer. Aber wenn es keine weiteren Indizien oder Beweise gibt, rate ich dir dringend, die Sache auf sich beruhen zu lassen. Ich fürchte, du verrennst dich da in etwas.«

»Na ja, es geht hier immerhin um einen verurteilten Straftäter, der womöglich unschuldig ist. Vielleicht sollte es mehr Anwälte wie mich geben, die sich engagieren.«

»So war das nicht gemeint.«

»Wie dann?«

»Es geht hier auch um deinen Ruf als Strafverteidiger. Wenn man keinerlei Beweise oder Indizien vorlegen kann, klingt so eine Alternativtätertheorie schon ... sehr konstruiert.«

»Schön zu hören, dass ich wenigstens einen Ruf zu verlieren habe.«

Ich stand auf, Franka ebenfalls. Sie spürte meine ablehnende Haltung. Wir verabschiedeten uns förmlich. Vielleicht interpretierte ich etwas zu viel in ihren Händedruck, aber er fühlte sich lascher an als bei der Begrüßung.

Meine Kanzlei glich einer Parteizentrale zu Wahlkampfzeiten, es fehlten nur noch Pappkartons gefüllt mit Fähnchen und Buttons. Nina hatte mehrere Pinnwände im Eingangsbereich aufgebaut. Es waren genug Buntstifte da, um ein impressionistisches Gemälde malen zu können, Karteikarten und jede Menge Zettel. An den Pinnwänden hefteten Fotos, eine Landkarte mit Markierungsnadeln und zahlreiche Zeitungsausschnitte, die wie ein Organigramm angeordnet waren. Zu jeder Markierungsnadel gehörte mindestens ein Artikel, meistens mehrere. Von meinem Schreibtischstuhl aus hatte ich den besten Überklick. Nina glaubte, die Visualisierung würde uns ein System erkennen lassen, die innere Logik des Falls. Über der Landkarte hing das Foto eines Mannes in meinem Alter. Er sollte den Täter symbolisieren.

»Wer ist das, dein Ex?«

Nina lachte. »Nein. Ein Niemand, ich habe sein Bild aus der Zeitung ausgeschnitten. Ich finde, der Täter braucht ein Gesicht und einen Namen.«

»Und? Wie heißt er?«

Nina sah mich ratlos an. »Max Mustermann?«

Ich schüttelte den Kopf. Mir kam ein Gesicht in den Sinn, aber sein Name wollte mir nicht einfallen, ich hatte ihn bewusst verdrängt, erinnerte mich nur an das Gesicht dieses Mannes. Er hatte in meiner Nachbarschaft in Tomsk gewohnt. Ihm fehlte der Unterkiefer, und weil sein Gesicht so fürchterlich entstellt war, sah man ihn auch so gut wie nie in der Öffentlichkeit. Aber einmal, als ich mit Freunden auf der Straße spielte, stand er plötzlich vor mir und jagte mir einen riesigen Schrecken ein. Ich lief schreiend zu meiner Mutter nach Hause. Als wir Sibirien verließen, hatte ich sie gefragt, ob dieser Mann, dem ich nie wieder begegnet war, uns folgen würde, und sie hatte mir versichert: »Nein, mein Junge, er bleibt hier.«

Jetzt fiel mir der Name wieder ein. »Bogdan. Nennen wir ihn Bogdan.«

»›Bogdan‹?«

Sie notierte den Namen über dem Bild und sah mich fragend an, ob sie ihn richtig geschrieben hatte. Ich nickte.

Natürlich war mir klar, dass Nina mit Namensspielereien und Fotos nur davon ablenkte, dass wir noch immer keine handgreiflichen Beweise hatten. Mein Bauchgefühl sagte mir, dass die Nylonseile, mit denen die beiden Opfer gefesselt waren, nicht nachweisbar aus der gleichen Fabrikation stammten. Die Zeitspanne zwischen beiden Morden war einfach zu groß. Die kriminaltechnische Untersuchung des Seils war ein Schuss von der Mittellinie in Richtung gegnerisches Tor, nur um im Spiel zu bleiben und Franka Naumann an den Gedanken zu gewöhnen, dass es diesen »Bogdan« tatsächlich gab.

Nina spürte meine Missstimmung. »Wie war es bei der Staatsanwältin?«

»Sie macht, um was ich sie gebeten habe, aber sie glaubt nicht, dass an der Sache was dran ist.«

»Hast du etwas anderes erwartet?«

Ich schüttelte den Kopf. Nina legte mir mehrere Blätter auf den Tisch, Computerausdrucke. »Ich habe nach Selbsthilfegruppen im Internet gesucht. Für Frauen, die von ihren Männern verprügelt wurden.«

»Du denkst, dass ›Bogdan‹ seine Opfer im Internet sucht?«

»Wäre eine Möglichkeit. Soll ich mich in den Foren anmelden und nach den beiden Opfern fragen?«

»Nein. Wenn du recht hast, würdest du ja auch ›Bogdan‹ treffen und ihn warnen.«

»Stimmt. Was schlägst du vor?«

Ich stand von meinem Bürostuhl auf und kam um den Schreibtisch herum. Ich sah auf den Zeitungsartikel über unseren Mandanten Udo Lauscher. Ich überlegte laut: »Als Udo Lauscher ein Gartenhäuschen im Internet bestellt hat, hat ›Bogdan‹ das mitgekriegt. Er tötete die Ehefrau, vergrub ihre Leiche an der Stelle im Garten, wo am nächsten Tag ein Betonfundament gegossen wurde. Lauscher war währenddessen dienstlich unterwegs und hatte kein Alibi. Nachdem die Leiche vergraben war, folgte ›Bogdan‹ dem Ehemann auf seinen Reisen an Orte, wo Udo Lauscher sich aufhielt, er hob mit der Kreditkarte des Opfers Geld ab ...«

Nina unterbrach mich: »Warum eigentlich das Betonfundament? Wollte ›Bogdan‹, dass die Leiche gefunden wird, oder wollte er es nicht?«

»Gute Frage«, sagte ich. Ich fuhr fort. »Im Fall Rölscheid führte das Auffinden der Leiche zu seiner Verhaftung. Deshalb wurde der Förster mit seinen Hunden in den Wald gelockt. Der Schlüssel für das Vorhängeschloss wurde somit zu einem wichtigen Indiz.«

»Aber das Betonfundament ist von der Taktik her das genaue Gegenteil«, sagte Nina. »Wenn es derselbe Täter ist, ändert er seine Vorgehensweise?«

»Vielleicht. Vielleicht verstehen wir aber nur die Logik dahinter nicht.«

»Was für eine Logik?«

»Bei den Polizisten sollte der Eindruck entstehen, als habe Wolfgang Rölscheid alles versucht, die Leiche seiner Frau für immer verschwinden zu lassen. Vielleicht ist das ja die beste Methode, jemand anderem einen Mord in die Schuhe zu schieben.«

»Glaubst du das wirklich?«

»Verdammt, ich weiß es nicht!« Es war eher Zweckoptimismus, der mich zu solchen Theorien inspirierte. »Wir brauchen einen Hinweis. Einen Dominostein, der umfällt und ›Bogdans‹ Kartenhaus in sich zusammenfallen lässt.«

Nina spürte meine Stimmungslage. Sie machte sich eine Notiz in ihrem Block. Ich wandte mich wieder der Pinnwand zu. Unter dem Bild von »Bogdan« war die Landkarte mit Nadeln an vier verschiedenen Stellen markiert.

»Wie findet er seine Opfer?«

»Wie gesagt, ich tippe auf einschlägige Internetforen.«

»Wofür wir bislang noch keinen Hinweis haben«, hielt ich dagegen.

»Nur mal angenommen.« Nina ließ sich nicht beirren. »Wenn Miriam Rölscheid und Dagmar Lauscher in einem Internetforum waren ...«

Ich fiel ihr ins Wort. »Wenn, wenn, wenn. Verdammt, so kommen wir nicht weiter!« Ich schlug mit der Faust in meine Hand.

Vielleicht hatte Franka Naumann recht, vielleicht verrannte ich mich da in etwas, jagte einer fixen Idee hinterher. Ich kam mir auf einmal furchtbar dumm vor. Und Nina mit ihrem Versuch, mein Büro in eine Ermittlungszentrale zu verwandeln, all das war Kinderkram. Blinder Aktionismus. Ich war Anwalt, kein Ermittler, kein Profiler. Von so etwas hatte ich einfach keine Ahnung.

Ich stapfte an Nina vorbei in die Küche, öffnete den Kühlschrank und holte eine Flasche Weißwein heraus, die dort schon länger auf mich wartete. Ich brauchte das jetzt, auch wenn der Tag noch jung war.

Nina kam in die Küche, sah mich an. Ich schenkte mir ein. »Willst du auch ein Glas?«

»Nein, danke.«

Ich trank einen großen Schluck.

»Es war klar, dass das nicht einfach wird«, brach Nina das Schweigen. »Aber ich habe das Gefühl, der Besuch bei der Staatsanwältin hat dir nicht gutgetan.«

»Doch. Franka hat mich auf den Boden der Tatsachen zurückgeholt. Wir sind keine Kommissare, Nina.«

»Ein kleines Hindernis, und du gibst auf?«

Das Letzte, was ich im Moment brauchte, waren solche Vorwürfe. Ich blieb äußerlich ganz ruhig. »Wenn die Analyse des Nylonseils nicht zu einem konkreten Ergebnis führt, dann war es das. Dann übst du wieder fürs Examen, und ich …«

»Du spielst Playstation!«

Das saß!

Sie machte zwei Schritte auf mich zu, streckte ihren linken Arm aus und nahm mir das Weinglas aus der Hand. Nina trank einen Schluck, gab mir das Glas zurück, auf dem sich jetzt ein Abdruck ihres Lippenstifts befand. Sie hatte mir gerade eine verbale Ohrfeige verpasst. Und lächelte mich auch noch an. Wir standen so nahe, dass ich ihr Parfüm riechen konnte.

»Habe ich was Falsches gesagt?«

»Hast du, ja.«

»Die Wahrheit tut manchmal weh«, sagte sie. »Ich glaube, dass viel mehr in dir steckt, als du dir selbst eingestehen willst.«

»Du glaubst, mich zu kennen?«

»So weit würde ich nicht gehen, aber ... wir können uns halt gegenseitig nichts vormachen.«

»Nichts vormachen?«

Sie grinste verschmitzt. »Du hast mich an unserem ersten Tag sofort durchschaut, warum ich mein Referendariat bei dir machen wollte. Vier Bahnstationen von zu Hause.«

Ich erinnerte mich. An diesem Tag hatte ich im Büro zum letzten Mal Playstation gespielt. Seitdem nicht mehr. Aber sie wusste, dass es die Spielkonsole gab. Ich hielt Nina das Glas hin, um zu verhindern, dass sie weiterredete. Sie nahm es, aber diesmal trank sie nicht, sondern stellte das halb volle Glas auf der Anrichte ab. Ihr Blick verriet, was sie wollte, und dasselbe wollte ich auch. Trotzdem dauerte es eine gefühlte Ewigkeit, bis sich unsere Lippen erstmalig berührten. Danach wollten wir beide nicht mehr voneinander lassen. Ich gierte nach ihr. Meine linke Hand wanderte ihren Rücken hinunter, ich griff nach ihrer Pobacke, drückte fest zu, und Nina stolperte mit mir rückwärts, bis wir gegen den Kühlschrank stießen. Ich rupfte ihre Bluse aus dem Hosenbund, und meine Hand fuhr zu ihren Brüsten hinauf. Nina zog sanft an meinen Haaren. Eine Atempause lang sahen wir uns nur in die Augen. Meine Hand auf ihrer Brust spürte ich ihren Herzschlag, der raste.

»Nicht hier«, sagte sie.

28

Nina schnarchte. Für ihre kleine Nase ziemlich laut. Ich öffnete den Kühlschrank. Zwei Flaschen Weißwein. Vier Cola-Dosen, zwei Red Bull. Ein halbes Paket Butter und ein Glas Erdbeermarmelade. Mayonnaise. Remoulade. Beides in der Tube. Angeblich sagte der Inhalt eines Kühlschranks viel über seinen Besitzer aus. Der Lachs in der Plastikverpackung verströmte einen komischen Geruch, ich schmiss ihn weg. Nach was suchte ich eigentlich? Hunger hatte ich nicht. Vom Metzger war noch geschnittene Salami da, ich stopfte mir die Scheiben in den Mund, zerkaute sie bedächtig, während ich zur Balkontür ging. Dahinter war es dunkle Nacht, ich spiegelte mich in der Scheibe. Meine Hand klatschte auf meinen Bauch, und es fühlte sich an, als ob ich ein paar Kilo abgenommen hatte. Es gab keine bessere Diät als Stress. Oder lag es daran, dass ich wieder mehr rauchte? Vom Balkon aus sah man den Fernsehturm, die roten Lichter reihten sich wie an einer Perlenkette in den Nachthimmel. Ninas Schnarchen verstummte kurz, dann setzte es wieder ein, begleitet von dem Geräusch der Matratze. Sie wälzte sich herum. Ich sah hin. Ihre Beine schauten unter der Bettdecke hervor bis zum Poansatz. Sie hatte schöne Beine. Kräftige Oberschenkel, nicht zu dicke Waden. Ein paar Autos fuhren kurz nacheinander auf der Straße vorbei, dann wurde es wieder still. Ich ging zu ihr, setzte mich auf die Bettkante. Nina lag auf der rechten Seite, den Po mir zugewandt, von ihrem Stumpf war nichts zu sehen. Die ganze Zeit, während wir uns geliebt hatten, war er nicht existent gewesen. Warum kamen meine Gedanken an ihre Behinderung jetzt zurück? Weil die Frage im Raum stand, wie es mit uns weitergehen sollte? Nina war ein lustvoller Mensch, das hatte ich zu spüren bekommen. Sie konnte sich fallen lassen, den Verstand abschalten und nur noch genießen. Sie war fordernd, das gefiel mir, aber ich hatte auch Angst gehabt, beim Anblick ihres Stumpfes zu versagen. Doch diese Angst war mehr als unbegründet gewesen.

Ich schob die Bettdecke etwas höher und genoss den Anblick ihres Körpers. Bis Nina sich zu mir rumdrehte und mich mit verschlafenen Augen ansah.

»Hm? Was tust du?«

»Ich schau dich nur an.«

»Halt mich fest.«

Ich kam dem Wunsch nach und kuschelte mich zu ihr unter die Bettdecke. Es dauerte nicht lang, und wir waren beide wieder hellwach. Sie hauchte mir lasziv ins Ohr, was sie wollte, und ich erfüllte ihr den Wunsch.

Ein paar Stunden später wurde ich von der Sonne geweckt. Nina lag nicht mehr neben mir. Ihre Sachen waren verschwunden, aber ihr Duft drang noch aus dem zerwühlten Laken.

Als ich an diesem Vormittag die Kanzlei betrat, hörte ich Ninas Stimme aus meinem Büro. Sie telefonierte mit dem Handy. Ich klopfte leise an den Türrahmen, Nina drehte sich um und lächelte kurz, während sie weitertelefonierte.

»Ja. Das verstehe ich, aber es ändert nichts an den Tatsachen.«

Ich ging in die Küche und bereitete mir einen Espresso zu, wartete aber, die Maschine anzuschalten, solange Nina telefonierte. Erst als sie aus meinem Büro kam, betätigte ich den Schalter, und der Dampferzeuger machte eine verbale Begrüßung unmöglich. Nina wartete geduldig, bis der Lärm sich gelegt hatte. Das halbvolle Weinglas stand noch auf der Anrichte, sie tat es in die Spüle.

»Mit wem hast du telefoniert?«, brach ich das Schweigen.

»Mit meinem Vermieter. Bei uns im Haus ist das Warmwasser ausgefallen.«

»Du hättest bei mir duschen können.«

»Hätte ich tun sollen, ja. Das Wasser war so verdammt kalt.« Nina sah bezaubernd aus. Ungeschminkt, die Haare hochgesteckt. Die enge Jeans bildete ihre schönen Beine ab.

Nina blieb auf Distanz, ging zu ihrem Schreibtisch und tat geschäftig. Wir drückten uns beide vor der Frage, die unausweichlich schien. Jeder wollte dem anderen den Vortritt lassen.

»Heute Morgen, als ich aufgewacht bin«, fing sie an. »Ich weiß nicht wieso, aber ... ich hatte den inneren Drang zu gehen.«

»Schon okay. Du musst dich nicht rechtfertigen.«

»Ich möchte es dir trotzdem erklären. Es ist so ... wie soll ich sagen ...« Sie suchte nach den richtigen Worten und hinterließ bei mir den Eindruck, als wäre ihr das, was letzte Nacht passiert ist, peinlich.

»Ich finde, es ist nichts passiert, wofür sich einer von uns schämen müsste«, sagte ich.

Nina lächelte zwar, wirkte aber immer noch verunsichert. »Ich schäme mich auch nicht. Und ... wenn du nicht mein Boss wärst ...«

»Was dann?«

»Würden wir jetzt gar nicht darüber reden ... Vergiss es einfach, okay? Ich bin nicht gut in so etwas.«

Wir sahen uns in die Augen, das Schlusswort lag bei mir. »Lass uns da ansetzen, wo wir gestern aufgehört haben. Vor dem Feierabend, meine ich, vor dem Glas Wein.«

Sie lächelte – ich auch, aber nur rein äußerlich. Nina setzte sich an ihren Schreibtisch in der Diele, und ich verschwand in meinem Büro.

Nina hatte die Zeit allein in der Kanzlei nicht ungenutzt verstreichen lassen. An der linken Pinnwand hingen die Zeitungsartikel, allesamt aus dem Internet. Kriminalfälle, die ein spezielles

Muster aufwiesen: Das Opfer musste eine Frau sein, der Täter der Ehemann, Freund, Verwandter. An der Pinnwand ganz rechts hingen Vermisstenfälle, die Nina bei der Polizei angefordert hatte.

Ich sah mir die Zeitungsartikel an. Der älteste war vier Jahre alt, der von Udo Lauscher anderthalb Jahre, und der erste Bericht über Miriams Leiche lag ziemlich genau vier Wochen zurück. Miriam Rölscheid und Dagmar Lauscher wohnten etwa fünfzig Kilometer Luftlinie voneinander entfernt, kannten sich nicht, und es gab auch sonst keine Berührungspunkte. Außer vielleicht das Internet. Vielleicht.

Einiges, was Nina mir gestern an den Kopf geworfen hatte, entsprach leider der Wahrheit. Ja, ich ließ mich leicht beeinflussen und manchmal zu schnell entmutigen. Dies dürfte ein Grund dafür sein, weshalb ich im Studium oder im Beruf nicht so viel erreicht hatte, wie ich wollte. Diesmal sollte es anders werden. So sehr ich Franka Naumann schätzte, als Kollegin wie als Person, sie lag mit ihrer momentanen Einschätzung daneben.

Ich begann damit, die Artikel zu den anderen Fällen zu lesen und mir Notizen zu machen. Die *Solinger Tagespost* berichtete über eine Frau aus Witzhelden im Bergischen Land, die von Angehörigen vermisst worden war. Es hatte Indizien für eine Straftat gegeben. Der Ehemann geriet in Verdacht, aber die Beweislage reichte nicht für eine Anklage aus. Die Namen der Beteiligten waren von der Redaktion geändert, die Frau hieß in dem Artikel *Sandra G.* und wäre heute siebenunddreißig Jahre alt. Der Ehemann, *Jörg G.,* war einige Monate nach dem Verschwinden seiner Frau nach Wuppertal umgezogen. Es fehlte bei ihm die Vorstrafe wegen häuslicher Gewalt oder etwas dergleichen. In dem Artikel stand, die Eheleute lebten in Scheidung, und es war ein Sorgerechtsstreit um den gemeinsamen Sohn entbrannt. Der Fall Jörg und Sandra G. schien mir trotz einiger schwacher Punkte interessant, weil er mich auf eine neue Idee brachte. Vielleicht war »Bogdan« ja mal ein

Fehler unterlaufen, weshalb die Polizei nicht richtig – also nicht seinem Plan entsprechend – reagierte. Vielleicht änderte »Bogdan« deshalb seine Vorgehensweise, weil er dazulernte. Von Mal zu Mal. In der Wochenbeilage einer Bonner Tageszeitung war der Fall von Carla Jankowski beschrieben. Die Namen waren dort nicht geändert. Ich sah aufs Datum, der Artikel war drei Jahre alt. Sie war verheiratet mit einem Bernd Jankowski. Vor allem wenn er nachts betrunken nach Hause kam, schlug der Ehemann ohne Grund auf sie ein. Oft ging es bei den beiden so laut zu, dass die Nachbarn die Polizei riefen, die dann meist unverrichteter Dinge wieder abzog, weil Carla ihren prügelnden Ehemann in Schutz nahm. Sie wurde hin und wieder im Krankenhaus behandelt, erstattete aber nie Anzeige. Bernd Jankowski arbeitete als Hilfsarbeiter auf dem Bau. Die Freitage verbrachte er in Kneipen, die Samstage meist im Stadion. Bernd hatte Liebschaften nebenher, davon wussten viele, Carla auch. Nach einem Stelldichein in einer Gartenlaube erschlug Bernd Jankowski die Frau, mit der er kurz zuvor Sex gehabt hatte, und hinterließ am Tatort eine Menge Spuren. Bernd Jankowski war bis zu diesem Zeitpunkt noch nie erkennungsdienstlich behandelt worden, deshalb konnte die Polizei die Spuren zunächst nicht zuordnen. Erst nach dem Verschwinden von Carla geriet der Ehemann ins Visier der Ermittler. Er selbst hatte seine Frau als vermisst gemeldet. Seine DNA überführte ihn schließlich wegen des Mordes in der Gartenlaube, und die Ermittler gingen davon aus, dass er auch seine Frau getötet habe. Obwohl die Beweislage gegen Jankowski erdrückend war, beteuerte er seine Unschuld. Eine Woche nach der Festnahme fand man ihn erhängt in seiner Zelle. Die Leiche seiner Frau wurde nie gefunden.

Ich nahm den Fall mit in unser Portfolio auf. Alles schien zu passen, aber es gab signifikante Unterschiede: Die Leiche wurde nie gefunden, und es gab einen zusätzlichen Mord. Hatte »Bogdan« – wenn man ihm diesen Fall zuordnen konnte – auch die Frau in der

Gartenlaube erschlagen? Wenn ja, dann wäre der Plan genial gewesen. Bernd Jankowski wusste nichts von den Spuren am Tatort und war in die Falle getappt, als er seine Frau bei der Polizei als vermisst meldete. Es war reine Spekulation, aber genauso stellte ich mir »Bogdans« Denkweise vor. Da die Leiche von Carla Jankowski bis heute nicht aufgetaucht war, heftete ich ihr Bild aus der Zeitung neben den Fall von Sandra G.

Dann rief ich Nina herein. Sie durfte in meinem Bürostuhl Platz nehmen, mit Blick auf die Pinnwände, und sie hörte sich meinen Vortrag über die vier Morde an. Zweimal wurde die Leiche gefunden, zweimal nicht. Dreimal gab es Fälle von häuslicher Gewalt, einmal – im Fall von Jörg G. aus Witzhelden – ging es um einen Sorgerechtsstreit, der ein mögliches Motiv für einen Mord darstellte.

»Angenommen, es würde sich um denselben Täter handeln«, schloss ich, »dann hätte er seinen Modus Operandi mehrmals verändert. Aber warum?«

Nina fiel dazu spontan etwas ein. »Im Fall von Wolfgang Rölscheid hat erst das Auffinden der Leiche zu den entscheidenden Ermittlungen geführt.«

»Im Fall unseres neuen Mandanten Udo Lauscher nicht. Da waren es die Handydaten in Verbindung mit Abbuchungen von der Kreditkarte. Daraufhin gab es die Hausdurchsuchung, bei der die Leiche gefunden wurde.«

»Im Fall Carla Jankowski waren es sogar Spuren bei einem anderen Verbrechen, die zum Ehemann führten. Carlas Leiche wurde nie gefunden.«

»Die Leiche von Sandra G. auch nicht. Und gegen ihren Ehemann wurde noch nicht mal Anklage erhoben.« Ich lächelte. »Siehst du den Zusammenhang?«

Nina schüttelte den Kopf.

»›Bogdan‹ hat Carlas Leiche spurlos verschwinden lassen, aber beim nächsten Mal ist der Plan fehlgeschlagen. Deshalb musste er seine Methode ändern.«

»Oder Carla war es!«

»Carla?« Ich sah Nina fragend an.

»Sie kommt schließlich ebenfalls als Täterin infrage. Sie könnte die Liebhaberin in der Gartenlaube getötet haben und dann untergetaucht sein. Vielleicht hat ›Bogdan‹ gar nichts mit der Sache zu tun.«

Ich musste Nina recht geben, trat zu der Pinnwand und heftete alles, was mit Carla Jankowski zu tun hatte, an eine andere Pinnwand. Die Markierungsnadel in der Landkarte ließ ich aber stecken.

»Bei Carla Jankowski gibt es zu viele Unwägbarkeiten«, fuhr ich fort, »und wir dürfen nicht den gleichen Fehler machen wie Hauptkommissar Rongen. Wir müssen uns davor hüten, die Details so zurechtzubiegen, bis sie passen. Konzentrieren wir uns ausschließlich auf Fälle, wo mindestens drei Gemeinsamkeiten vorliegen.«

Nina stand auf, kam um den Schreibtisch herum und sah sich auf der Karte an, wo Witzhelden lag. Etwa fünfzig Kilometer östlich von Köln, hundert Kilometer von Merzenich, wo Dagmar Lauscher begraben wurde. Nina zeigte auf den Ort Witzhelden. »Das Verschwinden von Sandra G. ist bis heute ein ungelöster Fall. Alle anderen sind aufgeklärt.«

Ich nickte. »Finde doch mal heraus, wie dieser Jörg G. wirklich heißt und wo er wohnt.«

»Und wie mache ich das?«

»Ruf bei der Zeitung an, und rede mit dem Journalisten, aber ohne ihm zu viel zu verraten.«

Nina wandte sich zum Gehen, doch ich hielt sie zurück. »Moment noch. Das Auffinden der Leiche ist ein wichtiger Aspekt, womit wir wieder bei dem Förster wären. ›Bogdan‹ muss gewusst haben, dass Frings einen Schweißhund hat.«

»Und dass der Hund erst vier Monate alt war.«

Ich sah sie fragend an. »Hat das eine Bedeutung?«

»Ja. Ich habe mich mal auf der Internetseite von dem Züchter umgesehen, wo Frings seinen Hund herhat.«

»Woher weißt du, dass er ihn von dort hat?«

»Nach der Vernehmung haben wir noch ein bisschen geredet, da hat er mir viel über seine Hunde erzählt. Er kam richtig ins Plaudern.«

»Ja und?«

Nina nahm ihren Notizblock, suchte eine bestimmte Seite. »Nun ja, der Vorgänger von Gero hieß ... Arko.« Sie hatte die Seite gefunden. »Er war schon sehr alt. Frings hatte sich beim Züchter um einen neuen Hund bemüht. Es gibt da Wartelisten, weil Schweißhunde sehr begehrt sind.«

»Und weiter?«

»Dann ist Arko plötzlich gestorben. Dadurch ist Frings auf der Warteliste nach oben gerutscht, und bei einem Wurf kamen mehr als erwartet heraus. Da hat er dann einen neuen Hund bekommen.«

»Woran ist Arko gestorben?«

»Keine Ahnung, vielleicht an Altersschwäche.«

Ich drehte mich zu der Pinnwand um. Nina kam näher.

»Was ist?«

»Ich frage mich nur gerade: Hätte ein altersschwacher Schweißhund wie Arko die Leiche auch gefunden?«

29

Er wollte von niemandem gesehen werden, wenn er das Haus verließ. Vor allem nicht von seiner Mutter, die im Erdgeschoss wohnte. Darum lenkte er sie jedes Mal, wenn er ging, durch einen Telefonanruf auf dem Festnetz ab. Er schritt durch den Garten und trat durch das hintere Tor auf die Straße. Während der Autofahrt achtete er tunlichst auf die Einhaltung der Verkehrsregeln. Bei einer Polizeikontrolle würde er sich eher die Perücke vom Kopf reißen, als den Beamten einen gefälschten Polizeiausweis zu zeigen. Heute ging wie immer alles glatt. Er parkte zwei Querstraßen von Christines Haus entfernt. Er hatte das Treffen arrangiert, indem er ihr eine virenverseuchte Mail geschickt hatte, wodurch die von ihm installierte Software auf dem Laptop Alarm schlug. Keine drei Minuten später hatte sein Handy geklingelt. Christine war völlig aufgelöst und teilte ihm mit, dass ihr Exfreund wieder auf ihren Computer zugegriffen habe.

Oberkommissar Höfner hatte versprochen, am Nachmittag vorbeizukommen.

Christine war auffällig geschminkt. Tiefrote Lippen, schwarze Wimpern und dunkelgrüne Augenlider. Außerdem trug sie keine Alltagskleidung wie sonst, sondern eine dunkelblaue Stoffhose und einen dazu passenden Blazer.

»Oh«, sagte Höfner überrascht. »Wollten Sie ausgehen?«

»Nein. Ich war bei einem Vorstellungsgespräch.«

»In einem anderen Krankenhaus?«

»Nein. Ein Nebenjob. Telefonmarketing für eine Firma, die

Medizinprodukte vertreibt. Ich brauche im Moment etwas Geld. Und ich brauche meinen Laptop. Unbedingt.«

»Ich schaue mir das mal an.«

Christine stand hinter ihm, als Höfner sich an den Computer setzte. Er tat sehr geschäftig, als ob er nach einem vermeintlichen Virus suchen würde, aber eigentlich wollte er sich nur mit ihr unterhalten. Das letzte Gespräch war sehr emotional verlaufen, Christine hatte sich ihm gegenüber geöffnet. Er verspürte den Drang, etwas zu tun, was er vorher mit den anderen Frauen noch nie getan hatte. Hier zu sein, mit ihr zu reden, sie besser kennenzulernen. Er wusste intime Details über Christine, hatte sie schon etliche Male splitternackt gesehen, und einmal war er sogar Zeuge geworden, wie sie sich selbst mit einem Vibrator befriedigt hatte. Aber all das bedeutete für ihn nichts im Vergleich zu der physischen Nähe, hier in ihrer Wohnung zu sein, ihr Parfüm zu riechen, ihr in die Augen zu schauen. Er wusste nicht, wie lange er dieses Spiel noch spielen konnte, und die Sorge war da, dass er nicht die Kraft hätte, seinen Plan bis zu Ende durchzuführen. Die Sympathie für eine Frau war ihm fremd und bedeutete, eine Grenze zu überschreiten. Nachdem er eine Weile ihren Systemordner durchforstet hatte, wandte er sich um und sah sie an.

»Hätten Sie heute vielleicht einen Kaffee für mich?«

»Oh, sicher. Wie unhöflich von mir. Sie müssen entschuldigen.«

»Kein Grund, sich zu entschuldigen.«

»Ich muss einen aufbrühen. Haben Sie so viel Zeit?«

»Ja. Ich muss heute nicht mehr ins Büro.«

Christine ging zur Küchenzeile, um den Kaffee zu machen. Er klappte den Laptop zu und stand auf. »Entwarnung.«

»Was heißt das?«

»Sie können beruhigt sein. Es hat keinen Zugriff gegeben, es war nur eine virenverseuchte Mail, die den Alarm ausgelöst hat. Ich habe sie gelöscht.«

Christine, die gerade das Kaffeepulver in den Filter tat, sah ihn dankbar an.

»Ach, noch etwas«, fuhr er fort. »Ich habe das Alibi Ihres Exfreundes überprüft. Er war nachweislich in Nordhorn, als Mike getötet wurde. Die beiden Fälle haben nichts miteinander zu tun.«

Christine stellte die Kaffeedose ab, atmete tief durch, dann kamen ihr die Tränen, die sie wegwischte. »Mist. Jetzt weiß ich nicht mehr, wie viele Löffel ich schon reingetan habe.« Sie schüttete den Inhalt des Filters in die Dose zurück und fing noch mal von vorne an.

Er setzte sich aufs Sofa. Die Kaffeemaschine blubberte, Christine nahm neben ihm Platz.

»Was macht die Ausbildung?«

»Ich habe in drei Wochen meine erste Prüfung.«

Hast du nicht, dachte er. »Und dann?«

»Folgen noch weitere Prüfungen, und in einem halben Jahr werde ich die Station wechseln und auf Intensiv arbeiten.« Sie schilderte ihm ihre Erwartungen an die Zukunft. Christine hatte Ehrgeiz, sie schaute nur noch nach vorne und wollte die Vergangenheit für immer abhaken. Das Zischen und Blubbern der Maschine kündigte an, dass der Kaffee durchgelaufen war. Christine stand wieder auf, ging zur Küchenzeile. Er sah ihr zu, wie sie die braune Flüssigkeit in zwei bunte Porzellanbecher goss. All ihre Pläne, ihre Wünsche und Vorstellungen würden niemals Wirklichkeit werden. Manche Menschen verfielen in Schockstarre, wenn der Moment der Wahrheit kam, andere brachen in Panik aus, versuchten zu fliehen.

»Milch? Zucker?«, fragte sie in diesem Moment.

»Keinen Zucker und schwarz, bitte.«

Sie kam mit den beiden Bechern zurück, reichte ihm einen. Eine Weile schwiegen sie, dann sah Christine ihn an.

»Ich möchte Sie etwas fragen, das mir schon lange auf dem Herzen liegt.« Sie zögerte. »Haben Sie häufiger mit solchen Fotos zu tun. Sie wissen schon …?«

»Nackfotos, die unerlaubt ins Internet gestellt werden?« Er nickte. »Immer mehr.«

Sie wirkte sehr ernst und sah ihm in die Augen. »Wie denken Sie darüber? Über eine Frau, die solche Fotos von sich machen lässt?«

»Nun, wie gesagt, ich habe die Fotos in Ihrem Fall nicht gesehen, aber ich glaube, was man auf diesen Fotos sieht, das sind nicht Sie.« Er war selbst ein wenig überrascht, diesen Satz gesagt zu haben.

»Wie meinen Sie das?«

»Er hat Sie manipuliert. Sie überredet, richtig?«

Christine nickte, trank einen Schluck aus dem Becher.

»Die Bilder mögen Ihnen unangenehm sein, aber es sind im Grunde doch nur Bilder. Das ist nicht der Mensch Christine Thalberg.«

»Das ist nett, dass Sie das sagen.« Sie trank noch einen Schluck. »Aber ich schäme mich trotzdem. Nicht nur wegen der Fotos, sondern auch, weil ich mich dazu überreden lassen habe. Björn hatte zwei Gesichter. Ich wollte lange Zeit nur das eine sehen. Liebe macht wirklich blind. Haben Sie das auch schon mal erlebt?«

Er nickte. Das hatte er, aber nicht in einer Beziehung mit einer Freundin.

Sie fuhr fort, hatte das Bedürfnis zu reden. »Selbst als er ständig eifersüchtig war und mir Vorwürfe machte, wollte ich nicht einsehen, wie es um unsere Beziehung stand. Ich habe mich nicht mehr getraut, mich zu verabreden, Freunde zu treffen, ich war nur noch für ihn da.«

»Aber Sie haben die Kurve gekriegt.«

»Die Fotos waren der Auslöser. Irgendwann habe ich sie mir angesehen, und da wusste ich, dass etwas nicht stimmt mit mir.«

»Mit ihm. Mit ihm stimmt etwas nicht.«

»Mit ihm und mir. Ich habe mit meiner besten Freundin geredet. Seinetwegen hatte ich mich mit ihr verkracht, und sie war froh, dass ich endlich zur Einsicht gekommen bin.«

»Und nach der Trennung hat er Sie nicht mehr in Ruhe gelassen?«

»Es war die Hölle. Er hat mir nachgestellt, mich verfolgt. Und dann hat er die Fotos ins Internet gestellt.«

»Sie werden ihn bald los sein. Für immer. Das verspreche ich Ihnen.«

Christine lächelte – unschuldig, ahnungslos. In diesem Moment passierte es. War es ihr Lächeln, ihr Geruch oder der Gedanke an die Zukunft? Wohl eine Mischung aus allem, dieser Moment löste eine Erektion bei ihm aus. Er versuchte, schnell an etwas anderes zu denken, aber es war zu spät. Das komplexe Zusammenspiel im Gehirn zwischen Hypothalamus, Thalamus und limbischem System war nicht mehr aufzuhalten. Er beugte sich vor, stellte den Kaffeebecher auf dem niedrigen Sofatisch ab.

»Geht es Ihnen nicht gut?«

Christine berührte ihn an der Schulter, was sein Problem nur noch forcierte.

»Ich müsste mal auf die Toilette.«

Er stand mühsam auf. Er musste die Kontrolle behalten, schleunigst ins Bad. Jeder Schritt war eine Qual. Er verließ das Wohnzimmer, warf die Tür im Bad hinter sich zu und schloss ab. Als er seine Hose öffnete, war sein Penis hart wie ein Brett und schmerzte furchtbar. Hastig holte er die kleine Spritze, die er unter seinem Ledergürtel versteckt hatte, heraus, nahm die Plastikkappe ab und rammte die kurze Nadel kurz oberhalb der Peniswurzel in sein steifes Glied. Das Mittel wirkte schnell und ließ die Erektion abschwellen. Sofort ließ auch der Schmerz nach.

Er atmete tief durch, legte die Spritze auf den Waschbeckenrand. Auf seiner Stirn hatten sich Schweißperlen gebildet. Er nahm ein Handtuch von der Stange, tupfte das Gesicht trocken, während er immer noch mit halb heruntergelassener Hose vor dem Spiegel stand. Unter der Perücke fing es an zu jucken. Er betätigte die Klospülung, zog die Hose wieder hoch und kontrollierte im Spiegel, dass die Fettpolster richtig saßen. Der Auslöser der Erektion war ihm jetzt klar. Christines Persönlichkeit. Ihre offene und ehrliche Art. Sie war anständig, die Fotos nur ein Ausrutscher gewesen. Er mochte sie. Darum durfte er sie auf keinen Fall wiedersehen, nicht so lange, bis alle Vorbereitungen abgeschlossen waren. Er schloss die Tür auf, trat aus dem Bad und kam ins Wohnzimmer zurück.

Christine sah ihn besorgt an. »Alles in Ordnung?«

»Ich glaube, ich habe heute Mittag etwas Falsches gegessen.«

»Soll ich Ihnen was gegen Übelkeit geben? Ich habe einige Medikamente da.«

»Nein, danke. Es geht schon wieder. Ich reagiere auf ziemlich viele Dinge allergisch.«

Er sammelte hastig seine Sachen ein und verabschiedete sich. Er war schon eine Weile mit dem Auto unterwegs, als ihm auffiel, dass er viel zu schnell fuhr. Er drosselte das Tempo. Es war nicht mehr weit bis nach Hause und er hatte grüne Welle. Da kam es ihm schlagartig in den Sinn – die Spritze! Er hatte sie auf den Waschbeckenrand gelegt, daran konnte er sich erinnern. Aber hatte er sie auch wieder eingesteckt?

Er fuhr rechts ran, machte den Motor aus und durchsuchte seine Taschen. Sie war nicht da. Er hatte sie im Badezimmer liegen lassen. Es war zu spät zurückzufahren. Egal, was er unternahm, er würde noch mehr Verdacht erregen. Christine war Krankenschwester und konnte womöglich herausfinden, wozu das Medikament da war und dass es nichts mit einer Allergie zu tun hatte. Was sollte er jetzt tun? Er könnte zurückfahren und sie erdrosseln, eine missglückte Vergewaltigung. Die Person, die er verkörperte, gab es nicht. Am Ende würde die Polizei in Nordhorn sich mit dem Fall beschäftigen.

Er überlegte, ob es noch eine Alternative gab. Sein Plan wäre gescheitert. Der Major wäre außer sich vor Wut, er hatte sich schon so sehr auf die Partisanin gefreut. Er holte sein Handy raus und wählte ihre Nummer. Nach dem zweiten Klingeln war Christine dran.

»Ich bin's noch mal. Ich wollte Ihnen nur sagen, dass es mir wieder besser geht.«

»Da bin ich ja froh. Sie sahen wirklich schlecht aus.«

»Sie müssen mir einen großen Gefallen tun. Ich vertraue jetzt ganz auf Sie, sonst bin ich geliefert. Ich könnte meinen Job verlieren.«

»Was ist denn?«

»Ich habe etwas auf dem Waschbeckenrand liegen lassen. Könnten Sie es wegtun, einfach wegschmeißen?«

»Ist schon geschehen.«

»Ich werde es Ihnen irgendwann erklären.«

Sie unterbrach ihn. »Das müssen Sie nicht. Es sei denn, Sie wollen.«

Er zögerte. »Und noch etwas.«

»Ja?«

»Sollen wir nicht einfach ›du‹ sagen? Ich bin Stephan.«

»Christine.«

»Danke, Christine.«

»Ich danke dir – für alles.«

Er beendete das Telefonat und schlug wütend gegen das Lenkrad. So ein dummer Fehler hätte ihm einfach nicht passieren dürfen. Wie würde sie jetzt über ihn denken? Würde sie ihm anstandslos folgen, wenn er sie bat mitzukommen?

Das nächste Treffen musste bald stattfinden. Sehr bald. Er durfte nicht mehr warten. Christine musste sein Geheimnis mit ins Grab nehmen. Er startete den Motor und fuhr nach Hause.

30

Das Navigationsgerät zeigte nur noch an, dass wir uns in einem Wald befanden. Wir fuhren auf einem Forstweg, bis erneut eine Schranke kam und es nicht weiterging. Ich wollte wenden, da sah ich im Rückspiegel zwei Scheinwerfer, die aufblendeten. Der Toyota Hilux, nach dem wir suchten, kam näher und hielt zehn Meter hinter uns. Die Fahrertür schwang auf. Andreas Frings kam auf uns zu, als wir ausstiegen.

»Das ist ein Forstweg. Sie haben hier nichts verloren. Sehen Sie zu, dass Sie …« In dem Moment erkannte er uns. »Was machen Sie denn hier?«

»Wir wollen mit Ihnen reden. Ich hatte versucht, Sie auf dem Handy zu erreichen. Ihre Frau sagte uns am Telefon, dass wir Sie vermutlich hier finden.«

»Worum geht's denn?« Er ging sofort in Abwehrhaltung, und ich wusste, warum.

Nina lächelte. »Nur ein paar Fragen zu Ihren Hunden.«

»Ich denke, die Sache ist vorbei. Wolfgang liegt im Koma. Für mich ist das damit erledigt.«

»Für uns aber noch nicht.«

»Wollen Sie mich fertigmachen? Ist es das, was Sie wollen?« Er war jetzt nahe zu uns herangetreten. »Ich weiß nicht, was Wolfgang Ihnen erzählt hat über mich, aber ich werde es leugnen …«

»Herr Frings.« Nina hob beschwichtigend die Hände, um ihn erst einmal zu beruhigen. »Es geht wirklich nur um Ihre Hunde.«

Nina war im Bilde. Ich hatte ihr auf dem Hinweg erzählt, was ich über Andreas Frings und Miriam Rölscheid wusste.

»Was ist mit meinen Hunden?«

Ich sah zu Nina, sie sollte es ihm erklären.

»Wir haben doch über Ihre Hunde gesprochen. Sie haben gesagt, dass Arko bereits sehr alt war und dass Sie schon Ausschau gehalten haben nach einem neuen Hund. Ist das richtig?«

»Ja. Einen Schweißhund kriegen Sie nicht in der Zoohandlung.«

»Und Arko ist dann plötzlich gestorben?«

Frings nickte. »Eines Morgens ist er nicht mehr aufgewacht.«

»An was ist er gestorben?«, fragte ich.

»Er war alt, immer schnell erschöpft. Er hatte Schmerzen, das sah man ihm an. Ich habe ihn deshalb geschont.«

»Was heißt das?«, hakte ich nach.

»Wenn ich ihn nicht brauchte, durfte er sich ausruhen.«

»Sie haben ihn also nicht überall mit hingenommen, ihn öfter mal in der Box auf dem Wagen gelassen?«

»Ja.« Er sah fragend zu Nina, mit der er offensichtlich lieber reden wollte.

»Hätten Sie ihn, an dem Tag, als Sie die Leiche gefunden haben, mit zu dem Hochstand genommen?«

»Das weiß ich nicht. Je nachdem, wie es ihm gegangen wäre. Worauf wollen Sie hinaus?«

»Wir überprüfen, ob Arko sterben musste, damit Gero seinen Platz einnahm.« Ich sah auf meinen Notizblock. »Bei der Befragung haben Sie gesagt, dass Sie Ihre Hunde überall mit hinnehmen. Das gilt für Gero, galt aber nicht für Arko, weil er schon so alt war.«

Frings nickte. Er war nicht dumm und verstand, worauf das hinauslief. »Sie meinen, jemand könnte Arko getötet haben?«

Eine halbe Stunde später standen wir in dem großen Garten hinter Frings Haus. Unter einem Baum befand sich eine kleine Steinplatte mit dem eingravierten Namen des Hundes. Frings hob die Steinplatte weg und stieß den Spaten tief in die Erde, hebelte den Lehm heraus und legte ihn vorsichtig auf den Boden daneben.

»Nachdem Arko gestorben war«, fragte Nina, »mussten Sie dann noch lange auf den neuen Hund warten?«

»Nein, es ging alles ganz zügig. Drei Wochen später hatte ich Gero.«

»Haben Sie mit dem Züchter E-Mails gewechselt?«

»Ja. Wieso?«

»Könnten wir diese Mails mal sehen? Und wir würden gern jemanden bei Ihnen vorbeischicken, der Ihren Computer überprüft, ob Sie irgendwelche Viren drauf haben.«

»Das glaube ich kaum. Ich habe einen Virenscanner. Der funktioniert.«

Frings grub weiter, vorsichtig, als könnte er seinem verstorbenen Hund wehtun. »Kann man das überhaupt noch herausfinden, ob er vergiftet wurde?«

Ich nickte. »Vermutlich schon. Die Krankheit, wie Sie sie beschrieben haben, könnte eine Schwermetallvergiftung gewesen sein. Und Schwermetalle lagern sich in Knochen und Zähnen ab.«

»Da!« Frings zeigte in das Loch vor ihm. Wir sahen hinein. Der Schädelknochen des Hundes lag vor uns. Frings biss sich auf die Lippen und wischte sich Tränen aus den Augen. Ich zog mir Einmalhandschuhe an, ging in die Hocke und holte den Knochen aus dem Erdreich heraus. Nina hielt eine Plastiktüte auf, und wir legten den Schädel dort hinein.

Ich sah Frings an. »Ich möchte Ihnen sehr danken, dass Sie sich dazu bereit erklärt haben.«

»Schon gut. Sagen Sie mir nur sofort Bescheid, was Sie herausgefunden haben.«

In diesem Moment vibrierte mein Handy. Ich zog die dreckigen Handschuhe aus, kramte in der Hosentasche und sah aufs Display. Die Nummer vom Polizeipräsidium – ohne Durchwahl.

»Rongen«, sagte ich zu Nina, dann nahm ich den Anruf an. »Herr Hauptkommissar. Was verschafft mir die Ehre?«

»Ein neuer Mandant. Sie sind im Moment wirklich sehr gefragt, Herr Meller.«

»Wer?« Ich ahnte es bereits.

»Aleksandr Sokolow. Er wartet hier im Präsidium auf Sie.«

31

Ich sah auf die Uhr, als ich den Vernehmungsraum betrat. Eine Dreiviertelstunde, länger hatte ich nicht gebraucht. Aus dem aktuellen Fall herausgerissen zu werden passte mir gar nicht, und noch weniger gefiel mir, dass ich keinen blassen Schimmer hatte, was mein russischer Mandant für ein Spiel spielte. Aleksandr legte wie so oft ein verschmitztes Grinsen auf, ich nahm gegenüber von ihm Platz.

»Sollten wir besser russisch reden?«, fragte er.

»Nicht nötig. Das Anwalt-Mandanten-Gespräch ist geschützt. Also, weshalb sind wir hier?«

»Keine Ahnung, was die von mir wollen. Ich bin unschuldig.«

»Mein letzter Mandant, der das behauptet hat, liegt im Koma.«

»Ich habe in der Zeitung darüber gelesen. Ist er unschuldig?«

»Davon gehe ich aus. Aber lass uns über deinen Fall reden.«

»Es gibt keinen Fall. Also gibt es nichts zu reden.«

Ich verstand. »Was, wenn sie dich in U-Haft nehmen wollen?«

Er zuckte mit den Schultern. »Wenn du es schaffst, mich aus dem Knast herauszuhalten, gut. Wenn nicht, auch gut. Ein paar Tage Ausspannen geht klar.«

»Ich hoffe, dir ist eins klar: Wenn du mich zum Mitwisser einer Straftat machst, bringst du mich in ernste Schwierigkeiten.«

»Deshalb, mein Freund, möchte ich gar nicht mit dir darüber reden. So bekommt keiner Schwierigkeiten. Du nicht und ich auch nicht.«

Aleksandr saß wegen eines anderen hier im Vernehmungszimmer. Er war ein Strohmann, der dazu diente, Rongen zu beschäftigen und auf eine falsche Fährte zu locken. Deshalb sollte ich den Namen Ivana am Telefon fallen lassen. Rongen war der Sache ganz offensichtlich nachgegangen, hatte herausgefunden, welche Mandanten ich vertrat, und bei Sokolow war er fündig geworden.

»Hast du wenigstens ein Alibi?«

»Im Moment nicht. Aber das wird sich finden.«

»Warum hast du mich kommen lassen?«

»Damit es echt aussieht. Als hätten wir was Wichtiges zu bereden. Das Honorar hast du bekommen, wenn es nicht reicht, sag Bescheid.«

»Wenn sie dich in U-Haft stecken, kann ich dann so lange deinen Bentley haben?«

»Der gehört mir nicht.« Aleksandr grinste. »Aber hat dir gefallen, wie?«

Ja, der Wagen war ein Traum gewesen.

»Erzähl mir von deinem Mandanten im Koma. Klingt interessant.«

»Ich darf nicht über andere Fälle sprechen.«

Aleksandr zwinkerte mir zu. Er war verschwiegener als der Papst, er hatte nichts mit Rölscheid zu tun und würde nie mit der Presse reden. Ich fing an zu erzählen. Vielleicht würde er in meiner Geschichte etwas finden, das ich bisher übersehen hatte.

Als ich bei der Sache mit den Hunden ankam, legte sich ein Schatten über sein Gesicht. »Er hat einen Hund getötet?«

»Einen Menschen zu töten ist wohl schlimmer. Oder?« Ich verstand Aleksandrs Betroffenheit nicht.

»Ich mache mir Sorgen um dich.« Aleksandr sagte es ohne einen Anflug von Ironie.

»Um mich?«

Er streckte seinen Arm aus, kniff ein Auge zusammen und visierte seinen Daumennagel an. »Wenn ich jetzt auf meinen Fingernagel starre, stellt die Linse in meinem Auge genau darauf scharf. Trotzdem bin ich in der Lage, den ganzen Raum scharf zu sehen. Weißt du, warum?«

»Weil das Auge eine Meisterleistung der Evolution ist?«

»Nein. Das Auge hat eine schlechtere Linse als jede Handykamera. Unser Gehirn hat sich den Raum eingeprägt und setzt das Bild im Kopf zusammen. Deshalb sehen wir immer mehr, als wir zu sehen glauben.« Er sah mich an. »Du, mein Freund, starrst auch auf deinen Daumennagel, aber du schaffst es nicht, den Rest zu sehen. Das ist dein Problem.«

»Was übersehe ich?«

»Es spielt für ihn keine Rolle, ob er Menschen oder Hunde tötet. Aber die Frage ist: Warum tut er das?«

»Er ist ein Psychopath.«

»Vielleicht.« Aleksandr nickte. »Vielleicht ist er dir aber auch ähnlicher, als du denkst. Wenn du jemand umbringen müsstest, du würdest ähnlich handeln wie er. Weißt du, warum?«

»Weil ich nicht erwischt werden will.« Allmählich verstand ich seine Logik. Doch ich schüttelte den Kopf. »Nein, Psychopathen denken anders. Ich bin kein Experte in Sachen forensischer Psychiatrie, aber ich weiß, dass diese Leute andere manipulieren wollen. Sie genießen es, über alles und jeden die Kontrolle zu haben.«

»Ich bin ein Experte.«

»Bitte?«

»Ich kenne genug solche Typen. Psychos, Schizos ... nenn Sie, wie du willst. Ich weiß, wie die ticken. Ich sage dir: Der Typ hat Angst.« Aleksandr wirkte so überzeugt, als würde er »Bogdan« kennen. »Genauso viel Angst wie du, wenn du eine Straftat begehen würdest. Du würdest dir vor Angst in die Hose scheißen. Einmal kam ein Typ zu mir, hat mir gedroht, wollte mich erpressen. Er hat gelabert, hat die ganze Zeit erzählt, was er alles weiß und was passieren würde, wenn ich nicht tue, was er will. Bis ich ihm eine Knarre in den Mund gesteckt habe. Da war er ruhig. Eine Minute lang habe ich nichts gesagt, ihm nur in die Augen geschaut, während er gepisst und gekackt hat vor Angst. Sein ganzer Plan war durch seinen Enddarm gerutscht. Ich habe nie wieder was von ihm gehört.«

»Und was willst du mir damit sagen?«

»Echte Kriminelle drehen ein Ding. Die machen einfach. Typen wie der, die machen Pläne und organisieren, alles nur aus einem Grund. Weil sie Angst haben. Davor, erwischt zu werden. Der Typ, den du suchst, sein Drang zu töten, steht im Widerspruch zu seiner Angst.«

Schlagartig begriff ich. Das war der Grund, weshalb »Bogdan« seinen Modus Operandi geänderte hatte. Ich dachte laut. »Er kann seinem Mordtrieb erst folgen, wenn er seinen Plan bis ins letzte Detail durchdacht hat?«

»Deshalb tötet er sogar einen Hund, nur um sicherzugehen, dass ein neuer Hund die Leiche findet.«

»Jeder normale Mensch hätte der Polizei einen anonymen Hinweis gegeben.«

Aleksandr nickte. »Er nicht. Such nach einem Schachspieler oder einem fanatischen Sammler. Nach einem Feinmechaniker, nicht nach einem Grobmotoriker.«

»Und weshalb machst du dir Sorgen um mich?«

»Weißt du, was Angstbeißer sind?«

Ich schüttelte den Kopf.

»Hunde, die ständig beißen, weil sie Angst haben. Was macht dein Typ, wenn du ihm auf die Spur kommst?«

An die Möglichkeit einer Bedrohung hatte ich bis jetzt noch nicht gedacht. »Was rätst du mir?«

»Dein Mandant liegt doch im Koma, oder?«

»Du meinst, ich soll die Finger von dem Fall lassen?«

»Warum nicht? Du hast andere gute Mandanten.« Er zeigte auf sich und grinste dabei.

»Ich habe noch einen Mandanten, der sitzt im Gefängnis. Wenn er auch unschuldig sein sollte ...«

In diesem Moment klopfte es an der Tür. Rongen und seine Kollegin betraten den Vernehmungsraum. Ich drehte mich erbost um. »Wir sind noch nicht fertig.«

Rongen ignorierte mich und sah zu Sokolow. »Sie dürfen wieder gehen. Meine Kollegin bringt Sie nach draußen. Ich würde mich gerne kurz noch mit Ihrem Anwalt unterhalten.«

Aleksandr stand auf, klopfte mir auf die Schulter. »Ich warte draußen.« Er folgte der Kommissarin.

Ich wandte mich Rongen zu. »Warum haben Sie meinen Mandanten hergebracht?«

Er setzte sich. »Woher haben Sie den Namen Ivana?«

»Ich kenne keine Ivana. Wer ist das?«

»Glauben Sie, ich weiß nicht, was Ihr *Versprecher* am Telefon sollte?«

»Erklären Sie es mir.«

»Sokolow hat Ihnen den Namen der toten Prostituierten gesagt, und Sie sollten ihn mir stecken. Damit wir unser Augenmerk auf ihn richten.«

Jetzt wurde mir klar, warum Aleksandr hergebracht wurde. Rongen wollte nicht mit ihm, sondern mit mir sprechen.

»Das macht Sie zu einem Komplizen in einem Mordfall.«

»Nein. Ich war Ihnen lediglich dabei behilflich, ein russisches Wort zu übersetzen, mehr habe ich mit dieser toten Prostituierten nicht zu tun.«

»Sie helfen mit, dass der wahre Mörder nicht gefasst wird. Können Sie gut damit leben?«

»Wer im Glashaus sitzt, sollte nicht mit Steinen werfen.«

»Wie bitte?« Rongen funkelte mich wütend an. »Sie glauben also immer noch, dass Rölscheid unschuldig ist.« Er schüttelte den Kopf. »Dann habe ich schlechte Nachrichten für Sie. Das Nylonseil im Fall Lauscher stammt nicht von derselben Firma wie das im Fall Rölscheid. Noch nicht mal die Knoten waren gleich. Und wissen Sie warum? Weil es zwei verschiedene Täter waren.«

»Sind wir dann fertig?«

Rongen ignorierte meine Frage. »Der Fall Rölscheid ist für mich erledigt, und ich habe weiß Gott genug andere Dinge um die Ohren. Im Moment interessiere ich mich für junge Frauen, die aus Weißrussland hierhergebracht werden, um hier in Bordellen anzuschaffen. Eine von ihnen hieß Ivana. Sie war hübsch, sie hatte Träume, sie war naiv genug zu glauben, dass der Mann, der sie hergebracht hat, nichts Böses im Schilde führt. Ivana wollte aussteigen aus dem Milieu. Sie hätte uns was erzählen können, deshalb wurde sie ermordet.«

»Das ist eine traurige Geschichte, mit der ich nichts zu tun habe.«

»Doch! Sie verstoßen gegen alle rechtsstaatlichen Grundsätze, wenn Sie die Ermittlungen der Polizei behindern.«

Ich erhob mich, ging Richtung Tür.

»Ich hoffe, Sie wissen, was Sie tun, Meller. Aber ich versichere Ihnen, ich habe Sie von nun an im Blick.«

Ich drehte mich nicht noch mal zu ihm um.

32

Das Tetra Pak war fast leer, als ich daran vorbeikam, und die Theke zog mich magisch an. Ich verkroch mich auf die Sitzbank zwischen Fenster und Zapfhahn. Michael, der Wirt, stellte mir ungefragt ein Kölsch hin. Wir stießen an. Er selbst trank aus einem 0,1-Liter-Glas. Auf der anderen Seite der Theke stand ein Typ, den ich vom Sehen kannte. Wir hatten uns gegrüßt, als ich reinkam, aber meine Entscheidung, mich nicht zu ihm und Michael zu setzen, war ein eindeutiges Signal. Ich wollte meine Ruhe haben und rief Nina an. Sie ging zwar ans Telefon, aber nur, um zu sagen, dass sie gleich zurückrufen werde. Das tat sie zwei Minuten später, nachdem sie sich die Zähne geputzt hatte. Nina berichtete, dass sie den Hundeschädel in ein medizinisches Labor gebracht hatte, wo sie Vorkasse hatte leisten müssen. Dreihundertsiebzig Euro. Sie war müde, was sie mir durch ein Gähnen mitteilte. »Und noch etwas. Ich habe den richtigen Namen von ›Jörg G.‹ herausgekriegt.«

»Wie das?«

»Ich bin nach Solingen gefahren und habe dem Journalisten einen geblasen.«

»Sehr komisch.«

»Okay, der Redakteur hat es mir einfach so gesagt, nachdem ich ihm am Telefon die Sachlage erklärt habe. Unser Mann aus Witzhelden heißt in echt Jochen Güttner und seine vermisste Ehefrau Sigrid Güttner, geborene Hansen.«

»Gut gemacht.«

»Dann darf ich jetzt ins Bett?«
»Meinetwegen, na klar.«
Es folgte ein Moment des Schweigens. Ich wartete, ob noch was kam ...
»Bis morgen«, sagte Nina schließlich. »Gute Nacht.«
Michael stellte mir ungefragt noch ein Kölsch hin.
»Danke.« Ich trank einen Schluck und ließ mir das Gespräch mit Aleksandr durch den Kopf gehen. Wir waren nicht weit genug bei unseren Ermittlungen, um »Bogdan« gefährlich zu werden. Und wenn wir Beweise für seine Existenz hätten, würde die Polizei nach ihm suchen, nicht wir. Ich hätte dann alle Hände voll zu tun, Udo Lauscher medienwirksam aus dem Gefängnis zu holen.

Ich streckte meinen rechten Arm aus und visierte meinen Daumennagel an, wie Aleksandr es vorgemacht hatte. Die Kneipe drum herum blieb in allen Einzelheiten sichtbar, obwohl mein Auge den Daumennagel fixierte. Manchmal überraschte mich Aleksandr. Dass er bauernschlau war, wusste ich, aber manchmal hatte er geradezu philosophische Anwandlungen.

»Was machst du da?« Michael sah zu mir herüber. Der andere Gast grinste.

»Wusstest du, dass man seine optische Wahrnehmung bewusst steuern kann?«

»Nein, wusste ich nicht. Aber danke.«

Michael lachte und redete weiter mit dem Gast.

Jetzt erst bemerkte ich, wie laut die beiden sich unterhielten. Michael referierte über Gastronomie. »Die Leute glauben, man muss nur Bier zapfen können. Die sehen die Einnahmen auf dem Bierdeckel und begreifen nicht, welche Kosten anfallen.«

»Wer nichts wird, wird Wirt!« Der Gast prostete Michael zu.

»Ja, von wegen. Gastronomie hat ihre eigenen Gesetze.«

Der Gast nickte. »Ist in jeder Branche so. Du musst das Geschäftsmodell begreifen.«

»So ist es.« Michael kam hinter der Theke hervor und verschwand in Richtung Küche.

Der Gast sah zu mir. »Du warst früher öfter hier, stimmt's?«

»Ja. Ich habe viel zu tun in letzter Zeit.«

»Du bist Anwalt, richtig?«

Ich nickte. »Und was machst du?«

»Energieberater.«

»Und wen berätst du?«

»Privatleute, Mieter, Hausbesitzer. Da steckt heutzutage viel Geld drin.«

»Arbeitest du als Vertreter für einen Stromkonzern?«

»Nein. Meine Kollegen und ich beraten, wir verkaufen nicht. Der Energiemarkt ist ein Dschungel, und man muss verstehen, wie die Preise zustande kommen. Wie ich schon zu Michael sagte, jede Branche hat ihre eigenen Regeln. Und meine Branche ist noch ziemlich jung.«

»Und wer bezahlt dich?«

»Der Kunde. Ich kriege einen Prozentsatz von seinen Ersparnissen. Alleine hätte er keine Chance, sich in dem Wust von Verordnungen und Gesetzen zurechtzufinden. Man muss das System verstehen.«

Ich starrte ihn an.

»Du bist skeptisch?«

»Nein, nein. Aber ich verstehe das System nicht.«

»So, wie ich nicht verstehe, was du machst. Wenn ich lese, wie die Gerichte manchmal urteilen, da frage ich mich, was in die Richter gefahren ist?«

Mir lief ein kalter Schauder den Rücken herunter. »Bogdan« kannte das System! Dieser Gedanke ließ mich nicht mehr los, während der Mann an der Theke weiterlaberte.

Ich hatte es die ganze Zeit außer Acht gelassen. »Bogdan« wusste, worauf es ankam. Er wusste, wie das System funktionierte, welche Beweise und Indizien nötig waren, um die Ermittlungen der Polizei in eine bestimmte Richtung zu lenken. Wieso war ich da nicht schon vorher draufgekommen? »Bogdan« war ein Experte, ein Profi.

33

Als er am Morgen das Gebäude der Staatsanwaltschaft betrat, kam ihm der Kollege Volker Zentek entgegen. Sein Gesichtsausdruck sprach Bände. Volker war auf dem Weg in den zweiten Stock.

»Was ist passiert?«

Volker schüttelte mutlos den Kopf. »An Tagen wie diesen möchte man am liebsten weglaufen. Wir hatten gerade einen Systemabsturz.«

»Was ist passiert?«

»Keine Ahnung. Plötzlich war Sense. Ich muss jetzt erst mal ein paar Bürobesuche machen und die Leute beruhigen.« Volker rannte die Stufen nach oben.

Er selbst nahm den Fahrstuhl in den Keller. Als er den Serverraum betrat, klatschte sein Kollege, Peter Hästen, laut in die Hände. »Oho, die Rettung naht.«

»Läuft er wieder?«

»Der Server ja. Aber unsere Anwälte können sich nicht einloggen. Als wären alle Passwörter verloren gegangen. Volker ist unterwegs.«

»Ich weiß, bin ihm begegnet. Wie weit seid ihr mit der Ursachenforschung?«

»Wir tappen noch völlig im Dunkeln.«

Er setzte sich an einen Arbeitsplatz, der mit dem Server verbunden war. Hier lief etwas gewaltig schief, das verrieten die Zahlenkolonnen auf dem Bildschirm.

Peter sah ihm über die Schulter. »Ein Hacker?«

Er schüttelte den Kopf, tauchte mit jeder Minute tiefer in die Materie ein. Jedes Problem hatte eine Ursache, man musste nur systematisch vorgehen.

»Könnte einer der Anwälte uns mit ein paar privaten Urlaubsfotos auf dem Rechner einen Virus reingeholt haben?«

»Denkbar wär's. Alles schon vorgekommen.« Er zögerte. »Aber das hier ist was anderes.«

Während Peter ihm weiter über die Schulter sah, klapperte er die unterschiedlichen Adressen und Orte ab, wo der Fehler verborgen sein könnte. Ein Server war wie eine Großstadt mit eigener Architektur, einem eigenen Straßennetz, U-Bahnen und Bussen, die alle kreuz und quer fuhren und sich manchmal gegenseitig behinderten. Man musste die Architektur verstehen. Wenn die Statik nicht funktionierte, krachte ein Gebäude in sich zusammen und konnte andere mitreißen. Aber es war ein rein mechanischer Vorgang. Computer waren keine Lebewesen, sie hatten keine Launen, doch wenn man einen Turm baute und immer höher baute, wie beim Turm von Babel, dann musste er schließlich irgendwann einstürzen.

»Die Speicher sind voll«, sagte er.

»Wie das?« Peter beugte sich vor, betrachtete den Bildschirm näher.

»Speicherallokation. Irgendeine Software, die wir womöglich selbst verfasst haben, fordert Speicherkapazität an und gibt sie nicht zurück! Schöner Mist.«

»Wer das verbockt hat, muss 'ne Runde schmeißen«, sagte Peter.

»Vorsicht. Am Ende bist du es, der zahlt.«

Peter schwieg.

»Die Fehlersuche kann dauern. Bis dahin müssen wir die Systeme weiter voneinander trennen.«

Peter verstand. »Die Straßen breiter machen, damit mehr durchpassen?«

»Genau das.«

Volker kam in den Serverraum zurück. »In den meisten Büros funktioniert es wieder. Bei euch auch?«

Peter hob den Daumen. »Ja. Mister Big hat den Fehler anscheinend gefunden.«

»Den Fehler ja, aber den Schuldigen noch nicht.«

»Richtig, wir sind hier bei der Staatsanwaltschaft«, sagte Volker. »Gegen wen soll Anklage erhoben werden?«

»Gegen den, der eine Software geschrieben hat, die zu einer Speicherallokation führt.«

Er erhob sich.

»Ihr kommt jetzt auch ohne mich zurecht? Ich bin in meinem Büro.«

Er verließ den Raum und ging zu Fuß in sein Büro in der ersten Etage. Er betätigte den Schalter für die Rollos und ließ die Sonne rein, zog sein Sakko aus, hängte es über den Bürostuhl. Dann nahm er am Schreibtisch Platz und loggte sich ein. Er setzte die randlose Brille ab. Eine Keynote am oberen Bildschirmrand signalisierte ihm, dass es ein Problem gab. Er starrte auf die Keynote. Das Problem war auf dem Rechner von Dr. Franka Naumann, die zurzeit online war. Ihr Computer funktionierte, das war nicht der Grund für die Keynote. Die Staatsanwältin hatte eine Nachricht erhalten, von Hauptkommissar Rongen aus dem Polizeipräsidium: »*Kriminaltechnische Untersuchung, Nylonseil/Fesselung*«, daneben zwei Aktenzeichen. Nur eins davon aus Köln, das andere von der Staatsanwaltschaft aus Aachen. Er las die Namen: »*Lauscher, Udo/Rölscheid, Wolfgang*«. Sein Herz setzte für einen Moment aus.

»Hast du ein Gespenst gesehen?« Volker stand in der Tür. »Oder guckst du Pornos?«

Er klickte schnell den Bildschirm weg, als Volker eintrat und ungefragt näher kam. »Funktioniert es bei dir etwa immer noch nicht?«

»Doch, bestens.« Er hob den Daumen und nickte zufrieden. »Und wir sind schön fleißig bei der Fehlersuche. Aber auch wenn du es mal wieder hingekriegt hast, befreit dich das nicht von den zehn Euro für Peters Geschenk.« Volker hielt die Hand auf.

Er holte schnell seine Brieftasche hervor und gab ihm zwei Fünfer. »Jetzt würde ich gerne weiterarbeiten.«

»Kein Problem.« Volker verschwand wieder.

Was er auf dem Bildschirm vor sich sah, war bedrohlicher als jeder Systemabsturz. Aus der Nachricht ging hervor, dass Franka Naumann, die er für kompetent hielt und die er zudem sehr schätzte, das Nylonseil aus dem Fall Lauscher zur Analyse geschickt hatte. Ohne Angabe von Gründen. Wieso tat sie das? Unmöglich, dass sie selbst auf diese Idee gekommen war. Rongen konnte auch nicht eigenmächtig gehandelt haben, die Aktivitäten von beiden hatte er auf dem Schirm, das hätte er mitbekommen.

Es musste jemand von außerhalb am Werk sein. Einer, der nicht im System war und dessen Handeln sich seiner Kenntnis entzog. Es gab überhaupt nur einen, der dafür infrage käme.

34

Ich fuhr mit dem Kopf von der Schreibtischplatte hoch, als Nina das Büro betrat und im selben Moment erschrocken einen Schritt zurückwich.

»Was machst *du* denn hier?«

Ich sah mich um. »O Mann. Wie spät ist es?«

»Kurz nach neun. Hast du kein Zuhause mehr?«

»Doch. Ich war gestern noch nicht müde, bin deshalb noch mal ins Büro. Jetzt brauche ich erst mal einen Kaffee.«

Ich stellte mich an die Maschine und setzte sie in Gang, wartete, bis das schwarze Elixier mit Donnergetöse in die kleine Tasse gepresst wurde, dann schaltete ich sie wieder aus. Ich war gestern von einer Minute auf die andere mit dem Kopf auf der Tischplatte eingeschlafen. So etwas passierte mir nicht häufig.

»Wie war es bei Aleksandr Sokolow?«, fragte Nina, als ich aus der Küche kam. »Sitzt er in U-Haft?«

»Nein.« Ich konnte ihr nicht erzählen, weshalb Rongen mich einbestellt hatte. »Die Sache ist nicht so wichtig.«

Ich trank meinen Espresso. Der weckte meine Lebensgeister.

»Und hast du was Neues herausgefunden?«

Ich nickte, ging zu der Pinwand mit den Fotos und zeigte auf das Bild von »Bogdan«. »Was würdest du sagen, wenn dieser Kerl ein Polizist wäre?«

»Wie kommst du darauf?«

»Ich habe mir gestern Nacht noch mal die Akten angeschaut. Die Beweisführung der Staatsanwaltschaft Aachen war perfekt, und hier in Köln wäre es ähnlich gelaufen. ›Bogdan‹ ist ein Profi. Er weiß genau, auf welche Knöpfe er drücken muss. Ich glaube nicht, dass er seine Opfer in Internetforen sucht.«

»Sondern?«

»Kommissare werden oft versetzt, wechseln die Dienststellen und kennen irgendwann eine Menge Leute. So kommt ›Bodgan‹ an die Ehemänner, die in Verbindung mit häuslicher Gewalt vorbestraft sind.«

»Und Jochen Güttner? Der ist nicht vorbestraft.«

»Vielleicht passt er auch nicht ins Profil. Oder er hat eine Leiche im Keller, von der wir noch nichts wissen.«

»Was heißt das für uns, wenn er Polizist sein sollte?«

»Dass wir verdammt vorsichtig sein müssen. Ich möchte Franka Naumann erst wieder treffen, wenn ich genug überzeugende Argumente zusammenhabe. Die Untersuchung des Nylonseils hat leider keinen Treffer ergeben.«

»Wäre ja auch zu schön gewesen.«

»Die Ermittlungen gegen ›Bogdan‹ müssen ab sofort unterhalb des Radars geschehen. Dazu brauchen wir die Staatsanwaltschaft auf unserer Seite. Bis dahin dürfen wir einfach keinen Fehler machen.«

»Wie wollen wir denn weiter vorgehen?«

»Ich würde sagen, wir lassen die Akte Udo Lauscher erst mal ruhen und kümmern uns um Jochen Güttner. Der Mord an Sigrid Güttner ist noch ungelöst. Solche Fälle werden von Zeit zu Zeit immer mal wieder hervorgeholt, das würde nicht auffallen. Wir müssen mit Güttner reden.«

In diesem Moment klingelte das Telefon. Nina nahm den Anruf in meinem Büro entgegen. »Kanzlei Meller, Nina Vonhoegen.« Sie betätigte die Lautsprechertaste am Telefon.

»... hat die Analyse ergeben, dass die Menge an Schwermetall, die sich in den Kieferknochen abgelagert hat, extrem hoch war.

Der Hund starb also mit Sicherheit an einer Bleivergiftung. Soll ich Ihnen das Ergebnis per Mail schicken oder per Post?«

»Beides. Vorab per Mail bitte.«

»Gut. Schönen Tag noch.«

»Vielen Dank.« Nina legte den Hörer auf. »Treffer!«

Ich nickte. Endlich. Damit war klar, dass der Fundort der Leiche bewusst in der Nähe des Hochsitzes gewählt worden war und Frings mit seinen Hunden dorthin gelockt wurde.

Nina hatte ihren Notizblock aufgeschlagen. »Ich habe im Internet nachgesehen. Eine Bleivergiftung wird häufig nicht erkannt, weil die Symptome ähnlich sind wie bei einer Krankheit, die irgendeinen unaussprechlichen lateinischen Namen hat.«

»Ist es schwer, an so ein Gift ranzukommen?«

»Erstens nein, und zweitens dürfte es kein Problem gewesen sein, das Gift zu verabreichen. Arko lag oft allein in seiner Box auf dem Wagen.«

»Ruf Jochen Güttner an. Frag, ob er Zeit hat.«

»Und wenn er nicht mit uns reden will?«

»Dann sag ihm, dass wir neue Erkenntnisse zum Verschwinden seiner Frau hätten und wir die Informationen ungeprüft an die Staatsanwaltschaft weiterleiten, wenn er nicht mit uns redet.«

Nina verschwand aus meinem Büro.

35

Eine Schwebebahn donnerte über uns hinweg, als wir die Wupper überquerten. Mein Navigationsgerät zeigte an, dass es nur noch fünf Minuten bis zu unserem Ziel waren. Die Schwebebahn folgte in etwa zwölf Metern Höhe dem Lauf des Flusses, während wir durch Wuppertal-Elberfeld kurvten. Ich bog in eine Villengegend ab, und wir fuhren einen steilen Berg hinauf. Jochen Güttner hatte sich am Telefon einverstanden erklärt, mit uns zu reden, aber er wollte, dass seine Lebensgefährtin dabei war, weshalb er uns auf den nächsten Tag vertröstet hatte. Das war akzeptabel für mich. Ich wollte nicht zu viel Druck auf ihn ausüben, schließlich sollte er uns bei den Ermittlungen zur Seite stehen.

»*Sie haben ihr Ziel erreicht*«, verkündete die nette Frauenstimme meines Navis. Ich suchte einen Parkplatz und fand zwanzig Meter weiter eine Lücke zwischen einem schwarzen 5er-BMW und einem silbernen Mercedes der S-Klasse. Zwischen den beiden Luxuskarossen wirkte mein Alfa etwas deplatziert. Wir gingen zu der Gründerzeitvilla, die etwas zurückgesetzt von der Straße lag, umringt von Bäumen. Zwei Parteien wohnten in dem Haus. An der oberen Klingel stand: *Güttner / Manscheid*.

Oben angekommen, empfing uns Jochen Güttner an der Tür. »Guten Tag, kommen Sie rein.«

Wir betraten einen schmalen Korridor, von dem mehrere Zimmer abgingen. Der Boden war aus geöltem Naturholz. Güttner führte uns in ein geräumiges Wohnzimmer mit hoher Decke.

Eine Frau, ich schätzte sie in meinem Alter, saß auf einem Sofa und erhob sich, um uns zu begrüßen. Sie war etwas korpulent, hatte dunkle, gelockte Haare, die bis zu den Schultern gingen. Güttner dagegen sah aus, als ob ihm das Essen seit Jahren nicht mehr schmeckte. Er mochte um die fünfzig sein, sah aber älter aus. Sein schütterer Vollbart war ergraut. Feine Äderchen marmorierten seine blasse Haut, und auch seine Augen waren leicht gerötet.

»Meine Lebensgefährtin, Lisa Manscheid. Das ist der Anwalt und seine Referandarin Nina Vonhoegen.«

Lisa bemerkte den fehlenden Arm und gab ihr die linke Hand. Meinen Namen hatte Güttner unterschlagen.

»Nicholas Meller«, stellte ich mich selbst vor.

Güttner deutete auf die Stühle, die um einen massiven Esstisch aus Eichenholz herum standen. Wir setzten uns. Es gab keinen Kaffee oder sonstige Getränke. Man begegnete uns offensichtlich mit vorsichtiger Skepsis.

»Ich möchte, dass Lisa bei dem Gespräch dabei ist. Wir haben keine Geheimnisse voreinander«, sagte Güttner, als müsse er die Anwesenheit seiner Lebensgefährtin rechtfertigen. Sie legte demonstrativ ihre Hand auf seine.

»Sie sprachen am Telefon von neuen Erkenntnissen. Worum handelt es sich?«

»Zunächst einmal. Wir sind nicht hier, um Ihnen Schwierigkeiten zu bereiten«, sagte ich.

»Das klang am Telefon etwas anders.«

Ich überhörte den Vorwurf und fuhr fort. »Wir arbeiten für einen Mandanten, der in Köln des Mordes an seiner Frau angeklagt werden soll. Wir gehen davon aus, dass er unschuldig ist. Wir gehen ferner davon aus, dass der wahre Täter den Verdacht bewusst auf unseren Mandanten gelenkt hat. Dieser Täter könnte auch als der Mörder Ihrer Frau infrage kommen.«

Güttner starrte mich an. Man merkte, wie es in ihm arbeitete.

Ich sah zu Lisa Manscheid, dann wieder zu Güttner. »Wir würden gern Genaueres über Ihren Fall erfahren.«

Lisa drückte wieder seine Hand. »Aber damit wäre ja Jochens Unschuld endlich bewiesen.«

Ich nickte. Ich hatte vor, ihnen Hoffnung zu machen. Das würde sie motivieren, uns alles zu erzählen. »Wir sind dabei, eine Verbindung zwischen mehreren Mordfällen herzustellen. Bevor wir uns unterhalten, eins vorab: Sie dürfen mit niemandem darüber reden. Die Ermittlungen laufen noch inoffiziell, aber das könnte sich bald ändern, wenn Sie uns helfen.«

»Von mir erfährt keiner etwas.« Güttner sah mir direkt in die Augen. »Also, was wollen Sie wissen?«

Ich holte tief Luft. Ein erster Etappensieg. Lisa holte ihren Notizblock raus.

»Haben Sie Ihre Frau jemals geschlagen?«

»Nein. Meine Frau nicht.«

»Ihre Frau nicht?« Nina sah ihn verwundert an. »Das heißt, eine andere Frau schon?«

Lisa und Jochen sahen sich an, Lisa nickte. Jochen fuhr fort. »Ein Grund für das Scheitern meiner Ehe war mein Interesse an SM. Lisa und ich haben uns in einem Club kennengelernt. Wir teilen beide diese Neigung. Sigrid hat versucht, unsere sexuelle Ausrichtung im Sorgerechtsstreit gegen mich zu verwenden. Ihr Anwalt behauptete, wir würden diese *Perversionen*, so nannte er es, auch zu Hause ausleben und Lukas, unser Sohn, wäre diesem negativen Einfluss ausgesetzt. Der Anwalt behauptete, ich würde Lisa regelmäßig vergewaltigen.«

Ich sah zu Lisa Manscheid. Sie lächelte. »Er tut nichts, was ich nicht will. SM ist ein Spiel, das nach klaren Regeln abläuft. Und die wichtigste Regel heißt: Liebe. Ohne Liebe geht das nicht.« Sie drückte wieder seine Hand, und er erwiderte den Druck.

Nina sah etwas verschämt auf ihren Notizblock. »Ihre Frau wollte das alleinige Sorgerecht?«

»Ja.« Güttners Miene verfinsterte sich. »Daraus hat die Polizei ein Mordmotiv konstruiert. Denn die Chancen standen damals gar nicht schlecht, dass Sigrids Anwalt mit seiner Masche Erfolg gehabt hätte.«

Ich wandte mich an Lisa Manscheid. »Haben Sie Sigrid Güttner gekannt?«

»Wir sind uns einmal begegnet. Es war sehr unschön. Sie hat mich als perverse Schlampe bezeichnet, die keinen Umgang mit ihrem Sohn haben soll.«

Güttner sah mich an. »Waren Sie schon mal in Witzhelden?«

Nina und ich schüttelten den Kopf.

»Ein kleines Dorf, schöne Landschaft, aber jeder kennt jeden, und es wird viel geredet. Als Sigrid verschwunden war, ist die Polizei rumgegangen und hat die Leute befragt, und so kam der Verdacht gegen mich überhaupt erst zustande. Deshalb sind wir umgezogen. Es war auch für Lukas das Beste.«

»Was machen Sie beruflich?«

»Ich bin Ingenieur, arbeite bei einer Firma, die Kugellager herstellt.«

Nina sah Lisa Manscheid mit gezücktem Stift an.

»Und ich bin Kosmetikerin«, sagte sie. »Ich habe ein eigenes Nagelstudio hier in Wuppertal.« Lisa sah auf Ninas Hand. »Sie haben schöne Fingernägel.«

Nina lächelte. »Ich lasse sie auch im Nagelstudio machen.«

»Erinnern Sie mich daran, bevor Sie gehen, ich habe da was für Sie, ein neues Produkt. Sollten Sie mal testen ...«

Güttner sah auf seine Armbanduhr. »Haben Sie noch weitere Fragen?«

»Sind Sie vorbestraft?«

»Nein.«

»Sind Sie sonst mal mit dem Gesetz in Konflikt geraten? Anzeigen, Führerscheinentzug?«

»Einmal war mein Lappen für vier Wochen weg. Wegen zu schnellem Fahren. Aber was hat das mit meinem Fall zu tun?«

»Das kann ich Ihnen jetzt noch nicht erklären. Gab es im Vorfeld, bevor Ihre Frau verschwunden ist, seltsame Vorkommnisse?«

»Zum Beispiel?«

»Sind neue Bekannte in ihr Leben getreten? Haben Sie das Gefühl gehabt, verfolgt zu werden? Hat Ihr Virusprogramm oft Alarm geschlagen?«

Güttner zeigte zu dem MacBook auf dem Tisch. »Ich habe kein Virusprogramm.«

Lisa meldete sich zu Wort. »Wir haben jemanden kennengelernt, im Swingerclub«, sagte sie. »Weißt du noch, dieser komische Typ?«

»Erzählen Sie mal.«

Güttner kam Lisa zuvor. »Also, wir haben viele Leute kennengelernt in den Clubs, das ist ja der Zweck der Übung. Aber manche Leute passen da einfach nicht hin. Die sieht man dann nur einmal, und dann tauchen die nie wieder auf. Der Typ, den Lisa meint, war so einer. Ein Voyeur. Solche Leute machen nicht mit, die gucken nur.«

»Wann und wo war das?«

»In einem Club in Frechen. Zwei, drei Monate, bevor Sigrid verschwand.«

»Was war an ihm auffällig?«

»Er war total verklemmt …«, sagte Lisa.

Güttner schnitt ihr das Wort ab. »Der passte da einfach nicht hin. Ich habe mich gefragt, was will der Typ dann hier? Hat ihn doch keiner gezwungen, sich das anzusehen.«

»Haben Sie sich mit diesem Mann unterhalten?«, fragte ich.

»Ein bisschen vielleicht, warum?«

Haben Sie zufällig etwas über Ihre private Situation erzählt?«

»Nein.« Güttner schüttelte den Kopf. »Wir gehen dahin, um unsere Alltagssorgen zu vergessen. Ich will dort auch keine Privatangelegenheiten von anderen hören.«

»Eine abschließende Frage. Praktizieren Sie SM auch zu Hause?« Die Frage irritierte Güttner. »Manchmal. Wieso?«

»Haben Sie Sexspielzeug hier?«

Güttner nickte.

»Ist irgendetwas davon zufällig verschwunden? Ich meine, so um den Zeitpunkt herum, als Ihre Frau ...?«

»Nicht dass ich wüsste.« Güttner schüttelte den Kopf.

Lisa sah ihren Lebensgefährten an. »Erinnerst du dich an das Lederpaddel? Es war beschädigt, weißt du noch? Eine Niete war herausgefallen. Wir haben tagelang gesucht.«

Bevor Güttner etwas sagen konnte, war Lisa schon aufgestanden und verließ den Raum.

»Wir haben das dann reparieren lassen«, erklärte Güttner, der unsere ratlosen Gesichter sah, »denn die Dinger sind echt teuer.«

Lisa kam mit einem Teil zurück, das von der Größe her an einen Tischtennisschläger erinnerte, allerdings war das Paddel mehr breit als rund, aus schwarzem Leder und etwa fünfzig Zentimeter lang. Es diente dazu, dem Partner den Hintern zu versohlen. Auf der einen Seite befand sich nur das glatte Leder, auf der anderen Seite ragten stumpfe Nieten heraus. Sie waren wieder vollzählig.

»Wo haben Sie das reparieren lassen?«

»Da, wo wir es gekauft haben. Bei Dome-Fetisch in Köln, in der Innenstadt.«

Ich zählte eins und eins zusammen und glaubte zu wissen, wo die fehlende Niete jetzt war. Im Grab von Sigrid Güttner. Die Niete hätte die Polizei unweigerlich zu Jochen Güttner geführt. Wenn die Leiche seiner Frau gefunden worden wäre.

Wir hörten Geräusche an der Wohnungstür, sie wurde von außen aufgeschlossen.

Güttner sah zu uns. »Da kommt mein Sohn. Wenn Sie keine weiteren Fragen mehr haben ...?

»Keine Fragen. Aber haben Sie noch Unterlagen von den Ermittlungen?«

Güttner stand auf. »Im Arbeitszimmer. Kommen Sie mit.«

Wir standen auf, ich folgte ihm.

Lisa wandte sich Nina zu. »Und Sie kriegen noch ein paar Kosmetikproben von mir.«

36

Christine betrat den Korridor von Station vierzehn und ging zum Schwesternzimmer, klopfte an den Türrahmen. Eine ältere Kollegin, die dabei war, Medikamente zu sortieren, drehte sich um.
»Hi. Ich hatte angerufen. Ist Dr. Baumann da?«
»Im Oberarztzimmer.«
»Danke.«
Christine ging ans andere Ende des Korridors, klopfte an die Tür und wartete auf eine Antwort.
»Herein.«
Dr. Baumann saß hinter seinem Schreibtisch. Er nahm die Lesebrille ab.
»Guten Tag, Christine Thalberg aus der Chirurgie. Dr. Koller hat mir gesagt, ich solle mich mit meiner Frage an Sie wenden.«
»Bitte, setzen Sie sich.« Er deutete auf einen Stuhl. Christine war überrascht, wie jung Dr. Baumann war für einen Oberarzt. Er hatte eine sportliche Figur, breites Kreuz, Dreitagebart. Sie setzte sich.
»Haben Sie Beschwerden?«
»Nein. Es geht nicht um mich.« Sie holte die Spritze, die Oberkommissar Höfner auf dem Waschbecken hatte liegen lassen, aus der Tasche und zeigte sie ihm. »Dr. Koller meinte, dass dieser Wirkstoff in der Urologie eingesetzt wird.«
»Darf ich mal sehen?«
Sie reichte sie ihm. Dr. Baumann sah auf das Etikett. »Wo haben Sie das her?«

»Ein Bekannter von mir benutzt das.«
»Und weshalb?«
»Ich weiß es nicht, er will nicht darüber reden. Deshalb wollte ich Sie fragen.«
»Nimmt er Viagra?« Dr. Baumann sah sie ernst an.
»Vielleicht. Ich weiß es nicht. Warum?«
»Zunächst einmal: Das Medikament in der Wirkstoffkombination ist in Deutschland nicht zugelassen. Diese Spritze ist so etwas wie ein Antidot zu Viagra und ähnlichen Präparaten. Wenn es zu einer Dauererektion kommt, die gefährlich werden kann, spritzt man dieses Medikament direkt in das steife Glied.«

Christine verstand jetzt, was in ihrer Wohnung vorgefallen war. Hatte Stephan Höfner etwa Viagra genommen, bevor er zu ihr kam? Saß er die ganze Zeit mit einem Ständer in der Hose neben ihr und hatte nur auf den richtigen Moment gewartet? Es gab nur eine Erklärung dafür. Er hatte sehr wohl die Fotos von ihr gesehen, und er hatte gedacht, er hätte ein leichtes Spiel mit ihr. In Christines Kopf arbeitete es. Ihre Stimme zitterte leicht. »Und dieser Wirkstoff ist in Deutschland verboten, warum?«

»Die Wirkstoffkombination. Etilefrin gibt es auch hier und wird bei Dauererektionen eingesetzt, aber in dieser Spritze ist auch noch Adrenalin. Das ist nicht gut. Ich habe mal gehört, dass solche Spritzen in der amerikanischen Pornoindustrie zum Einsatz kommen. Da im Pornobereich Viagra mittlerweile dazugehört, müssen immer genug Spritzen da sein, wenn ein Darsteller eine schmerzhafte Dauererektion hat.« Dr. Baumann machte ein besorgtes Gesicht. »Ganz ehrlich. Ihr Freund sollte die Finger von so etwas lassen.«

»Er ist nicht mein Freund«, entgegnete sie.

»Wie auch immer.« Er gab Christine die Spritze zurück. »Wenn er so ein Zeug benutzt, ist er bald ein Patient von mir.«

»Eine Frage hätte ich noch. So eine Dauererektion, kommt die nur von Viagra? Oder kann es da noch eine andere Ursache für geben?«

»Nein, es gibt auch andere Ursachen. Das Krankheitsbild heißt Priapismus. Es handelt sich dabei um einen urologischen Notfall.«

»Kann eine Erektion auch schmerzhaft sein, wenn sie nicht von Dauer ist?«

»Auch das gibt es. Meistens nach Operationen an der Prostata oder wenn in dem Bereich eine Verletzung vorlag. Solche Patienten sind schlimm dran. Stellen Sie sich das vor, wenn jeder Versuch, Sex zu haben, mit starken Schmerzen verbunden ist. Ich hatte mal einen Patienten, der konnte nur dank Morphium mit seiner Frau schlafen.«

Christine stand auf. »Danke, Sie haben mir sehr geholfen.«

»Gern geschehen. Geben Sie Ihrem Bekannten den Tipp, er solle aufhören, so etwas zu nehmen und sich an einen Arzt wenden. Unbedingt.«

Christine war verstört und hörte gar nicht mehr richtig zu. Sie verließ das Büro, ohne sich zu verabschieden.

Auf dem Weg mit dem Fahrstuhl ins Erdgeschoss wurde das mulmige Gefühl stärker. Wer war Oberkommissar Höfner, und welches Ziel verfolgte er? Mit ihr Sex zu haben? Christine versuchte sich einzureden, dass es für all das eine simple Erklärung gab. Sie kaufte in der Eingangshalle eine Telefonkarte, mit der sie jeden Apparat in einem Patientenzimmer benutzen konnte. Dann wartete sie bis nach dem Schichtwechsel, ging in ein leeres Zimmer und steckte die Karte ins Telefon. Sie wählte die Nummer des Polizeipräsidiums, die Zentrale. Es dauerte eine gefühlte Ewigkeit, bis jemand dranging.

»Polizei Köln, Worms«, ertönte es aus dem Hörer.

»Christine Thalberg, guten Tag. Können Sie mich mit Oberkommissar Stephan Höfner, Kommissariat fünfunddreißig, verbinden?«

Es ertönte Hintergrundmusik. Dann hob jemand ab. »Kommissariat fünfunddreißig, Uhlig.«

»Christine Thalberg, guten Tag. Ich hätte gerne Oberkommissar Stephan Höfner gesprochen.«

»Höffner? Wie der Kardinal?«

Christine verstand die Frage nicht. »Wie bitte?«

»Sie kommen wohl nicht aus Köln, wie? Wir hatten hier mal einen Kardinal, der hieß Höffner.«

»Nein. Stephan Höfner. Nur mit *einem* F.«

»Da sind Sie falsch verbunden worden. Den gibt's hier nicht.«

Christine zuckte innerlich zusammen. Leichter Schwindel ergriff sie.

»Bin ich ... bin ich da bei der Computerkriminalität?«, stammelt sie.

»Ja, genau.«

»Und einen Stephan Höfner gibt es nicht bei Ihnen?«

»Warten Sie mal.« Sie hörte das Tippen auf einer Tastatur. »Stephan Höffner, mit zwei F, da haben wir keinen einzigen Kollegen hier in Köln.«

»Können Sie etwas anderes für mich nachprüfen? Ich habe in Köln eine Anzeige aufgegeben, die Straftat geschah aber in Nordhorn, in Niedersachsen. Die Anzeige ist wieder bei Ihnen gelandet. Christine Thalberg. Das Aktenzeichen habe ich leider nicht.«

»Ihr Geburtsdatum, bitte«, ertönte es aus dem Hörer.

Sie sagte es ihm und wartete ungeduldig auf eine Antwort, während sie ihn auf seiner Computertastatur tippen hörte. »Da haben wir sie. Die Anzeige wird in Nordhorn bearbeitet, liegt bei der Staatsanwaltschaft Osnabrück. Wir haben damit rein gar nichts zu tun.«

Christine atmete schwer. Ihr war übel. »Können Sie mich zurück zur Zentrale verbinden?«

»Kein Problem. Schönen Tag noch und viel Erfolg.«

Im nächsten Moment hörte sie ein Knacken. Bevor der Mann am anderen Ende der Leitung seinen Namen sagen konnte, fiel Christine ihm ins Wort. »Können Sie mich mit dem Kommissariat verbinden, das in dem Mordfall Mike Lehnbach ermittelt?«

»Was ist der Grund Ihres Anrufs?«

»Ich habe wichtige Informationen. Sehr wichtige.«

»Bleiben Sie dran.«

37

»Hast du schon mal SM ausprobiert?«

Seit wir vor einer Viertelstunde aus Wuppertal losgefahren waren, hatte ich mit dieser Frage gerechnet. Wir überholten gerade eine Kolonne Lkws, kurz vor dem Autobahnkreuz Hilden.

»Nein.« Ich sah zu ihr. »Du?«

Sie schüttelte den Kopf. Das Thema war noch nicht durch, das spürte ich. »Auch nicht auf einer Party von Pjotr?«

Ich sah zu ihr und grinste.

»Die Party ist in einer Woche«, erinnerte sie mich. »Gehst du hin?«

»Nein.«

»Schade. Warum nicht?«

Nina wollte mich begleiten, das spürte ich. Aber ich brachte es nicht übers Herz, ihr zu sagen, weshalb sie dort völlig fehl am Platz wäre. Für Pjotr und die meisten seiner Gäste wäre eine behinderte, hübsche Frau wie sie ein Affront. Ich wechselte das Thema. »Reizt dich denn SM?«

Sie schüttelte den Kopf. »Eher nicht. Schmerz und Lust passen für mich einfach nicht zusammen. Aber ich frage mich, wo die Grenze verläuft?«

»Welche Grenze?«

»Zwischen Lust am Rollenspiel und echter Qual und Grausamkeit. Das, was ›Bogdan‹ macht.«

»Vielleicht hat er ja auch mal ganz klein angefangen und sich dann dahin bewegt, wo er jetzt ist.«

Sie nickte. »Vielleicht hat er irgendwann die Grenze überschritten, von wo aus es kein Zurück mehr gibt.«

Ich sah sie grinsend von der Seite an. »Denkst du gerade über einen Undercover-Einsatz nach?«

Nina boxte mich gegen die Schulter.

»Hey, du kannst ja richtig zuhauen.«

»Mit zwei Armen hätte ich Boxen angefangen.«

Wir schwiegen, während ich den Wagen auf die Abfahrt Richtung A3 lenkte, die uns direkt nach Köln bringen würde. Nina dachte über irgendwas nach.

»Die beiden, also Güttner und seine Freundin, die lieben sich wirklich. Sie können sich darauf verlassen, dass der andere nicht zu weit geht.« Nina zögerte einen Moment. »Warst du schon mal so verliebt?«

»Wie verliebt?«

»Dass du deinem Partner blind vertrauen konntest?«

Ich nickte stumm.

»Und wieso hast du sie nicht geheiratet?«

»Ich möchte nicht darüber reden.«

»Ich aber.«

»Wieso?«

Sie sah mich herausfordernd an, so wie vor drei Tagen, als sie mir das Weinglas aus der Hand genommen hatte. »Weil ich ein Recht habe zu erfahren, mit wem ich ins Bett gehe.«

»Sie hat sich von mir getrennt«, sagte ich.

»Warum?«

»Hanna ist heute eine erfolgreiche Anwältin in einer großen Kanzlei und Mutter von zwei Kindern. Sie hat mir vorgeworfen, ich würde unter einem Peter-Pan-Syndrom leiden. Würde mich weigern, erwachsen zu werden. Sie brauchte einen Mann, mit dem sie ihre Pläne verwirklichen konnte. Ein eigenes Haus, zwei Autos in der Garage und eins davor.«

»Und, hat sie ihre Pläne verwirklicht?«

Ich nickte. »Aber sie hat sich inzwischen von dem Vater ihrer Kinder getrennt und erneut geheiratet. Vor einem halben Jahr etwa. Ich habe die Anzeige in der Zeitung gelesen.«

Ich musste runterschalten in den vierten Gang, weil wieder mal ein überholender Lkw den Verkehr ausbremste. Ich ließ meine Hand auf der Gangschaltung, da spürte ich Ninas Hand auf meiner. Dort blieb sie liegen, bis der Lkw rechts einscherte und ich wieder in den fünften Gang schaltete.

Ich hatte das Glück gehabt, einen Parkplatz direkt vor Ninas Haus zu finden. Als ich auf meinen Alfa zuging, drehte ich mich noch mal um und sah zur ersten Etage hinauf. Nina stand am Fenster, nur mit einem langen T-Shirt bekleidet. Darunter trug sie nichts, das wusste ich, weil ich dabei war, als sie es übergezogen hatte. Sie hob die Hand und winkte mir zu. Ich blieb am Auto stehen und verharrte, bis sie sich abwendete und in der Dunkelheit ihres Zimmers verschwand. Nina war unberechenbar geworden. Nach einem intensiven Orgasmus hatte sie mir ins Ohr gehaucht, dass sie mich liebte, um mir eine Stunde später zu verstehen zu geben, dass ich jetzt gehen sollte. Ohne Begründung. Nina spielte mit meinen Gefühlen, zog mich an und stieß mich im nächsten Moment weg. Ganz bewusst, ich wusste nur nicht, warum. In mir kam die Angst auf, sie zu verlieren, obwohl wir noch gar nicht richtig zusammen waren. Alles schien möglich bei ihr.

Im Büro angekommen, überflog ich den Inhalt des Schnellhefters, in dem Jochen Güttner seine Unterlagen gesammelt hatte. Ich konnte mich aber nicht richtig konzentrieren. Es waren Schreiben von der Staatsanwaltschaft, Anhörungsbogen, Briefe und Erwiderungen auf Briefe. Mein Handy piepte, ich sah aufs Display. Eine WhatsApp-Nachricht. Nur ein großes Herz und ein strahlendes Smiley daneben. Ich antwortete mit einer Reihe von Herzen und kam mir dabei vor wie ein Teenager.

Güttner hatte seine Verteidigung selbst übernommen und ausdrücklich auf einen Anwalt verzichtet, weil er sich unschuldig fühlte und dies nach außen demonstrieren wollte. Aus meiner Sicht hatte er einfach nur Glück gehabt, dass ihn nicht das gleiche Schicksal ereilt hatte wie Udo Lauscher. »Bogdan« schien irgendein Fehler unterlaufen zu sein. Ich war mir sicher, dass Güttner ins Täter-Opfer-Profil passte, während der Fall Carla Jankowski mir zu weit weg erschien. In diesem Moment klingelte das Festnetztelefon. Ich hob ab, ohne aufs Display zu sehen. »Na, soll ich noch mal vorbeikommen?«

»Gerne.« Es war Franka.

Ich hatte Mühe, meine Enttäuschung zu verbergen. »Oh, ich dachte, es wäre jemand anders.«

»Störe ich?«

»Nein, überhaupt nicht.«

»Ich hätte mich auch schon früher gemeldet, aber du warst nicht im Büro erreichbar, und ich wollte nicht auf die Mailbox sprechen. Meine E-Mail hast du bekommen?«

»Von der KTU?« Ich hatte sie gelesen und abgehakt. »Rongen hatte es mir auch schon mitgeteilt.«

»Rongen? Hat er dich angerufen?«

»Nein. Ich musste wegen einer anderen Sache zu ihm.«

Sie fragte nicht weiter nach. »Nun, wie auch immer. Machst du weiter im Fall Rölscheid?«

»Ja.«

Franka schwieg einen Moment.

»Ich finde, unser letztes Gespräch ist etwas unglücklich verlaufen«, sagte sie schließlich, »deshalb würde ich gerne noch mal mit dir über alles reden. Aber nicht im Büro.«

»Darf ich das als Einladung verstehen?« Ich sah auf die Uhr. Es war Viertel nach acht.

»Darfst du. Die Kinder sind bei ihrem Vater.«
Ich schwieg. Schließlich fing Franka an zu lachen. »Keine Hintergedanken. Nur auf ein Glas Wein.«
»Weiß oder rot?«
»Ich habe beides da.«
»Nein, ich bringe den Wein mit.«

Frankas Wohnung befand sich in der obersten Etage und hatte Dachschrägen, für einen Neubau eher ungewöhnlich. Durch die großen Fenster im Wohnzimmer konnte man die Lichter des Fernsehturms sehen, den ich von meiner Balkontür ebenfalls im Blick hatte. Das Geräusch des Entkorkens verriet mir, dass Franka sich für den Rotwein entschieden hatte, denn der Weißwein hatte einen Schraubverschluss. Sie kam mit der Flasche und zwei Gläsern aus der Küche. Wie vor einer Woche auf dem Sportplatz trug sie ein legeres Outfit, Jeans und einen Kapuzenpulli mit der Aufschrift der *Columbia University*. Noch immer ein ungewohnter Anblick. Sie stellte die Gläser auf dem Glastisch ab und schenkte uns ein. Ich stand beim Bücherregal, wo ich unter verschiedenen Werken berühmter Dichter und Denker auch einen Band aus einem Fachverlag entdeckte. Ich lag richtig mit meiner Vermutung, es war die Promotionsschrift von Franka, also nahm ich das Buch in die Hand.

»Leg das sofort wieder weg.«

Ich stellte das Buch zurück ins Regal. Laut Titel ging es um irgendwas zum Thema »Unmittelbarkeitsgrundsatz«. Franka reichte mir ein halb volles Glas Rotwein. Mit einem leisen Ping läuteten wir den Abend ein. Ich hatte kaum das Glas auf dem Tisch abgestellt, als mein Handy vibrierte. Ich sah aufs Display, es war Nina.

»Sorry, da muss ich rangehen.«

»Kein Problem.«

Ich entfernte mich ein paar Schritte. Franka ging galanterweise in die Küche und ließ mich allein.

»Du bist weder im Büro noch zu Hause.« Nina hatte versucht, mich auf dem Festnetz zu erreichen. Ihre Stimme klang anders als sonst und verursachte bei mir ein schlechtes Gewissen. Dass ich hier war, fühlte sich fast an wie Fremdgehen.

»Ist etwas passiert?«, fragte ich besorgt.

»Nein. Ich wollte nur noch mal sagen, dass ich es eben schön fand. Sehr schön sogar.«

In ihrer Stimme lag eine sonderbare Traurigkeit, die mir Angst machte.

»Bist du okay? Ich kann vorbeikommen, wenn du ...«

»Nein. Ich bin okay. Ich wollte dir nur gute Nacht sagen und deine Stimme hören.«

»Das freut mich. Ist das auch wirklich der einzige Grund, weshalb du anrufst?«

Ich hörte sie atmen.

Was war los? Ich fühlte mich auf einmal ganz elend.

»Ich frage mich, ob ich die Richtige bin für dich«, sagte Nina.

»Wie kommst du denn darauf?«

Sie zögert. »Ich war im Internet ...«

»Ja, und?«

»Ich bin da ... auf einen Artikel gestoßen. Ich weiß jetzt, warum du mich nicht mit zu Pjotrs Party nehmen willst. Wegen meiner Behinderung. Stimmt's?«

Ich spürte, wie die Wut in mir aufstieg. »Ich scheiß auf Pjotr und seine verdammte Party. Und ich komme jetzt zu dir.«

»Nein. Wenn du kommst, mache ich nicht auf. Sag mir nur, ob es stimmt.«

Ich versuchte, mich wieder ein klein wenig zu beruhigen und wartete, bis meine Stimme wieder gefasst klang. »Ja, es stimmt. Es gibt einige Russen, die haben ein Problem mit Behinderten, aber ich nicht. Lass uns in aller Ruhe darüber reden.«

»Das machen wir. Morgen.«

»Nein, heute noch.«

»Nein, morgen. Es ist alles wieder gut. Versprochen. Ich scheiße auch auf Pjotr. Der kann mich mal. Gute Nacht.« Sie legte auf, bevor ich etwas erwidern konnte. Ich starrte noch einen Moment lang auf das Display, bevor ich das Handy einsteckte.

»Schlechte Nachrichten?« Franka kam aus der Küche zurück.

Ich versuchte ein Lächeln. »Nein, alles bestens.«

Sie hatte zwei Schälchen dabei, in dem einen waren Cracker, in dem anderen Oliven. Franka setzte sich auf die Couch, ich nahm in einem Sessel Platz. Franka war die beste Ablenkung für mich, zu Hause hätte ich keine Minute still sitzen können. Es war erstaunlich, wie viele Gesprächsthemen wir hatten, ohne ein Wort über die Arbeit zu verlieren. Franka lachte viel und herzlich. Ihre gute Laune war ansteckend.

Eine Stunde später neigte sich die zweite Flasche dem Ende entgegen, was vor allem an meiner Trinkfreudigkeit lag. Franka erhob sich von der Couch und ging leicht torkelnd in die Küche, machte sich an Flasche Nummer drei zu schaffen. Ich folgte ihr.

»Er ist fremdgegangen«, sagte sie ohne Vorwarnung. Wir hatten den ganzen Abend das Thema Beziehungen gemieden. »Das konnte ich ihm nicht verzeihen.«

Ich nahm es zur Kenntnis und sah sie an. Auf einen Kommentar hatte ich keine Lust.

»Ich war so wütend. Wie noch nie in meinem Leben.« Sie arbeitete mit dem Korkenzieher, als wollte sie der Flasche den Hals umdrehen. »Er hat es mir irgendwann gebeichtet. Aber erst nachdem er die Koffer gepackt hatte.«

Plopp! Endlich hatte sie die Flasche entkorkt. Sie schenkte mir ein, dann sich selbst.

»War das eben am Handy deine Referendarin?«

»Ja. Genau.«

»Schläfst du mit ihr?«

»Wir haben eine feste Beziehung.«

»Und sie hat kein Problem damit, dass du jetzt hier bist?«

»Nein. Muss sie auch nicht.«

»Na ja. Bei euch Männern weiß man nie.« Franka trank einen großen Schluck.

»Du solltest deine schlechten Erfahrungen nicht auf den Rest der Welt projizieren.«

»Leichter gesagt als getan.« Sie baute sich vor mir auf, breitete die Arme aus. »Was stimmt nicht mit mir? Sag es mir, bitte.«

»Mit dir stimmt alles.«

»Schön. Und woran liegt es dann, dass ich immer die Verlassene bin?«

»Vielleicht, weil du zu perfekt sein willst. In allem. Im Beruf wie im Privatleben.«

»Da steht ihr Männer nicht drauf?«

Ich grinste, hielt ihr mein Glas hin und sie stieß an. Wir tranken beide.

»Aber wenigstens bin ich eine gute Staatsanwältin. Sag sofort, dass ich eine gute Staatsanwältin bin.« Sie sah mich in gespieltem Ernst an.

»Du bist sogar eine sehr gute Staatsanwältin. Schade, dass ich betrunken bin, denn jetzt glaubst du mir nicht.«

»Ich glaube dir jedes Wort.«

»Jedes Wort?«

»Jedes!«

Ich sah sie eindringlich an. »Auch wenn ich dir sage, dass der Typ wirklich existiert?«

Der Themenwechsel ging Franka zu schnell. »Was? Was?« Sie legte die Stirn in Falten. »Welcher Typ?«

»Wir haben ihn ›Bogdan‹ genannt. Ich bin mir sicher, dass er mindestens zwei Frauen auf dem Gewissen hat. Vielleicht sogar drei.«

»Drei Frauen?«

Ich nickte. »Oder noch mehr. Er ist ein Serienmörder. Und er verfügt ganz offensichtlich über Insider-Kenntnisse. Was mich zu einer Schlussfolgerung geführt hat, die dir nicht gefallen wird. Ich glaube, dass ›Bogdan‹ Polizist ist.«

Franka stellte das Glas ab und ging zur Tür. Sie zog sich die Schuhe an.

»Wo gehen wir hin?«

»In dein Büro. Du hast damit angefangen. Jetzt möchte ich alles darüber wissen. Oder bist du nicht mehr fit?«

»Doch, klar.« Ich stellte das Glas ab.

Franka öffnete bereits die Tür. »Wir machen einen Deal. Wenn du mich überzeugst, gehe ich morgen zu meinem Chef und erzähle ihm davon.« Sie zeigte in Richtung Küche. »Vergiss die Flasche nicht.«

38

Ich saß hinter meinem Schreibtisch und starrte die Pinnwände an, wartete sehnlichst darauf, dass das Telefon endlich klingelte. Franka und ich waren bis zwei Uhr in der Früh in meinem Büro gewesen, bis wir kaum noch die Augen offen halten konnten. Wir hatten zusammen die dritte Flaschen Wein geleert, während ich über »Bogdan« referierte. Ob es von nun an nur noch mein Fall war oder ich mit ihr zusammenarbeiten würde, hing von ihrem Chef ab. Irgendwann gestern Nacht, es muss so gegen ein Uhr gewesen sein, hatte ich das Knarren der Treppe im Treppenhaus vernommen. Zumindest glaubte ich das, und hörte dann, wie die Haustür unten ins Schloss fiel. Als ich nachsah, brannte im Treppenhaus Licht, aber es war niemand da. Aus irgendeinem Grund ließ mich der Gedanke nicht mehr los, es könnte Nina gewesen sein. Hatte Frankas Anwesenheit sie verschreckt? Ich konnte es leider nicht in Erfahrung bringen, denn Nina ging nicht ans Handy, dreimal hatte ich es schon versucht.

Endlich klingelte das Festnetztelefon. Ich griff zum Hörer, ohne aufs Display zu schauen. Die Enttäuschung war groß – Julius Andrees. Er wollte hören, wie es um unseren Fall stand. Das Ergebnis der Analyse hatte er bekommen, und er betonte, dass es ihn auch sehr gewundert hätte, wenn das Nylonseil in beiden Mordfällen aus derselben Fabrikation gewesen wäre. Seine Worte klangen wie Spott. Er glaubte nicht an eine Verbindung zwischen den beiden Fällen und hielt seinen Mandanten für schuldig, also konnte er sich über meinen Aktionismus eigentlich nur lustig machen. Ich verschwieg ihm die Sache mit dem vergifteten Hund oder den zwei anderen Fällen, die an unseren Pinnwänden hingen. Schließlich beendet er das Telefonat mit dem Hinweis, er sei leider gerade sehr beschäftigt.

Ich legte den Hörer auf und wartete, nahm mein Handy und fragte Nina per Kurznachricht, wann sie kommen würde? Normalerweise war sie gegen halb zehn im Büro, es war bereits Viertel nach. Ich sah, dass die Nachricht bei ihr ankam, und kurz darauf verfärbten sich die Häkchen blau, was bedeutete, dass sie die Zeilen gelesen hatte. Weniger als eine Minute später machte es »Ping«, und die Antwort lautete, sie sei auf dem Weg.

Das Telefon klingelte erneut. Ich sah auf dem Display Frankas Nummer, ließ es ein zweites Mal klingeln, um mich zu sammeln, dann hob ich ab. »Guten Morgen.«

»Geht es dir auch so beschissen wie mir?«, drang ihre Stimme gequält aus dem Hörer.

»Nein. So schlimm?«

»Ich habe schon drei Tabletten eingeworfen. Abgesehen von den Nebenwirkungen, war es aber ein netter Abend.«

»Ja, fand ich auch. Hast du mit deinem Chef gesprochen?«

Sie machte eine lange Pause. »Ich muss dich leider enttäuschen.«

Ich fand keine Worte.

»Es tut mir leid. Ehrlich.«

»Was hat er gesagt?«, fragte ich schließlich.

Franka zögerte. »Es reicht ihm alles nicht. Er hält deine Theorie für ein Hirngespinst.«

»Hirngespinst?« Ich schrie es fast.

»Tut mir leid, Nicholas.«

»Und wie denkst du darüber? Jetzt, mit nüchternem Kopf.«

»Nüchtern? Da musst du noch ein paar Stunden auf die Antwort warten.«

»Ich meine es ernst, Franka!« Ich wollte ihre Meinung hören.

»Also schön. Die Sache mit dem vergifteten Hund hat mich überzeugt. Das kann kein Zufall mehr sein, diese Aneinanderreihung – kaputter Hochsitz, der Hund, die verschlossene Schranke. Das hat für mich eine innere Logik, die zumindest auf einen Täter hindeutet, der akribisch genau plant und weiß, was eine Indizienkette ist.«

»Was sagt dein Chef denn zu den anderen Fällen?«

»Jochen Güttner? Die Ermittlungen ruhen, bis neue Erkenntnisse vorliegen. Es gibt im Moment aber keine. Lauscher wartet auf eine Bestätigung des Urteils beim BGH und liegt außerhalb unseres Bezirks. Und Bernd Jankowski, der hat sich in seiner Zelle erhängt, und es deutet nichts darauf hin, dass die Justiz einen Fehler gemacht hat. Fazit: wenig vielversprechend.«

»Aber genau das beschreibt den Modus Operandi des Mörders. Ich gehe fest davon aus, dass ›Bogdan‹ ein Insider ist. Am ehesten ein Polizist.« Ich zögerte. »Oder ein Kollege von dir. Vielleicht sogar dein Chef.«

Franka lachte nicht. Im Grunde war es auch gar nicht als Scherz gemeint.

»Lass uns noch mal reden, wenn es mir besser geht. Meine Kinder sind noch drei Tage bei ihrem Vater. Ich könnte uns heute Abend was kochen …«

»Du kannst kochen?«

»Mein Ex hat zehn Kilo zugelegt während unserer Ehe.«

Es war die einzige Option, die ich hatte, wenn ich in dieser Sache weiterkommen wollte.

»Okay. Wann?«

»Sieben Uhr, ist das okay?«

»Sieben Uhr. Frohes Schaffen.«

Ich knallte den Hörer auf. Jetzt brauchte ich dringend einen Espresso. Kurz darauf brodelte und donnerte die Maschine los, deswegen hörte ich nicht, wie hinter mir die Tür geöffnet wurde. Als ich mich mit der Tasse in der Hand umdrehte, stand ein Mann im Türrahmen und ließ einen Schlüssel zwischen seinen Fingern baumeln. »Guten Tag. Ich möchte Ihnen den hier vorbeibringen.«

Ich erkannte den Anhänger sofort. Es war Ninas.

Der Mann trat ein und schloss die Tür hinter sich.

»Wer sind Sie? Was ist passiert?« Ich stellte die Tasse ab.

»Kein Grund zur Aufregung«, sagte er lächelnd. Seine Stimme war ruhig. »Es ist nichts passiert.«

Ich schätzte ihn auf Ende zwanzig, und ich hatte das Gefühl, ihm schon einmal irgendwo begegnet zu sein. Untersetzt, blonde Haare, Seitenscheitel. Er trug einen schmalen Oberlippenbart und eine randlose Brille. Jetzt wandte er sich der Tür zu und drehte den Sperrriegel. In dem Moment war mir klar, wer vor mir stand.

»Wo ist Nina?«

»Ihr geht es gut. Den Ort, wo sie sich aufhält, kann ich Ihnen aus verständlichen Gründen nicht nennen.«

»Wie heißen Sie?«

»Bleiben wir doch bei ›Bogdan‹. Das klingt schön neutral.«

Mir schwirrte der Kopf. »Woher wissen Sie von dem Namen?«

Der Mann lächelte. »Er steht an Ihrer Pinnwand.«

Ich hatte mich also nicht geirrt – letzte Nacht. Es war jemand in der Kanzlei gewesen. Er hatte Ninas Schlüssel. Er musste schon da gewesen sein, als Franka und ich kamen, und hatte sich dann hinausgeschlichen. Jetzt holte er Ninas Handy aus der Innentasche seines Jacketts und zeigte es mir.

»Ninas Schicksal hängt allein von Ihnen ab. Wenn Sie sich an meine Anweisungen halten, geschieht ihr nichts.«

Wieder lächelte er und zeigte mir dabei seine offensichtlich falschen Zähne, die einen leichten Gelbstich wie von Nikotin hatten. Ich ging davon aus, dass der Oberlippenbart und die Haare ebenfalls nicht echt waren. Die Brille hingegen schon. Ich schätzte die Sehstärke auf mindestens drei Dioptrien.

Es fiel mir schwer, einen klaren Gedanken zu fassen. Was könnte ich tun? Mich auf ihn stürzen, ihn überwältigen. Er war nicht durchtrainierter als ich. Aber wenn er Nina in seiner Gewalt hatte, musste ich mir anhören, was er zu sagen hatte.

»Vertrauen Sie mir«, sagte er. »Ich mache das nicht zum ersten Mal. Am Ende werden wir alle überleben. Sind Sie interessiert?«

»Ja ... nun ... reden Sie schon«, stammelte ich. Meine Zunge war trocken und lag bleischwer in meinem Mund.

»Wollen Sie mir nicht einen Kaffee anbieten? Wir müssen uns schließlich erst kennenlernen.«

Ich holte tief Luft, versuchte, ruhig zu bleiben. Meine Knie zitterten leicht. »Espresso?«

Er lächelte. »Gerne.«

Nachdem ich seiner Bitte nachgekommen war, gingen wir in mein Büro. Ich nahm hinter meinem Schreibtisch Platz, er setzte sich wie ein Mandant auf den Stuhl gegenüber und trank seinen Espresso. »Schmeckt ausgezeichnet.«

»Fangen wir an.« Ich hatte mich wieder etwas gefasst.

Er stellte die leere Tasse vor sich auf meinem Schreibtisch ab. »Wenn mir etwas zustoßen sollte oder die Polizei mich festnimmt, werden Sie Nina niemals lebend wiedersehen. Ihr geht es, wie schon erwähnt, gut. Das garantiere ich.«

»Was haben Sie mit ihr gemacht?«

»Kennen Sie Propofol? Ein Narkotikum. Wenn man es falsch dosiert, kann es zu Atemstillstand und damit zum Tod führen. Michael Jackson ist daran gestorben. Ich kenne mich gut aus im Umgang mit Propofol. Letzte Nacht hat Nina das Haus auf eigenen Füßen verlassen und ist zu mir ins Auto gestiegen. Ohne Aufsehen. Sie wird alles schadlos überstehen, wenn wir beide uns einig werden.«

Ich konnte mir weiß Gott kein Szenario vorstellen, in dem er Nina oder mich am Leben lassen würde. Aber mir blieb keine andere Wahl, als seine Forderungen anzuhören.

»Sagen Sie endlich, was Sie wollen.« Seine ruhige Art machte mich wahnsinnig.

»Geduld«, ermahnte er mich. »Eins nach dem anderen. Mich würde zuerst mal Ihre Einschätzung bezüglich Hauptkommissar Rongen interessieren. Er ist ein guter Polizist, oder?«

Ich zögerte, nickte dann.

»Rongen überlistet man nicht so leicht. Er hat auch sehr schnell begriffen, dass Sie ihn gelinkt haben mit dem Anruf wegen – Ivana.«

»Sie hören mich ab?«

Er ging nicht darauf ein. »Was wird Rongen wohl denken, wenn Nina als vermisst gemeldet wird?«

»Wer sollte sie denn als vermisst melden?«

»Ninas Mitbewohnerin vielleicht. Sie ist heute von ihrem Kurzurlaub zurückgekommen. Wenn Hauptkommissar Rongen Ninas Zimmer betritt, wird er dort ein ziemlich zerwühltes Bett vorfinden, in dem bei genauerer Untersuchung Spermaspuren gefunden werden. Es handelt sich natürlich um Ihr Sperma.«

»Ich habe ein Alibi«, konterte ich.

»Nur bis um zwei Uhr dreißig.«

Ich funkelte ihn hasserfüllt an. Meine Gedanken rasten.

»Was wollen Sie?«, fragte ich. Meine Stimme klang heiser. »Dass ich meine Nachforschungen einstelle?« Ich machte eine wegwerfende Handbewegung. »Dann hätten Sie sich die Entführung sparen können. Es gibt keine Nachforschungen mehr. Die Staatsanwaltschaft hält meine Theorie für ein Hirngespinst.«

»Nur zu verständlich. Aber ich weiß, dass Sie hartnäckig sind. Sie haben bisher gute Arbeit geleistet.«

Auf dieses Kompliment hätte ich gern verzichtet. »Jetzt rücken Sie schon heraus mit der Sprache. Was wollen Sie?«

»Sie werden sich ganz normal verhalten, weitermachen, als ob nichts wäre. Haben Sie Termine für heute tagsüber – außer dem Abendessen mit Frau Dr. Naumann?«

Auch davon wusste er. Natürlich. Er wusste anscheinend alles über mich. »Ja. Ich habe Termine.«

»Gut. Gehen Sie denen nach. Ein ganz normaler Arbeitstag. Und heute Abend lassen Sie sich von Frau Dr. Naumann bekochen.«

Er holte ein altmodisches Handy aus seiner Jackentasche und legte es vor mir auf den Tisch, dazu ein passendes Ladekabel. »Achten Sie darauf, dass Sie dieses Handy immer bei sich haben. Ich rufe Sie an.«

Er stand auf und verließ mein Büro. Kurz darauf hörte ich die Haustür im Treppenhaus zufallen.

39

Ich saß in meinem Alfa und überdachte meine Optionen. Es gab nur einen Mann, mit dem ich in meiner jetzigen Situation reden konnte – Aleksandr Sokolow. Allerdings ging ich davon aus, dass das Handy in meiner Tasche wie ein Abhörgerät funktionierte. Wir würden uns auf Russisch unterhalten müssen, in der Hoffnung, dass »Bogdan« kein Sprachengenie war. Aleksandr verfügte über Möglichkeiten, Probleme aus der Welt zu schaffen, und ich hatte ein Problem, ein Riesenproblem.

Als ich in die Vogelsanger Straße einbog, sah ich schon von Weitem die Blaulichter. Ein Streifenpolizist wedelte mit seiner Kelle, damit die Autos um die Einsatzfahrzeuge herumfuhren. Zwei Polizeiwagen versperrten die Einfahrt zu dem Schrottplatz. Ich kurbelte das Fenster runter, während ich langsamer wurde. Der Polizist kam zu mir ans Seitenfenster, wedelte mit der Kelle. »Fahren Sie bitte weiter. Hier ist ein Polizeieinsatz.«

»Das sehe ich. Ich möchte zu Herrn Sokolow. Ich bin sein Anwalt.«

»Parken Sie hinter unseren Fahrzeugen.« Der Beamte nahm einen der Pilone weg, und ich fuhr ein paar Meter weiter, machte den Motor aus. Ich stieg aus und ging schnellen Schrittes zu der Einfahrt des Schrottplatzes. Kaum war ich um die Ecke gebogen, da sah ich Hauptkommissar Rongen. Er bemerkte mich, kam näher.

»Wer hat Sie informiert?«

»Worüber informiert? Was ist los?«

»Sie sind nur zufällig hier?«

»Ich wollte zu meinem Mandanten. Was ist denn passiert?«

»Ein Kunde hat Herrn Sokolow in seinem Büro gefunden. Ihr Mandant wurde niedergeschossen.«

»Lebt er noch?«

»Sehen Sie einen Leichenwagen?«

»Verdammt, Rongen!« Ich schrie ihn an. »Sagen Sie mir einfach, wie es ihm geht!«

»Schwer verletzt. Nicht sicher, ob er es schaffen wird.«

»Schon einen Verdacht?«

Rongen schüttelte den Kopf. »Wir tappen noch im Dunkeln. Vielleicht können Sie ja was Sinnvolles zur Aufklärung beitragen.«

»Wohl kaum.« Ich musste erst mal tief durchatmen. »Hören Sie, Sokolow war nicht nur mein Mandant, er war auch ein Freund. Also bitte, sagen Sie mir jetzt, was mit ihm geschehen ist.«

Rongen schien diesen Moment zu genießen. Seit unserem letzten Gespräch waren die Fronten zwischen uns verhärtet, aber ich hatte wohl einen glaubhaft verzweifelten Eindruck gemacht, jedenfalls rückte er mit der Sprache heraus.

»Die Spurensicherung hat gerade erst angefangen. Es ist noch zu früh, um was zu sagen. Was wir wissen: Kaliber .22. Wird gerne von Profis benutzt, weil die Kugel in den meisten Fällen im Körper stecken bleibt und dadurch größeres Unheil anrichtet.«

»Sie gehen also von einem Profi aus?«

»Nein.«

»Warum nicht?«

»Ein Profi hätte noch einen dritten Schuss abgefeuert. In den Kopf.« Rongen sah mich an. »So, jetzt sind Sie an der Reihe. Welcher Amateur könnte Sokolow eine Kugel verpasst haben? Sie kennen doch sein Umfeld. Hat es etwas mit Ivana zu tun?«

»Das glaube ich nicht.«

»Wieso nicht?«

»Weiß nicht. Nur so eine Ahnung.«

Ich starrte vor mich hin. Ich wusste nur zu gut, wer die Schüsse auf Sokolow abgegeben hat, es war eine Warnung an mich persönlich, nichts zu versuchen, was seinen Plan gefährden könnte. Eine drastische Maßnahme, die »Bogdan« für nötig hielt, um mir eindringlich meine Lage vor Augen zu führen. Mir blieb keine andere Wahl, als sich seinem Willen zu beugen. Zumindest so lange, bis er einen Fehler machte.

Rongen sah mich skeptisch an. »Täusche ich mich, oder haben Sie doch noch etwas, das Sie mir sagen wollen?«

»Nein, tut mir leid. Ich bin noch etwas geschockt, das werden Sie verstehen.«

Rongen zeigte wenig Mitleid. »Hören Sie, Meller. Wenn Sie etwas über die Hintermänner dieser Tat wissen, dann sind womöglich auch Sie in Gefahr. Und in diesem Fall wären Sie auch nicht mehr an die Schweigepflicht gebunden, das wissen Sie ja. In Ihrem eigenen Interesse würde ich Ihnen daher dringend raten, mit uns zusammenzuarbeiten. Nur so kann ich Ihnen helfen.«

»Ich brauche keine Hilfe.«

»Wenn Sie meinen. Auch wenn ich Sie nicht sonderlich mag, möchte ich Sie nur ungern als Nächstes hier aufsammeln müssen.« Rongen sah sich um. »Wo ist Ihre sympathische Begleiterin?«

Ich zuckte unwillkürlich zusammen.

»Zu Hause. Muss fürs Examen lernen.«

Ich wandte mich ab, musste weg, bevor er weitere Fragen stellen konnte. Ich war schon fast beim Tor, als er mir nachrief.

»Ich hoffe, dass Sie Frau Vonhoegen nicht mit in diese Ivana-Geschichte reingezogen haben. Russen sind nicht zimperlich gegenüber Frauen. Das muss ich Ihnen wohl nicht erzählen.«

40

Es hätte eine Möglichkeit gegeben, den Aufenthaltsort von Nina zu ermitteln. Eine hässliche Methode, moralisch nicht zu vertreten, aber mir wäre alles egal gewesen. Bis vor einer Dreiviertelstunde hatte ich noch alle Hoffnungen auf Aleksandr gesetzt, jetzt schwebte er in Lebensgefahr, und ich war ganz allein auf mich selbst gestellt. Ich saß an meinem Schreibtisch und hatte den Kopf in die Hände gestützt, musste an den Obduktionsbericht denken. Ich wusste, was »Bogdan« Nina antun würde, wenn ich versagte. Miriam Rölscheid hatte schreckliche Qualen erleiden müssen, wieso sollte er diesmal gnädig sein? Ich hatte keine Ahnung, was ich tun sollte. Wie sollte ich diesen Tag überstehen, das Abendessen bei Franka? Sie würde sofort merken, dass etwas mit mir nicht stimmte.

Ich drehte mich mit dem Bürostuhl herum und sah zu dem Filmfoto an der Wand. Es zeigte die Szene, in der die Hauptfigur Alex DeLarge mit seinen drei Droogs an dem künstlichen See entlangschritt. Es war der Moment kurz bevor er mit seinem Stock ausholen würde, um seinem Freund Pete, der neben ihm ging, den Knauf mit voller Wucht zwischen die Beine zu semmeln. Kurz zuvor hatten seine Droogies den Aufstand geprobt. Alex war ihr Anführer, aber nun wollten die drei anderen auch mitbestimmen. Das konnte Alex sich nicht bieten lassen. Kurz bevor er ausholte und zuschlug, ertönte in dem Film seine Gedankenstimme, und er sagte: »*Aber dann kam die Erleuchtung, und plötzlich begriff ich, dass das Denken nur was für Bekloppte ist, und dass Leute mit Grips so was wie Inspirationen haben ...*«

Ich richtete mich in meinem Bürostuhl auf. Inspiration! Das war es, was hier vonnöten war. Mir war klar, dass ich mit strenger Logik Nina nicht würde retten können. Einen Gegner, der alle Trümpfe in der Hand hielt, konnte man nicht dadurch bezwingen, dass man ihm eine Karte wegnahm. Nein, ich musste das verbotene Pik-Ass aus seinem Ärmel ziehen und ihn entlarven. »Bogdan« war ein Tüftler. Ein Eigenbrötler mit ungeheurem Gewaltpotenzial, das er vor der ganzen Welt verbergen musste. Er musste sich tarnen und verstellen. Er kannte Hauptkommissar Rongen und Franka Naumann. Ich war mir sicher, dass er sich in deren Umfeld bewegte – und da fiel mir ein, wo ich ihn schon mal gesehen hatte – allerdings ohne die blonde Perücke und den lächerlichen Schnauzbart! An dem Tag, als ich das erste Gespräch im Büro von Franka Naumann hatte. Wir waren kurz unterbrochen worden von einem Mann mit einer randlosen Brille. Er wollte Franka sprechen, und sie hatte ihn gebeten, später wiederzukommen. Für einen Staatsanwalt war er zu jung, vielleicht ein Rechtspfleger. Oder ein anderer Dienstleisterberuf innerhalb der Behörde. Ich setzte mich an den Computer und rief die Internetseite der Staatsanwaltschaft auf. Was für Stellen wurden dort angeboten? Ich klickte mich durch und stieß auf etwas, das von allen möglichen Optionen am besten infrage zu kommen schien: IT-Systemadministrator.

In dem Moment, als ich das auf dem Bildschirm las, ergab alles einen Sinn. Das Puzzle in meinem Kopf setzte sich wie von selbst zusammen. Er war ein Computerexperte. Jetzt wurde mir klar, wie er an seine Opfer gelangte. Er hatte alle Informationen, weil er sie verwaltete, die Daten. Der Austausch zwischen Polizei und Staatsanwaltschaft fand neben dem postalischen Weg auch auf digitale Weise statt, somit hätte »Bogdan« als Systemadministrator auch Zugriff auf Informationen, die bei der Polizei lagen. Und Zugang zu den Gerichtsakten. Moment! Udo Lauscher – sein Fall gehörte nicht in die Zuständigkeit der Staatsanwaltschaft Köln. Aber ein anderes Verfahren: Der Streit um einen Parkplatz an einem verkaufsoffenen Samstag, der mit einer Körperverletzung und einer Verurteilung endete. Dieser Vorfall wurde Lauscher zum Verhängnis. »Bogdan« war dadurch auf ihn aufmerksam geworden. Er suchte sich seine Opfer am Computer aus, sie waren für ihn nur Namen mit Geburtsdaten und Wohnorten. Die optische Erscheinung der Frauen oder deren Charakter spielten anscheinend nur eine untergeordnete Rolle. Als Systemadministrator verfügte er über die totale Kontrolle. Sein Plan hatte bereits mehrfach funktioniert, niemand war ihm auf die Schliche gekommen. Bis jetzt. Nina und ich waren die Ersten, die dabei waren, sein Spiel zu durchschauen.

Ich stand auf und ging zu den Pinnwänden, sah auf die Landkarte. Die Markierungsnadeln lagen weit verstreut. Er konnte sich die Fundorte nicht aussuchen, zumindest nicht im Fall Lauscher und Rölscheid. Merzenich bei Düren, Bergheim bei Köln – er war darauf angewiesen, Strecken zurückzulegen, auf Autobahnen und Landstraßen. Wie ging er – als jemand, der alles plante – mit dem Risiko um, auf der Fahrt in eine Polizeikontrolle zu geraten? Miriam Rölscheid hat während des Transportes definitiv noch gelebt. Selbst wenn »Bogdan« im Besitz eines Polizeiausweises war, in einer Kontrolle reichte ein Hilferuf, ein falsches Wort, und man hätte die schwer verletzte Frau in seinem Auto gefunden. Genau dasselbe wäre bei einem Unfall geschehen, und so etwas konnte immer passieren. Hatte er ein Wohnmobil? In einem Wohnmobil konnte man eine Person ziemlich gut verstecken. Aber ein solches Gefährt fiel in einem Waldweg zu sehr auf. Hatte »Bodgan« in der Nähe des jeweiligen Fundorts etwas angemietet? Auch damit hinterließe er Spuren. Ein Fremder kommt in einen Ort, kurz danach verschwindet eine Frau, und der Fremde zieht wieder weg. Nein, das funktionierte nicht. Er musste das Risiko des Transportes eingegangen sein.

In diesem Moment fing das Handy, das »Bogdan« mir gegeben hatte, auf dem Schreibtisch an zu surren. Ich ließ es zweimal klingeln, bevor ich dranging.

»Gratuliere«, hörte ich seine Stimme aus dem Telefon. »Sie haben meinen Beruf erraten. Bravo. Aber das hilft Ihnen leider auch nichts.«

Mir wurde etwas schwindelig, und ich ließ mich in meinen Bürostuhl fallen. Natürlich war er als IT-Experte auch in der Lage, sich in meinen Computer zu hacken.

»Sind Sie noch dran?«, fragte »Bogdan«, als ihm mein Schweigen zu lange dauerte. »Nun, vielleicht wird es Sie interessieren, dass Ihr Mandant jetzt aus dem OP raus ist und auf der Intensivstation liegt. Wenn er die Nacht übersteht, hat er gute Chancen zu überleben.«

»Warum haben Sie das getan? Sokolow hat nichts mit der Sache zu tun.«

»Ich wusste, was Sie vorhaben. Ich kenne Sie besser, als Sie glauben ...«

Ich nahm das Handy kurz vom Ohr weg und sah aufs Display. Der Akku war nur noch halbvoll, obwohl er hundert Prozent angezeigt hatte, als »Bogdan« mir das Telefon überreichte. Das Handy war also im Dauerbetrieb und funkte permanent. Als ich das Gerät wieder ans Ohr hielt, war »Bogdan« noch immer dabei zu erklären, warum Aleksandr aus dem Weg geräumt werden musste.

»Wie geht es Nina?«, unterbrach ich ihn.

»Bogdan« schien zu stutzen. »Sie schläft. Ich habe die Dosis gut eingestellt. Wenn sie erwacht, wird sie sich nicht mehr an viel erinnern können. Wir müssen uns jetzt beeilen.«

»Beeilen?«

»Wir treffen uns in einer halben Stunde auf der neuen Freitreppe am Rheinufer.«

»In einer halben Stunde, aber ...«

Ich wollte einwenden, dass das zu knapp war, aber »Bogdan« hatte das Gespräch schon beendet.

Die neue Freitreppe am rechten Rheinufer war eine Attraktion nicht nur für Touristen. Die Sonne schien, und Hunderte von Menschen hatten sich hier eingefunden, um das Altstadtpanorama zu genießen. Ich stand am Geländer und beobachtete die Leute. Es tat weh, ansehen zu müssen, wie glückliche, sorglose Menschen sich küssten, während mir ein Treffen mit diesem Monster bevorstand. Mein Blick schweifte suchend umher. Ich hatte es in der vorgegebenen Zeit geschafft, aber von »Bogdan« war weit und breit nichts zu sehen. Plötzlich schlug mir jemand auf die Schulter. Ich fuhr herum. Er hatte sein Aussehen komplett verändert. Baseballkappe, Sonnenbrille, Vollbart, dazu schulterlanges Haar. Er grinste wegen meines verdutzten Blickes, dann sah er sich misstrauisch um.

»Lassen Sie uns in den Rheinpark gehen.«

Er ging vor. Ich folgte ihm. Als wir die Besuchermassen hinter uns gelassen hatten, blieb er stehen, drehte sich wieder misstrauisch nach allen Seiten um, dann reichte er mir ein Foto. Ich sah es mir an, darauf war eine Frau zu sehen. Sie mochte Ende fünfzig, Anfang sechzig sein. Schwer zu schätzen. Auf der Rückseite stand eine Adresse.

»Wer ist das?«

»Unwichtig. Irgendeine Person, die zur falschen Zeit am falschen Ort auftaucht. Es wird so aussehen, als ob sie einen Einbrecher bei sich zu Hause überrascht hat. Die Frau hat Herzprobleme. Ein oder zwei Elektroschocks, die sie nicht überleben wird.«

Ich verstand nicht, was er meinte.

Ein diabolisches Lächeln umspielte seine Lippen. »Sie werden sie töten.«

»Ich?« Ich sah ihn entsetzt an. »Sind Sie wahnsinnig?«

»Bogdan« hob beschwichtigend die Hände. »Wir drei, Nina, Sie und ich, werden einen Pakt schließen. Einen Pakt, der uns für immer aneinander bindet. Nur so können wir gemeinsam in dieser Welt weiterleben.«

»Deshalb muss diese Frau sterben?«

»Es ist nur irgendeine Frau. Denken Sie einfach an Nina. Ich werde dafür sorgen, dass nicht der Hauch einer Spur zu Ihnen führt. Natürlich garantiere ich Ihnen, dass die Wahrheit ans Licht kommt, sollten Sie mich der Polizei ausliefern.«

Ich streckte meinen Arm aus, wollte ihm das Foto zurückgeben. »Nein. Das funktioniert nicht.«

»Es muss funktionieren. Sie haben die Wahl – diese Frau da oder Nina.«

Ein junges Pärchen ging Händchen haltend an uns vorbei. Sie sahen frisch verliebt aus. »Bogdan« wartete, bis sie außer Hörweite waren. »Ich werde aufhören. Danach. Vielleicht tröstet Sie das ein wenig.«

»Womit aufhören?«

»Keine weiteren Frauen mehr.«

»Ich glaube Ihnen kein Wort. Jemand wie Sie hört nicht auf. Niemals. Für Leute wie Sie gibt es kein Zurück mehr.«

»Schwachsinn!«, rief er aus. Zum ersten Mal schien er ansatzweise die Selbstbeherrschung zu verlieren. »Psychogeschwätz. Es gibt immer ein Zurück. Jack the Ripper hat aufgehört, der Zodiac-Killer, der Co-ed-Killer …«

»Bogdan« brach ab. Er atmete tief durch, bevor er sich wieder an mich wandte. »Stecken Sie das verdammte Foto ein!«

Ich sah auf das Bild. »Warum diese Frau?«

»Ein Zufallsopfer. Bei ihr wurde schon einmal eingebrochen. Die Polizei hat ihr zu Sicherungsmaßnahmen geraten, aber sie hat sie nicht befolgt. Es passt alles.« Jetzt kniff er die Augen zusammen, als würde ihn die Sonne blenden, er ging ein paar Schritte, drehte sich um und kam zurück. Es war offensichtlich, dass er erregt war.

»Ich werde Sie beschützen, Herr Anwalt.« Er hatte auf einmal ein leichtes Krächzen in seiner Stimme. »Und Sie mich. Solange wir beide jeder den anderen nicht verraten, wird der Mord an dieser Person ein ungelöster Fall bleiben.«

»Bogdan« wirkte verändert, er war nicht mehr die Ruhe selbst, nicht mehr der große Manipulator, der alle Fäden in der Hand hielt. Und ich glaubte auch zu wissen, warum. Die Frau auf dem Foto war nicht irgendwer. Sie spielte in seinem Leben eine wichtige Rolle. Vielleicht war das der Grund, weshalb ich sie töten sollte, weil er es tun wollte, aber nicht konnte.

»Und Nina? Was soll ich Nina erzählen?« Ich wollte um jeden Preis das Gespräch mit ihm in Gang halten.

»Nina erfährt die Wahrheit. Dass Sie einen Mord begangen haben, um sie zu retten.« Er lächelte. Sein Lächeln erstarb, weil ich nicht reagierte. »Was sehen Sie mich so entsetzt an? Glauben Sie etwa, Nina würde Sie verraten?« Er schüttelte verächtlich den Kopf. »Nein. Nein, nein, Nina liebt Sie, und sie wird alles tun, um Sie zu beschützen.«

In dem Punkt hatte er vielleicht recht.

Zwei Männer in meinem Alter, ein schwules Pärchen, gingen an uns vorbei und sahen herüber. Sie blieben an der Backsteinmauer ganz in unserer Nähe stehen, als würden sie Kontakt suchen.

»Gehen wir weiter«, sagte »Bogdan«, dem die Männer auch aufgefallen waren. »Ich werde Ihnen jetzt erklären, wie es abläuft. Sie müssen sich genau an meinen vorgegebenen Zeitplan halten.«

Er ging schnellen Schrittes voraus. Ich zögerte einen Moment, dann folgte ich ihm.

41

Franka gab sich große Mühe, eine gute Gastgeberin zu sein, und sie wollte mir eindeutig mit ihren Kochkünsten imponieren. Ich hatte von »Bogdan« den klaren Befehl erhalten, bei ihr zu erscheinen und sie mit gewissen Informationen zu versorgen.

»Hast du ein neues Handy?«, fragte sie, als ich es ans Ladekabel anschloss.

»Ja. Die Journalisten sind wieder an meine Nummer gekommen, und da musste ich ...«

Ich wollte zu einer längeren Erklärung ansetzen, aber Franka hatte ihre Aufmerksamkeit schon wieder anderen Dingen zugewandt. Sie ahnte nicht, dass wir einen stillen Gast hatten.

»Soll ich die Flasche Wein aufmachen?« Ich hatte sie schon in der Hand. Einen Barolo von 2006.

»Wenn wir uns gegenseitig versprechen, dass es bei der einen Flasche bleibt.«

»Versprochen.« Ich machte mich am Korken zu schaffen. Die Uhr am Herd stand auf dreißig Minuten, so lange würden das Fleisch und die Kartoffeln im Backofen noch brauchen. Wir stießen mit unseren Gläsern an, tranken jeder einen Schluck.

»Es tut mir leid, dass ich heute am Telefon keine guten Nachrichten für ...«

Ich schnitt ihr das Wort ab. »Nein, ist okay. Es ist vorbei.«

Sie sah mich erstaunt an. »Wie vorbei? Du gibst auf?«

»Ich gebe nicht auf, ich habe nur meinen Fehler eingesehen.«

»Was für einen Fehler?«

»Ich habe mich verrannt. Genau, wie du gesagt hast. Es ist schmerzlich, sich das eingestehen zu müssen. Aber so ist es nun mal.«

Franka glaubte mir nicht, das verriet ihr Blick. »Moment, so einfach kommst du mir jetzt nicht davon. Wieso plötzlich der Sinneswandel?« Sie nippte zuerst nur an ihrem Glas, dann nahm sie einen richtigen Schluck.

Ich wandte mich von ihr ab, ging zu der großen Fensterfront, die auf den Balkon führte, und schaute zum Fernsehturm. Es war nicht leicht, jemandem in die Augen zu sehen, wenn man ihn anlügen musste. Ich schwieg eine Weile, tat so, als suchte ich nach Worten.

»Ich habe mir da eine komplizierte Theorie zusammengebaut«, begann ich schließlich, »weil die Alternativtätertheorie meine einzig denkbare Verteidigungsstrategie war. Und dabei wollte ich das Naheliegendste nicht sehen.«

»Und das wäre?« Franka war hinter mich getreten.

»Rölscheid hat seine Frau gehasst.« Nach einer bedeutungsvollen Pause fügte ich noch hinzu: »Abgrundtief gehasst.«

In ihrem Kopf fing es an zu arbeiten. »Und die Sache mit dem Hund des Försters?«

»Franka, all das muss bitte unter uns bleiben. Ich vertraue dir jetzt was an. Rölscheids Frau hatte ein Affäre mit Frings.« Franka machte große Augen. Ich wartete, bis sie diese Information verdaut hatte. »Rölscheid wollte sich auch an seinem Freund rächen. Deswegen musste der Hund sterben. Es war auch ein Racheakt. Dass dann ausgerechnet der neue Hund die Leiche seiner Frau findet, nennt man wohl Ironie des Schicksals.«

Franka nickte gedankenverloren. »Das ist ein Hammer. Und Udo Lauscher?«

»Ich habe heute mit dem Kollegen aus Aachen telefoniert. Er hat mir ein paar Details verschwiegen. Indizien, die bei dem ersten Gerichtsverfahren gar nicht zur Sprache kamen.« Franka schluckte auch diese Lüge.

»Ich habe nur gesehen, was ich sehen wollte. Und schließlich war es auch mein erster Mordfall, ... was weiß ich.«

Sie legte sanft ihre Hand auf meine Schulter. »Nimm's nicht so schwer.«

»Schon okay.« Ich mühte mir ein Lächeln ab.

Franka lächelte zurück. Es schien, als ob sie froh war, dass ich endlich wieder Vernunft angenommen hatte.

»So, jetzt wollen wir aber essen.« Sie ging in die Küche. Wenig später trug sie mit Küchenhandschuhen eine große Auflaufform mit Deckel ins Wohnzimmer und stellte sie auf den Esstisch. Dann nahm sie ihr Smartphone, und kurz darauf ertönte Johnny Cashs »Ring of Fire« aus einer Bluetooth-Box.

Als wir saßen, wartete ich darauf, dass sie das Essen auffüllte. Aber Franka sah mich nur merkwürdig versonnen an.

»Wie lange weißt du schon, dass Frings eine Affäre mit Miriam Rölscheid hatte?«

»Mein Mandant hat es mir erzählt, bei meinem ersten Besuch in der JVA. Wieso?«

»Du weißt es schon so lange, und jetzt auf einmal ...«

»Was, auf einmal?«

»Auf einmal glaubst du, dass Rölscheid den Hund aus Rache vergiftet hat und das Auffinden der Leiche ein reiner Zufall war?«

»Ja.« Mehr fiel mir nicht ein, um sie von dieser Geschichte zu überzeugen.

»Ich frage mich, ob das wirklich klug ist«, sagte sie.

»Was?«

»Dass du aufgibst.«

Verdammt! Sie hatte keine Vorstellung, in welche Schwierigkeiten sie mich brachte. Der Fall musste zu den Akten gelegt werden, so lautete »Bogdans« Befehl.

»Wieso? Das hast du doch die ganze Zeit gewollt, oder etwa nicht?«

»Nun ja, aber dein Aktenvortrag gestern Nacht, der war wirklich überzeugend. Und heute soll das alles falsch sein? Deine neue Theorie klingt wie aus dem Hut gezaubert. Was ist los mit dir?«

Ich hatte nur noch einen Versuch, den Fall zu beenden, und sah ihr in die Augen. »Die Sache hat mich schon viel zu viel Zeit meines Lebens gekostet. Und gerade jetzt möchte ich diese Zeit lieber anders nutzen.«

Franka lächelte schelmisch. »Oh, ich verstehe. Nina? Das erklärt einiges.«

Ich nickte und versuchte ebenfalls zu lächeln. Franka erhob sich und öffnete die Auflaufform mit den Küchenhandschuhen. In einer cremig öligen Soße lagen Iberico-Schweinekotelettes neben Thymiankartoffeln. Es sah gut aus, aber leider verspürte ich keinerlei Appetit.

»Sieht lecker aus.«

Die Köchin war viel zu feinfühlig, um auf mein Kompliment hereinzufallen. Johnny Cash beendete seinen Song, und es folgte »One«, eine Coverversion, ursprünglich von »U2«. Franka tat mir eine Portion auf den Teller.

»Dann guten Appetit.«

Sie fing an zu essen. Nach der dritten Gabel bemerkte sie, dass ich noch nicht mal das Besteck angerührt hatte. Ich nahm schnell Messer und Gabel in die Hand und fing an.

»Hast du vielleicht Salz und Pfeffer?«, fragte ich.

Franka stand auf, ging in die Küche. Auf dem Tisch lag eine Tageszeitung und daneben ein Stift. Als Franka wiederkam, hatte ich ihr etwas aufgeschrieben. Ich legte meinen Zeigefinger auf die Lippen und schob ihr die Zeitung hin. Dann klapperte ich demonstrativ mit dem Besteck.

»Guten Appetit.«

Franka las, was ich notiert hatte. Sie sah mich fragend an und ich wies stumm auf das Handy, das am Ladekabel hing.

Franka nahm ihr Glas. »Dann lass uns darauf anstoßen, dass du zur Vernunft gekommen bist.«

»Und auf das gute Essen«, fügte ich hinzu. »Danke für die Einladung.«

Wir tranken jeder einen Schluck.

»Also schön, dann werde ich am Montag zu meinem Chef gehen und ihm berichten, dass die Akte geschlossen ist.«

»Er wird sich bestimmt freuen.«

Wir klapperten weiter mit dem Besteck, aber auch Franka war schlagartig der Appetit vergangen. Ich hatte ihr aufgeschrieben, dass wir abgehört wurden und dass sie mir gratulieren sollte, dass ich den Fall zu den Akten gelegt hatte. Wir mussten diese Scharade nicht lange spielen. Schon bald surrte »Bogdans« Handy. Ich stand vom Tisch auf und ging dran. So war es vereinbart. »Bogdans« Anruf sollte mir den Vorwand liefern, frühzeitig wieder von Franka aufbrechen zu können.

Zum Abschied gab ich ihr an der Tür einen Kuss auf die Wange und flüsterte ihr dabei ins Ohr. »Du unternimmst nichts. Das musst du mir versprechen. Andernfalls bringst du dich und auch deine Kinder in größte Gefahr.«

Ich spürte die Wirkung meiner Worte. Franka erstarrte, ich löste mich von ihr und ging hinaus, verschwand ohne ein weiteres Wort.

Es war unklar, ob wir uns je wiedersehen würden. Aber eines wusste ich mit Sicherheit. Franka würde zu mir halten, egal, was geschähe. Sie kannte die Wahrheit.

42

Ich hatte »Bogdans« Handy abgeschaltet und den Akku entfernt, als ich mich der Rückseite des Hauses zu Fuß näherte. So war es abgesprochen, denn wir wussten beide, dass es heutzutage zu den üblichen Ermittlungsmethoden bei einem Mordfall gehörte, alle Handys zu überprüfen, die sich in der Nähe des Tatortes in eine Funkwabe eingeloggt hatten. Mein Alfa Romeo stand zwei Querstraßen weiter geparkt. Die Frau, deren Foto ich in der Tasche hatte, wohnte im Erdgeschoss eines frei stehenden Zwei-Parteien-Hauses mit Garten. Es gab eine Terrassentür, und »Bogdan« hatte mir erklärt, wie ich sie mit einem Brecheisen leicht aufhebeln konnte. Mein potenzielles Opfer würde gegen zweiundzwanzig Uhr nach Hause kommen. Sobald ich meinen Teil der Abmachung erledigt hätte, würde er mir mitteilen, wo ich Nina abholen konnte. Ich wusste genug, um ihn auffliegen zu lassen, und das würde ich tun, wenn Nina etwas zustieße.

Ich warf einen Blick auf die Uhr und hatte noch eine halbe Stunde Zeit. Man betrat den Garten durch eine hohe Metallpforte. Ich öffnete sie mit dem Schlüssel, den »Bogdan« mir gegeben hatte. Anstatt einer Taschenlampe hatte ich ein Nachtsichtgerät. Die Bewegungsmelder waren abgeschaltet, der Garten lag im Dunkeln. Er hatte eine asphaltierte Zufahrt, auf der man einen Pkw abstellen konnte. Der Platz war leer. Bis zum Haus waren es etwa dreißig Meter, die Rasenfläche war umgeben von einer Brandmauer. Den Elektroschocker trug ich in der Jackentasche bei mir. Das Gerät war umgebaut, sodass es tödliche Stromstöße abgab, zumindest tödlich für eine Frau mit schwachem Herzen. Ich sah auf den Boden vor mir, dann nach rechts zu der Brandmauer. Obwohl das Nachtsichtgerät keine Farben zeigte, fiel mir auf, dass das Gras zwischen der asphaltierten Einfahrt und der Mauer plattgedrückt und das Erdreich an einigen Stellen aufgerissen war. Ich ging in die Hocke und sah es mir genauer an. Irgendein großer, schwerer Gegenstand musste hier gestanden haben, für so lange Zeit, dass das Gras sich von der Belastung nicht mehr erholt hatte. Ich richtete mich wieder auf und ging langsam auf die Terrasse zu. Es war leicht, die Verriegelung mit dem Brecheisen aufzuhebeln. Ich trat ein und schloss die Terrassentür hinter mir. Das Licht in der Wohnung blieb ausgeschaltet, ich konnte genug sehen. Die Uhr am Fernseher leuchtete hell und zeigte an, dass mir noch fünfundzwanzig Minuten Zeit blieben. Ich sah mich um. Die Wohnung war altmodisch eingerichtet, eine große Schrankwand aus Eiche, ein hohes Sofa und ein Fernsehsessel. Ich warf einen Blick in die Küche, ging weiter zum Schlafzimmer, um mich zu vergewissern, dass die Frau nicht schon schlafend im Bett lag. Dann schritt ich in die Diele. Dort hing ein Schlüsselkasten neben der Tür. Ich holte alle Schlüssel heraus. Die meisten hatten Anhänger und waren beschriftet. Auf einem stand »OG«. Genau darauf hatte ich gehofft. Die Frau besaß einen Schlüssel für die Wohnung im Obergeschoss. Das hieß, sie stand in irgendeiner Beziehung zu dem oder den Bewohnern hier im Haus. Ich hatte vom ersten Moment an Zweifel gehabt, dass die Frau bloß ein zufälliges Opfer sein sollte. »Bogdan« überließ nichts dem Zufall.

Ich trat aus der Wohnung ins Treppenhaus und ging leise eine Holztreppe nach oben. Manche Stufen knarrten, keine allerdings so laut wie in meinem Büro. Oben angekommen, legte ich mein Ohr an die Wohnungstür. Als alles still blieb, schloss ich auf und trat ein. Eine Stehlampe mit weißem Schirm brannte und erhellte einen großen Wohnraum. Ich nahm das Nachtsichtgerät vom

Kopf. Die Wohnung war anders geschnitten als unten, Trennwände fehlten, wodurch die gesamte Ebene größer wirkte. Eine Glastür führte auf den Balkon. Die Küche war durch eine Theke vom Wohnbereich abgegrenzt. Es gab eine knallrote Ledercouch in modernem Design. Ich kontrollierte, was sich hinter den Türen befand. Ein Bad mit großer Wanne. Ein Schlafzimmer mit Doppelbett, aber nur einer Decke und einem großen Kissen. Hier lebte ein Single.

Ich ging zurück zur Tür, immer noch auf der Suche nach einem Hinweis, wer hier wohnte. Hinter einer Tür hatte ich noch nicht nachgeschaut. Sie führte in ein kleines Arbeitszimmer mit einem Schreibtisch, auf dem ein Monitor stand. Neben dem Schreibtisch eine Hängeregistratur, die abgeschlossen war, ebenso wie die Schubladen des Schreibtisches. Aber ich fand einen Brief auf dem Boden des Mülleimers, holte das Kuvert heraus und sah auf die Adresse: *Marius Zeuthen*. Der Absender war ein Händler für Modellbauartikel. Ein Blick auf die Uhr: Viertel vor zehn.

Von außen hatte ich gesehen, dass das Haus unterkellert war. Ich schloss die Tür auf, vor mir lag die Kellertreppe. Sie erinnerte mich an das Haus, in dem ich als Kind eingeschlossen war. Dort unten war es genauso stockdunkel. Ich hatte das Nachtsichtgerät aufgesetzt, doch obwohl ich genug sehen konnte, hielt mich meine Angst davor ab, hinunterzugehen. Ich nahm das Nachtsichtgerät ab, schloss die Augen und betätigte den Lichtschalter. Nach einigem Blinzeln hatte ich mich an die Helligkeit gewöhnt. Vorsichtig nahm ich die erste Stufe der schmalen Treppe. Ich gelangte in einen Korridor mit weiß gestrichenen Steinwänden. Vier rote Brandschutztüren, zwei rechts, zwei links, lagen vor mir. Die erste Tür ließ sich problemlos mit dem Schlüssel, den ich hatte, öffnen. Der Raum dahinter wurde als Abstellkammer genutzt. Ein altes Fahrrad, ein halb gefülltes Weinregal aus Holz und zwei aufgerollte Teppiche. Zu den anderen Brandschutztüren passte der Schlüssel nicht, dort waren moderne Sicherheitsschlösser angebracht worden.

Ich ging noch mal in die Abstellkammer und fand einen Wagenheber. Jetzt brauchte ich noch einen Holzbalken. Von einem meiner Mandanten kannte ich den Trick, wie man eine Tür mit einem Wagenheber öffnete. Da nirgendwo ein Balken herumlag, riss ich kurzerhand eine Latte von dem morschen Weinregal ab, wobei eine Flasche auf den Boden fiel und zerplatzte.

Ich ging zurück auf den Korridor und stellte mich vor die erste der verschlossenen Brandschutztüren, setzte den Wagenheber waagerecht auf Hüfthöhe an und klemmte den Holzbalken zwischen Schloss und Wagenheber. Dann fing ich an zu pumpen. Der Balken knirschte, drückte mit massiver Kraft gegen das Schloss. Die Tür gab nach, aber der morsche Balken auch. Ich hoffte, dass er hielt, und pumpte weiter, dann knackte es ein Mal laut, und die Tür sprang auf.

Ich betrat den Raum. Die Fenster waren mit Brettern abgedeckt. In der Mitte stand etwas, das im schwachen Licht wie ein Eisenbahnmodell aussah. Ich tastete nach einem Lichtschalter und fand ihn. Die Neonröhren flackerten auf. Vor mir lag tatsächlich eine Miniaturlandschaft. Etwa vier mal drei Meter groß. Eine Brücke spannte sich über einen Fluss, rechts und links am Ufer waren zerstörte Häuser und jede Menge Soldaten und Panzer. Ein Kriegsschauplatz. Das Modell war ganz offensichtlich mit viel Liebe aufgebaut worden. Das Wasser des Flusses bestand aus blauer Kunststoffmasse, sogar Strömungen und Strudel waren nachgebildet. Eher ein Feinmechaniker als ein Grobmotoriker war hier am Werk gewesen. Mir kamen Aleksandrs Worte in den Sinn. Ein Goldschmied oder ein Modellbauer wären in der Lage, mit einem Sputnik ein Vorhängeschloss zu öffnen. Ich wusste, wer dieses Miniaturmodell gebaut hatte, ich war in der Höhle des Löwen angekommen. Ein Grund mehr, mir alles etwas genauer anzusehen, ich suchte nach einem Hinweis. Lag hier das Pik-Ass verborgen, das mich weiterbrachte, mir die entscheidende Information lieferte?

Ich sah ein Haus, vor dem zwei Figuren knieten. Sie hatten die Hände im Nacken verschränkt. Offenbar Zivilisten, die von zwei deutschen Soldaten mit Maschinenpistolen in Schach gehalten wurden. Das Haus befand sich auf deutscher Seite, in unmittelbarer Nähe der Brücke. Es hatte noch ein intaktes Dach im Gegensatz zu den meisten anderen Gebäuden. Ich rüttelte an dem Haus. Das Dach war fest. Aber doch nicht ganz, es hatte etwas Spiel, war nicht mit dem Rest des Gebäudes verklebt. Ich sah nach und fand zwei kleine Riegel, öffnete sie. Das Dach ließ sich abnehmen. Darunter war ein Raum. Ein Soldat in Uniform, ein Offizier, stand vor einem Tisch, auf dem eine Frau lag. Die Figuren waren etwa einen Zentimeter groß. Die Frau war nackt, gefesselt und hatte ihre Beine gespreizt. Eine typische Vergewaltigungsszene, dachte ich im ersten Moment, wie es sie in jedem Krieg auf der Welt gab. Selbst dieses Detail fehlte bei diesem Modell nicht.

Ich wollte das Dach gerade wieder auf das Haus setzen, da fiel mir etwas auf. Die nackte Frau auf dem Tisch hatte nur einen Arm. Der rechte Arm war ein verkümmerter Stumpf.

NINA VONHOEGEN

Alter: 25 Jahre

Größe: 170 cm

Gewicht: ca. 60 kg

Haarfarbe: blond

Beruf: Studentin

Familienstand: ledig

**Besondere Merkmale:
fehlender rechter Arm, Geburtsfehler**

43

Nina machte eine ruckartige Bewegung. Kurz darauf lief das Blut in einem Rinnsal an ihrem linken Arm herunter, über die Fingerkuppen hinweg und tropfte auf den Boden. Sie merkte nichts davon. Das Propofol in ihren Adern wirkte noch, aber die Kanüle, die in der Vene gesteckt hatte, baumelte nun herab, und die weiße, milchige Flüssigkeit aus dem Plastikschlauch vermischte sich mit dem Blut am Boden.

Mit dem Bewusstsein, das sie wiedererlangte, ging ein wohliges Gefühl einher. Sie nahm die kleinen Lichter in der Dunkelheit wahr, die vor ihren Augen tanzten. Es war schön. Nina fühlte sich völlig entspannt, als wäre sie in der Sauna gewesen und hätte danach eine Massage genossen. Was waren das für Lichter? Sterne? Sie blinzelte, konnte es aber nicht erkennen. Um sie herum war tiefe Finsternis. Erst allmählich passten sich die Augen der Dunkelheit an. Jetzt wirkten die kleinen Lichter wie Taschenlampen und erhellten ein wenig die Umgebung. Nina hob den Oberkörper etwas, versuchte sich hinzusetzen. Es ging nicht, sie war noch zu schwach, und jetzt spürte sie die Fessel an ihrem Handgelenk. Sie befand sich auf einer Liege, wie im Krankenhaus. Nina bemerkte das Rinnsal an ihrem Arm, das im schwachgrünen Licht fast schwarz aussah. Es war Blut, das begriff sie, auch die Fessel an ihrem Handgelenk war blutgetränkt. Es kam aus einer Wunde an ihrem Arm, und Nina sah die Kanüle, die sie sich herausgerissen hatte. Ihr Blick schweifte zu den grünen Lichtern in der Dunkelheit und zu einem Monitor, der schwach leuchtete. Darauf waren große Buchstaben zu sehen und Zahlen, die ständig wechselten. Nina wagte einen zweiten Versuch, richtete sich auf. Die Fessel an ihrer einen Hand ließ ihr genug Spielraum, es war mühsam, aber jetzt saß sie und starrte vor sich auf den Boden. Es war ihr Blut, das da tropfte und sich mit der weißen Milch aus der Kanüle vermengte. Nina sammelte Kraft, bevor sie es wagte, von der Liege herabzusteigen. Auch das ging, trotz der Fessel. Ihre Knie fühlten sich weich an. Nina ging in die Hocke und beugte den Arm so, dass die Wunde verschlossen wurde. Sie sah zum Monitor hinauf. Er zeigte eindeutig ihren Herzschlag an. Erst jetzt nahm sie wahr, dass sie nur eine Jogginghose und den BH anhatte. Elektroden klebten an ihrer Brust. Die weiße Flüssigkeit tropfte in gleichbleibendem Tempo aus der Kanüle.

Allmählich kehrte die Erinnerung zurück. Es hatte an der Tür geklingelt. Der Mann in Uniform, ein Polizist, wie sie geglaubt hatte. Der Schreck war groß, sie hatte gedacht, Nicholas könnte etwas zugestoßen sein. Oder ihren Eltern, wem auch immer. Sie hatte die Tür aufgemacht. Das Nächste, was sie wahrgenommen hatte, war, wie sie auf dem Boden in der Diele lag. Ein Mann mit schweren Stiefeln war bei ihr und schloss die Tür ab.

»Hallo«, sagte Nina jetzt leise. »Ist hier jemand?«

Nein, sie war allein. Allein in einem Keller, vermutete sie. Ihr Blick verfolgte den Schlauch der Kanüle, der an einem Gerät endete, das sie nur aus dem Fernsehen kannte. Eine Spritzenpumpe. Eine große Spritze steckte darin, die noch über die Hälfte mit der weißen Flüssigkeit gefüllt war. Nina erhob sich wieder aus der Hocke und streckte den Arm. Die Vene hatte sich geschlossen, blutete nicht mehr.

Allmählich wurde ihr Kopf klarer, und Angst trat an die Stelle von Benommenheit. Es wurde schlimmer, Panik stieg in ihr auf, und sie versuchte ganz bewusst, gleichmäßig zu atmen. Doch ihr Pulsschlag raste. Einhundertvierzig, einhundertfünfzig. Auf dem

Monitor leuchteten rote Lämpchen auf. Nina zerrte an ihrer Handfessel. Die Liege wackelte, rührte sich aber nicht von der Stelle. Erst jetzt entdeckte sie die Schiene, die seitlich neben der Liegefläche befestigt war, wie bei einem Gynäkologenstuhl. An der Schiene befanden sich ebenfalls Fesseln. Nina begriff, was das hier war. Wo sie war. Ihr Puls, der sich gerade etwas normalisiert hatte, schoss in die Höhe, begleitet von dem Piepen des Monitors. Nina ging erneut in die Hocke, atmete tief ein und wieder aus. Tief ein und aus. Sie musste sich beruhigen. Bloß nicht durchdrehen. Das Piepen hörte auf. Ihr Puls pendelte sich bei hundertzwanzig ein.

Sie sah sich erneut um, ihre Augen hatten sich noch mehr an die Dunkelheit gewöhnt, sie erkannte einen weißen Metallschrank mit Glasfenstern, wie er sich noch in manchen altmodischen Arztpraxen befand. Nina versuchte zu erkennen, was das war in dem Schrank. Sie sah Gegenstände hinter dem Glas, seltsam geformte Objekte. Alle hatten im Grunde die gleiche Form. Länglich und schmal zulaufend. Manche sahen aus wie blank polierte Stahlrohre.

Nina wusste, wozu diese Objekte dienten. Sie schrie aus Leibeskräften ihre Verzweiflung heraus. So laut sie nur konnte.

Aber es konnte sie niemand hören.

44

An der hinteren Wand des Kellerraumes war eine Tischplatte angeschraubt, ein Arbeitsplatz mit allem, was ein Modellbauer so brauchte. Werkzeug, Kleber, Pinzetten. Ich öffnete einen Metallschrank, in dem noch mehr Utensilien waren und jede Menge Plastikschachteln. Ich wusste nicht, wonach ich suchen sollte, aber ich gab die Hoffnung nicht auf, einen Hinweis zu finden – auf ihn. Auf seine Taktik. Meine Hand fuhr über das Schrankregal, dabei stieß ich aus Versehen einen Karton herunter, dessen Inhalt sich auf den Arbeitstisch ergoss. Ich sah mir an, was herausgefallen war, mehrere Drahtschlingen, ich nahm eine in die Hand. Auf den ersten Blick konnte ich nichts damit anfangen, aber dann, ich hatte so etwas schon mal gesehen. Der Draht war etwa dreißig Zentimeter lang, und an einem Ende befand sich ein dunkelblaues Metallteil, durch das man die Drahtschlinge hindurchziehen konnte. Es war eine Plombe. Wie sie vom Zoll benutzt wurde, um Schiffscontainer zu versiegeln. Ein Container!

Ich lief durch den Korridor zurück und die Stufen nach oben. Durch die dunkle Wohnung wieder in den Garten hinaus. Ich schaltete das Nachtsichtgerät ein. Am Tor angekommen, ging ich in die Hocke. Außer Atem. Ich sah mir die plattgedrückte Grasfläche an. Vier Meter in der Länge, anderthalb Meter in der Breite. Es könnte ein Container gewesen sein, der hier gestanden hatte. Jetzt wusste ich, wie er es machte: Die Tatorte, wo die Frauen gefoltert wurden, lagen nie weit von den Fundorten der Leichen entfernt.

So minimierte er das Risiko des Transports. Er brachte einen Container dorthin, wo er ihn brauchte.

In diesem Moment fiel Licht in den Garten. In der Wohnung im Erdgeschoss war die Zimmerbeleuchtung angegangen. Ich nahm das Nachtsichtgerät vom Kopf und marschierte auf die Terrasse zu. Als ich die Tür erreichte, stand die Frau direkt vor mir. Sie starrte mich mit entsetzten Augen an. Ich packte sie, schlang ihr von hinten einen Arm um den Hals und presste ihr meine Hand auf den Mund. Ich beförderte sie ins Wohnzimmer, zog den Elektroschocker aus der Tasche und hielt ihn ihr vors Gesicht.

»Keinen Laut, oder ich werde Sie töten.«

Die Frau zuckte vor Schreck zusammen, dann fasste sie sich, und ihr Kopf nickte. Ich ging mit ihr zu dem Sessel, setzte sie hin und machte das Licht wieder aus.

»Bitte, tun Sie mir nichts«, wimmerte sie. »Was wollen Sie? Geld? Ich habe Geld. Ich gebe es Ihnen.«

»Seien Sie still«, fauchte ich sie an. »Es wird Ihnen nichts geschehen, wenn Sie mir zuhören. Das verspreche ich Ihnen.« Meine Stimme klang alles andere als beruhigend. Ich war selbst in Panik.

»Ich habe Bargeld im Haus.«

»Sie sollen den Mund halten.«

Die Frau verstummte. Zitterte nur noch am ganzen Körper.

»Sie beantworten mir jetzt jede Frage wahrheitsgemäß, sonst werde ich Sie töten. Stand da draußen im Garten ein Container?«

Sie nickte. »Da hatte mein Sohn Gartengeräte gelagert und andere Sachen.«

»Ihr Sohn wohnt in der oberen Etage?«

»Ja.« Sie nickte heftig. »Und er kann jeden Moment nach Hause kommen. Sie sollten schnell verschwinden. Ich sage Ihnen, wo das Geld ist.«

»Seit wann ist der Container weg?«

Sie überlegte. »Seit etwa einem Jahr. Aber ...«

»Aber was?«

»Warum fragen Sie danach?«

»Erinnern Sie sich, wer den Container zuletzt abgeholt hat? Den Namen der Spedition?«

»Nein. So etwas merke ich mir nicht.«

»Denken Sie nach!«

»Ich weiß es nicht.« Sie wurde weinerlich. »Nehmen Sie mein Geld, und gehen Sie, bitte.«

»Hier geht es nicht um Geld. Hier geht es um Ihren Sohn, der ein Mörder ist. Er hat mich beauftragt, Sie umzubringen.«

Ich ließ die Worte auf sie wirken. Die Frau hörte augenblicklich auf zu zittern. Kein Jammern mehr. Nur ihre großen Augen, die mich anstarrten. Ich war mir nicht sicher, nur so ein Gefühl, aber ihr Blick schien mir sagen zu wollen, dass sie mir jedes Wort glaubte.

Ich holte mein Handy aus der Jackentasche. Schnell hatte ich in meinem Telefonverzeichnis Pjotrs Nummer gefunden. Es dauerte eine gefühlte Ewigkeit, bis endlich eine gelangweilte Frauenstimme ertönte: »Ja.«

»Wo ist Pjotr? Ich muss ihn sprechen. Sofort.«

»Wer ist denn da?«

»Nicholas Meller, sein Anwalt. Die Polizei könnte jeden Moment bei ihm vor der Tür stehen. Er soll gefälligst ans Telefon kommen.«

Ich hörte ein Bett quietschen, dann Schritte, und ich glaubte, das Rauschen einer Dusche zu hören. Ich hörte die Frau etwas sagen. Sekunden später war er am Apparat. »Was ist los?«

»Ganz ruhig. Es ist niemand auf dem Weg zu dir, ich habe das nur gesagt, damit du ans Telefon kommst.«

Ich vernahm ein Seufzen. »Verdammt noch mal, jage mir nie wieder so einen Schrecken ein, ja? Kommst du zu meiner Geburtstagsparty?«

»Nur, wenn du mir jetzt hilfst. Es geht um Leben und Tod.«

»Schieß los!«

»Arbeitest du immer noch mit Containern?«

»Am Telefon rede ich nicht gern über so etwas.«

»Du musst einen Container für mich finden, der verschwunden ist. Er wurde mehrfach bewegt in den letzten, sagen wir, zwei Jahren, aber die meiste Zeit stand er irgendwo herum.«

»Irgendwo herum? Ist das alles, was du hast?«

»Ich habe eine Adresse, wo der Container mal stand, vor etwa einem Jahr. Gibt es da eine Möglichkeit, den aktuellen Standort des Containers herauszufinden?«

»Hast du einen Namen des Kunden?«

»Vielleicht. Aber es kann auch sein, dass er einen falschen Namen angegeben hat. Der Container war mit Sicherheit versiegelt.«

»Versiegelt, das ist gut. Dann fragt kein Spediteur danach, was drin ist. Wie viel Zeit habe ich?«

»Gar keine. Es geht um das Leben einer Freundin. Sie wird in dem Container gefangen gehalten.«

Ich sah zu »Bogdans« Mutter, die aufmerksam zuhörte.

»Puh«, stöhnte Pjotr. »Ich nehme an, der Besitzer des Containers will genauso wenig auffallen wie ich.«

»Er ist quasi unsichtbar, existiert nicht. Und er verfügt über Computerkenntnisse. Ein Systemadministrator, ein Profi.«

»Also pass auf, ich sag dir, was ich an seiner Stelle machen würde. Ich würde eine Frachtenbörse benutzen, über die der Auftrag an eine Spedition geht. Natürlich unter falschem Namen. Für so etwas gibt es Briefkastenfirmen.« Pjotr holte tief Luft. »Hast du eine Adresse, wo der Container vor einem Jahr stand?«

Ich nannte ihm die Adresse, wo ich mich gerade befand.

»Gut. Jetzt den Namen, falls der Typ einen hat.«

»Moment«, ich nahm das Handy kurz vom Ohr und sah zu der Frau. »Wie heißt Ihr Sohn?«

»Marius. Marius Zeuthen.«

»Marius Zeuthen«, wiederholte ich ins Handy. »Er wohnt an dieser Adresse.«

»Gut. Und es gab noch weitere Orte?«

»Versuch es mit Merzenich, Landkreis Düren. Und Glessen, gehört zu Bergheim.«

»Wenn ich das hinkriege, Herr Anwalt, gibt's lebenslange Rechtsberatung für umsonst.«

»Alles, was du willst. Nur beeil dich.«

»Also schön. Ich melde mich.«

Pjotr legte auf.

Ich kontrollierte, dass das Handy auf lautlos und Vibration geschaltet war, und behielt es in der Hand.

»Bogdans« Mutter sah mich ernst an. »Sie sagen, mein Sohn hält eine Frau gefangen? Das ist unmöglich.«

Ich setzte mich ihr gegenüber auf einen Stuhl. »Und dass er mich beauftragt hat, Sie zu töten, ist das auch unmöglich?«

Sie ließ sich Zeit mit der Antwort, schloss die Augen, senkte den Kopf. Als sie anfing zu sprechen, war ihre Stimme nur ein Flüstern. »Mein Sohn ist ein guter Junge. Er ... er wollte mich nicht ... umbringen.« Jetzt sah sie auf. »Es war ein Unfall. Ich habe ihm verziehen.«

»Er hat also schon mal versucht, Sie umzubringen?«

Sie wich meinem Blick aus.

Ich näherte mich ihrem Gesicht. »Wann war das?«

Sie zögerte.

»Als er siebzehn war.«

»Und trotzdem wohnen Sie mit ihm unter einem Dach?«

»Er ist mein Sohn.«

»Was hat er getan?«

Wieder schloss sie die Augen. Mir wurde es zu bunt. Ich sprang auf, rüttelte sie an den Schultern.

»Was hat er getan?«

»Es war Gift. Ich musste ins Krankenhaus ...«

»Und Sie hatten keine Angst, dass er es wieder versuchen würde?«

Jetzt sah sie mich mit einem eisernen Blick an. Eiskalt.

»Nein«, sagte sie mit fester Stimme.

»Wieso nicht?«

Sie antwortete nicht. Blickte starr vor sich auf den Boden.

Mir dämmerte, wie es tatsächlich um die Beziehung zwischen Mutter und Sohn stand. »Sie haben etwas gegen ihn in der Hand? Ist es so?«

Jetzt schaute sie wieder auf, sah mir direkt in die Augen, und ihr Blick verriet, dass ich ins Schwarze getroffen hatte.

»Er wollte eigentlich nur Sie töten«, sagte ich. »Schon immer! Aber weil er das nicht fertigbringt, lässt er seine Wut an anderen Frauen aus.«

Da vibrierte mein Handy. Ein Wunder. Es war Pjotr.

»Hast du was?«

»Sagt dir die Stadt Nordhorn etwas?«

»Nordhorn? Nein. Wo ist das?«

»In Niedersachsen, nahe der holländischen Grenze.«

»Was ist dort?«

»Also. Ich habe da vielleicht einen Treffer. Eine Briefkastenfirma in Italien hat den Container, um den es sich vielleicht handelt, nach Nordhorn verschickt. Aber jetzt pass auf. Vorgestern wurde der Container von Nordhorn wieder abtransportiert, nach Köln. Diesmal ohne eine Briefkastenfirma aus Italien.«

»Wo steht der Container jetzt?«

»Keine Adresse, nur GPS-Koordinaten. In Köln, rechtsrheinisch, nahe einem Baggerloch.«

»Das ist er!«

Während Pjotr mir die Koordinaten aufs Handy schickte, brachte ich die Mutter in den Kellerraum und sperrte sie ein.

45

Um mir Mut zu machen, redete ich mir während der Autofahrt ein, dass Pjotr ein Genie sei. Er konnte jeden Container verschwinden und wiederauftauchen lassen, und wer dazu in der Lage war, kannte alle Tricks. Ich hoffte es inständig. Nach etwa zwanzig Minuten Fahrt hatte ich den Rhein überquert und befand mich am Rande einer schmucklosen Hochhaussiedlung, die allmählich in meinem Rückspiegel immer kleiner wurde. Auf dem Navigationsgerät sah ich die Landkarte. Sie zeigte, dass ich nicht weit von einem Baggerloch entfernt war, und die elektronische Stimme teilte mir mit, dass ich in dreihundert Metern abbiegen sollte. Ich fuhr langsamer. Da war keine Straße, wo ich hineinfahren konnte. Einen kurzen Moment geriet ich in Panik, sollte Pjotr sich geirrt haben? Da entdeckte ich so etwas wie eine Einfahrt – zu einer Firma, nein, es war ein schmaler Weg, keine Straße, eher eine Schotterpiste. Ich bog ab, genau wie das Navigationsgerät es anzeigte. Kurz darauf ertönte die Stimme: »*In zweihundert Metern haben Sie ihr Ziel erreicht.*« Ich fuhr um eine Rechtskurve und hielt an. Vor mir befand sich ein schweres Stahlgittertor, das mich an der Weiterfahrt hinderte. Ich ließ den Motor laufen und stieg aus. Die Lichtkegel meiner Scheinwerfer strahlten bis hinter das Stahlgittertor, wo die Schotterpiste sich irgendwann in der Dunkelheit verlor.

Der Mond stand am Nachthimmel und spendete gerade genug Licht, dass ich das Baggerloch erahnen konnte. Ein Baustellenschild wies darauf hin, dass hier eine Freizeitanlage entstehen sollte. Ich ging zum Auto, holte das Nachtsichtgerät, schaltete das Licht und den Motor aus. Auf dem Weg zu dem Tor setzte ich das Nachtsichtgerät auf, das mir ein grünschwarzes Bild lieferte. Die Baustelle befand sich ein paar Hundert Meter weit entfernt am Ufer des Baggerlochs. Und dort standen neben einem Bagger auch mehrere Container.

Ich sah nach, ob man irgendwie an dem Tor vorbeikam. Einen Trampelpfad hatte es mal gegeben, aber jetzt war dieser durch Stacheldraht und Bauzaun versperrt. Aussichtslos. Also nahm ich Anlauf, sprang an das Tor und kletterte über die gezackten Stahlgitter hinweg. Dabei riss ich mir die Hose auf. Ich lief auf der Schotterpiste weiter, erst nach ein paar Schritten merkte ich, dass ich mich verletzt hatte. Ich blieb kurz stehen, um nachzusehen, es blutete. Egal, ich musste weiter, da sah ich ihn – noch einen Container. Er gehörte offensichtlich nicht zur Baustelle, stand zwischen Bäumen versteckt. Ich ging darauf zu. Die Wunde an meinem Oberschenkel begann zu schmerzen. Das aufgerissene Hosenbein war schon ganz vollgeblutet.

Mit jedem Schritt, den ich mich dem Container näherte, schlug mein Herz schneller. Er war braunrot, ziemlich verrostet und wies etliche Beulen auf. Der Hebel zum Öffnen war mit einem Vorhängeschloss gesichert, und um den Hebel befand sich eine Plombe. Genau wie Pjotr gesagt hatte: Sobald ein Container verplombt war, interessierte einen Spediteur nicht mehr der Inhalt, weil er rein rechtlich nur eine Stahlkiste transportierte. Es gab für den Fahrer keinen Grund mehr, in so einen Container hineinzuschauen. Genau das, was »Bogdan« wollte.

Ich pochte gegen die Stahlwand, wartete. Keine Reaktion. »Bogdan« hatte Propofol erwähnt, ein Narkotikum. Ich sagte mir, dass Nina womöglich sediert war und mich nicht hörte. Oder sie war gefesselt und geknebelt und konnte sich nicht rühren. Oder war womöglich »Bogdan« inzwischen hier gewesen? Ich spürte, wie mich lähmende Angst befiel – die Angst, ich könnte zu spät sein. Ich hämmerte noch einmal gegen den Stahl und legte mein Ohr an den Container. Lauschte.

Ein Pochen. Von innen wurde geklopft. Erst zaghaft, dann stärker.

»Nina!« Meine Stimmte überschlug sich. »Nina! Ich hol dich da raus! Nina, hörst du mich?«

Statt einer Antwort wurde wieder geklopft.

Ich sah mich hektisch um. Mir blieb keine Wahl, ich musste zurück zum Auto. Wenn ich das Schloss aufbrechen wollte, brauchte ich Werkzeug.

Ich lief zum Gittertor zurück, kletterte hoch, schwang mich hinüber, ohne Rücksicht auf mein schmerzendes Bein. Im Kofferraum des Wagens waren ein Wagenheber und ein Drehkreuz zum Lösen der Radmuttern. Beides schien mir nicht geeignet, um ein Vorhängeschloss zu knacken. Einen Hammer hatte ich noch und einen kleinen Feuerlöscher. Damit könnte es gehen. Ich steckte den Hammer in die Tasche, nahm den Feuerlöscher mit, warf ihn über das Tor und kletterte hinterher. Als ich völlig außer Atem beim Container ankam, holte ich den Hammer aus der Tasche, legte ihn griffbereit auf den Boden. Dann drehte ich den Feuerlöscher auf den Kopf, sodass das flüssige Kohlendioxid mit Minus neunzig Grad Celsius herausschießen konnte, um sich an der Luft in Trockeneis zu verwandeln. Ich umfasste den Feuerlöscher mit dem ganzen Arm und löste aus. Mit lautem Zischen entleerte sich der Feuerlöscher. Ich stand in einer weißen Wolke und spürte die Kälte. Dann schmiss ich den Feuerlöscher weg, hob den Hammer auf und schlug mit aller Kraft zu. Der Riegel des Vorhängeschlosses brach beim zweiten Schlag in der Mitte durch. Ich konnte es selbst kaum fassen. Eine Sekunde starrte ich das Schloss an, dann ließ ich den Hammer fallen und legte den Hebel um. Die Tür ließ sich mit lautem Quietschen öffnen.

Nina stand neben einer Liege, umgeben von allerlei Geräten und einem schwach leuchtenden Monitor. Es schien, dass sie mich noch nicht erkannt hatte, bewegte sich nicht.

»Nina! Ich bin's«, rief ich. Dann war ich bei ihr und schloss sie in meine Arme, drückte sie fest an mich und spürte, wie ihr Körper zitterte. Sie fühlte sich kalt an, trug oben herum nur einen BH. Es war fahrlässig, so lange auszuharren, aber ich konnte sie nicht loslassen.

Sie weinte vor Glück. Und ich auch.

»Wo ist er?«, fragte sie leise.

»Ich weiß es nicht, darum sollten wir schleunigst von hier verschwinden.« Ich riss ihr die Elektroden ab, die sie auf der Brust kleben hatte. Der Monitor zeigte daraufhin eine Nulllinie. Jetzt erst bemerkte ich, dass Nina mit ihrer Hand an die Liege gefesselt war.

»Schau in dem Schrank nach«, sie zeigte dorthin. »Da findest du bestimmt ein Messer.«

Ich öffnete den Metallschrank und erschrak. Dort fand sich ein ganzes Arsenal der sonderbarsten Instrumente aus glänzendem Edelstahl. Einige Objekte schienen gängigen Sexspielzeugen nachempfunden, andere erinnerten an die Gerätschaften eines Zahnarztes. Ich fand so etwas wie einen Eispickel, der aber keine scharfe Kante hatte. Ein Stab aus Metall, in den ein Gewinde geschnitten war. Daneben lagen Muttern in verschiedenen Größen. Ich nahm eine der Muttern in die Hand. Die Kanten waren geschliffen, so scharf, dass man sich daran schneiden konnte. Ich öffnete eine kleine Schublade, darin lag ein Skalpell. Damit müsste es gehen.

»Was ist in dem Schrank?«, fragte Nina, als ich wieder bei ihr war und die Fessel durchtrennte.

»Schau da lieber nicht rein.« Jetzt sah ich, dass Nina keine Schuhe trug. »Zieh meine Schuhe an.«

Während ich sie auszog, ging Nina zu dem Schrank und erstarrte bei dem Anblick.

»Nina, wir haben keine Zeit. Zieh die verdammten Schuhe an!«
Sie kam zurück, setzte sich auf die Liege und schlüpfte hastig in die Schuhe. Ich gab ihr auch meine Jacke, die sie anziehen sollte. Ich holte mein Handy aus der Hosentasche, sah aufs Display: kein Netz. Den Blick aufs Handy gerichtet, ging ich zur Tür des Containers. Ich war kaum einen Schritt ins Freie getreten, als mit einem lauten Knall eine Kugel dicht neben meinem Kopf in den Stahl einschlug. Vor Schreck fiel mir das Handy aus der Hand. Ich duckte mich weg, ging in Deckung, als der zweite Schuss fiel.

Nina schrie. »Raus! Raus hier! Sonst sperrt er uns ein.«

Sie hatte recht. Ich nahm ihre Hand. Wir liefen los. Volles Risiko! Eine dritte Kugel pfiff über uns hinweg. Im nächsten Moment waren wir auf der anderen Seite des Containers. Der Rückweg zum Auto war versperrt, was uns blieb war ein bewaldeter Streifen am Ufer des Baggerlochs.

»Los, da lang, schnell!«

Wir liefen in die Dunkelheit. Ich klappte das Nachtsichtgerät herunter, versuchte mich zu orientieren. Nina hatte Mühe, mit mir Schritt zu halten. Sie war offensichtlich noch sehr geschwächt. Ich lief auf Socken, spürte jeden Stein, aber das Adrenalin machte mich schmerzfrei.

»Schaffst du's? Oder soll ich dich tragen?«

»Es geht, aber nicht so schnell.«

Wir liefen weiter, ich versuchte, Tempo zu machen, und hoffte, dass Nina durchhielt. Da hörte ich ein Auto, das vorbeifuhr, nicht sehr weit entfernt. Zwischen den Bäumen konnte ich das Licht der Scheinwerfer sehen. Wir waren ganz in der Nähe einer Straße. Unsere Rettung. Ich legte Ninas Arm um meine Schulter und stützte sie.

»Da lang!«

Wir liefen, so schnell es ging, in die Richtung, wo das Auto vorbeigefahren war. Aber schon nach wenigen Metern stießen wir auf den Bauzaun, der sich hier entlangzog. Er war mit Stacheldraht umwickelt. Nina, in ihrem Zustand und mit nur einem Arm, konnte unmöglich über den Zaun hinwegklettern.

Ich drehte mich um. Nichts als dunkle Nacht. Der Mond war hinter Wolken verschwunden.

»Wir laufen am Zaun entlang.«

»Wo ist dein Handy?«

»Ist mir aus der Hand gefallen. Halt durch. Vielleicht finden wir irgendwo eine Lücke im Zaun oder eine Durchfahrt.«

»Und wenn nicht?«

Auf der Karte meines Navigationsgerätes hatte ich mir die Gegend angesehen. Der bewaldete Streifen ging rings um das Baggerloch herum. Wenn das Gebiet komplett eingezäunt war, würden wir uns im Kreis bewegen und irgendwann da landen, wo ich mit dem Auto angekommen war. Womöglich würde »Bogdan« genau dort auf uns warten.

»Wir müssen es versuchen.«

Also gingen wir weiter. Ich stützte Nina, wir durften im Tempo nicht nachlassen. Das Nachtsichtgerät war unsere Rettung. Ich konnte jeden Baum, jede Erhebung, jedes Hindernis klar und deutlich sehen. Nach etwa hundert Metern blieb ich stehen. Wenn »Bogdan« hinter uns war, würde er auch an dem Zaun entlanglaufen, deshalb schlug ich eine neue Richtung ein, zum Ufer. Auch bei mir ließen die Kräfte allmählich nach und meine Füße schmerzten. Nina wurde immer schwerer, ihre Beine versagten. Vielleicht wäre es das Beste, abzuwarten und »Bogdan« an uns vorbeigehen zu lassen, um dann den kürzeren Rückweg anzutreten. Aber ich sah ihn nicht. Hatte er sich zurückgezogen? Oder war das Auto, das wir gehört hatten, »Bogdan« gewesen?

Ich brauchte eine Pause zum Durchatmen und setzte Nina auf dem Boden ab. In der Nähe war ein Plätschern zu hören.

»Hörst du das auch?«, flüsterte sie.

»Ja.«

Ich half Nina wieder auf die Beine. Sie ließ sich mitschleifen, bis wir das Ufer des Baggerlochs erreichten. Ich sah, wo das Plätschern herkam. Ein großes Kanalrohr aus Beton ragte aus der Uferböschung hervor. Ich schleppte Nina dorthin. Das Rohr hatte einen Durchmesser von gut einem Meter fünfzig. Ich schaltete das Nachtsichtgerät aus. Der Mond spendete wieder Licht, die Wolke hatte sich verzogen.

»Das Rohr muss unter dem Zaun hindurchgehen«, sagte ich.

Nina nickte. »Es ist groß genug, da passen wir durch.«

Ich sah in das Rohr hinein. Ich sah nichts als Schwärze und mir brach sofort der Schweiß aus. Meine Knie fingen an zu zittern.

Nina war schon an das Rohr getreten, drehte sich zu mir um. Sie wusste, was los war. Ich hatte ihr die Geschichte von der Nacht in der Ruine erzählt.

»Ich ... ich kann da nicht reingehen. Ich kann einfach nicht.«

»Doch, du kannst.«

Nina kam zu mir zurück.

»Geh du allein«, sagte ich. »Hol Hilfe. Ich lenke ihn ab.«

»Nein!« Sie nahm meine Hand. »Ich weiß, was ich da von dir verlange. Aber ich bin bei dir.«

»Gut«, sagte ich. »Aber du gehst vor.«

Ich gab Nina das Nachtsichtgerät und half ihr, es auf den Kopf zu setzen.

Nina ging gebückt vor, in das Rohr hinein. Nach ein paar Schritten drehte sie sich zu mir um. »Los jetzt!«

Ich betrat das Rohr. Die Dunkelheit hüllte mich ein, um mich herum nur Wände, die scheinbar näher kamen, mich erdrücken wollten. Ich spürte, wie die Angst sich bis zur Panik steigerte. Ich war auf einmal paralysiert, konnte keinen Schritt mehr tun, weder vor noch zurück. Ich schnappte nach Luft, und der Schweiß rann mir die Stirn herunter. Da spürte ich Ninas Hand, die meine ergriff und fest zudrückte. So fest, dass es wehtat, und es schien absurd, genau das war es, denn es wurde besser. Meine Angst ließ nach, ich bekam wieder Luft. Nina sagte nichts, es war still um uns herum, nur das Plätschern des Wassers. Sie wusste anscheinend, dass Worte in so einem Moment nichts halfen, sondern alles nur noch schlimmer machten. Sie drückte weiter fest meine Hand. Ich schloss die Augen, sehen konnte ich eh nichts.

»Weiter«, sagte ich.

Ich konzentrierte mich darauf, einen Fuß vor den anderen zu setzen. Nina gab das Tempo vor. Plötzlich blieb sie stehen. Ich öffnete die Augen und glaubte an ein Wunder. Licht, es fiel in Streifen herein. Kleine Löcher, die im Kreis angeordnet waren, direkt über uns. Ein Kanaldeckel. Ich sah die erste Sprosse einer Metallleiter direkt vor mir.

»Du als Erster«, sagte Nina. »Du musst den Kanaldeckel anheben. Ich schaffe das nicht.«

Es war keine Zeit zu diskutieren. Ich stieg die Leiter nach oben. Nina blieb unten, sah zu mir hinauf. Ich stemmte mich mit den Schultern gegen den Kanaldeckel. Er bewegte sich nicht. Ein zweiter Versuch, diesmal kam mir die Panik zu Hilfe. Ich musste hier raus! Keine Minute länger würde ich es in diesem finsteren Loch aushalten! Ehe ich wusste, wie mir geschah, gab der Kanaldeckel schließlich nach. Er klemmte, aber ich war stärker und wuchtete ihn mit letzter Kraft auf. Mit einem Knirschen hob er sich an, ließ sich zur Seite schieben. Der Durchgang war frei. Ich sah zu Nina hinab.

»Komm rauf!«

In dem Moment gab es einen ohrenbetäubenden Knall, der von den Betonwänden widerhallte. Nina ging zu Boden.

»Nina!«

War sie getroffen? Ein zweiter Schuss, ich stieg die Leiter hinab, und plötzlich, als sie mich sah, sprang Nina auf. Ich fasste ihren

Arm und zog sie hoch, als der dritte Schuss fiel. Nina schrie auf. Ich zog sie mit mir nach oben. Im nächsten Moment kletterten wir aus dem Schacht. Nina blieb am Boden hocken.

»Bist du verletzt?«

»Ja, am Bein ...« Sie sah zu der Kanalöffnung. »Mach erst den Deckel wieder zu!«

Ich zog den Deckel über die Öffnung. Dann hockte ich mich neben Nina.

»Zeig mir dein Bein.« Ich sah es mir an. Sie war am Unterschenkel getroffen worden. Ein dunkler Fleck bereitete sich auf ihrer Jogginghose aus.

»O nein«, wimmerte sie, »wie sollen wir jetzt von hier wegkommen?«

In diesem Moment hörten wir wieder ein Auto vorbeifahren. Die Straße konnte nicht weit weg sein. Ich stützte Nina, sie humpelte und sah an sich herab. Das Bein blutete stark.

»Tut es weh?«

»Nein.« Sie klang apathisch. Es war höchste Eile geboten.

Nach etwa fünfzig Metern erreichten wir eine asphaltierte Straße. Ich drehte mich um, ob »Bogdan« uns gefolgt war, sah aber nur in den dunklen Wald hinein. Ich nahm Nina das Nachtsichtgerät vom Kopf, blickte hindurch, spähte in alle Richtungen. Es war niemand zu sehen.

Ich setzte Nina am Straßenrand ins Gras, zog ihr meine Jacke aus, und Nina sollte ihr verwundetes Bein ausstrecken. Dann schlang ich einen Ärmel um die Wunde und verknotete ihn so fest, wie es ging. Ein fachgerechter Druckverband sah anders aus, aber es würde die Blutzirkulation im Bein drosseln und den Blutverlust verringern.

Plötzlich vernahmen wir ein Wummern. Ich schaute auf, sah mich um. Es schwoll an, wurde lauter, immer lauter. Und dann erschienen vier einzelne Lichter hinter einer Kurve. Motorräder. Ihre

Scheinwerfer erfassten uns. Die Biker wurden langsamer, blieben stehen. Sie trugen Stahlhelme. Ihre Gesichter waren vermummt, und sie hatten unterschiedliche Motorradjacken an. Wenn die Biker einem Club angehörten, waren sie heute Nacht inkognito unterwegs. Sie schalteten die Warnblinkanlagen ihre Harleys an. Einer klappte den Kippständer herunter und stieg ab. Er trug eine Jacke mit schwarzweißem Camouflage-Muster, kam auf uns zu. Er sah Nina auf dem Boden sitzen, nur mit einem BH und einer Jogginghose bekleidet.

»Was hast du mit der Frau gemacht?« Seine Frage klang mehr wie eine Drohung.

»Wir gehören zusammen«, sagte Nina. »Wir werden verfolgt von einem bewaffneten Mann.«

Der Biker öffnete den Reißverschluss seiner Jacke und trug einen Revolver darunter. »Na, wenn das so ist. Soll er mal herkommen.«

Ich atmete auf und zeigte auf Nina. »Sie muss schleunigst in ein Krankenhaus.«

»Kannst du dich festhalten?«, fragte der Biker Nina. »Das Krankenhaus ist nicht weit.«

Nina nickte. »Ja.«

Sie stieg bei dem Anführer hinten auf, ich nahm auf einem anderen Sozius Platz, dann heulten die Motoren auf. Es klang wie eine Siegesfanfare. Wir waren gerettet. Zumindest für den Moment.

46

Die Fahrt dauerte höchstens fünf Minuten. Als wir vor der Notaufnahme ankamen, stieg ich ab, rannte ins Gebäude, um einen fahrbaren Untersatz zu holen. Der Anführer der Biker stützte Nina, als ich mit einem Rollstuhl zurückkam. Sie setzte sich hinein, war käseweiß im Gesicht.

»Halt durch, gleich ist ein Arzt bei dir.«

Ich kam nicht mehr dazu, mich für die Hilfe der Biker zu bedanken. Die Motoren heulten schon wieder auf, und unter lautem Geknatter fuhren sie davon. Die Tür zur Notaufnahme öffnete sich automatisch, und ich rollte Nina herein. Rechts war der Empfang. Wir hinterließen eine deutlich sichtbare Blutspur auf dem Linoleumboden.

»Meine Frau ist schwer verletzt, sie wurde angeschossen.«

Die Krankenschwester hinter dem Tresen hatte bereits den Telefonhörer am Ohr, da schwang eine Tür auf, die zu den Behandlungsräumen führte, und ein junger Arzt in blauer OP-Kleidung kam heraus. Er zog sich hastig einen weißen Kittel über. »Was ist passiert?«

»Eine Schussverletzung.«

Sein Gesichtsausdruck verriet, dass er mit so etwas noch nicht zu tun gehabt hatte. Er rief der Krankenschwester hinter dem Tresen zu. »Verständigen Sie den Oberarzt.«

Der Assistenzarzt ging eilig vor, ich folgte mit Nina. Er schob die silberne Tür zum Schockraum auf, ich fuhr den Rollstuhl direkt neben die Liege und stellte die Bremsen fest. Der Arzt löste eine Stoppuhr an der Wand aus, die fortan die Sekunden zählte.

»Helfen Sie mit. Ich nehme Sie an den Beinen«, sagte der Arzt. Ich stellte mich hinter Nina, und wir hoben sie gemeinsam auf die Liege. Sie war noch bei Bewusstsein, reagierte aber nicht mehr, wenn ich sie ansprach. Der Arzt überprüfte Ninas Vitalfunktionen, als eine Schwester hereinkam.

»Kreislauf instabil. Bereiten Sie eine Infusion vor. Wo bleibt der Oberarzt?«

»Ist auf dem Weg.«

Jeder wusste, was zu tun war, nur ich nicht. Ich stand dumm herum. Der Arzt legte einen venösen Zugang. Die Schwester hatte die Infusion vorbereitet, zog Nina die Schuhe aus – meine Schuhe – und schnitt nun das Hosenbein mit einer Schere auf. Das Blut quoll aus einer kleinen Wunde seitlich des Schienbeins.

»Sind Sie der Ehemann?«, fragte die Krankenschwester.

»Nein. Wir sind Kollegen, aber ...«

»Dann müssen Sie jetzt rausgehen.« In diesem Moment traf der Oberarzt ein. Ein Mann um die fünfzig mit Vollbart. Er sah auf die Uhr, dann zum Assistenzarzt.

»Schussverletzung?« Der Oberarzt warf mir einen fragenden Blick zu. »Hat das mit diesen Rockern zu tun, die eben hier waren?«

»Die haben uns hergebracht, aber mit der Schussverletzung haben sie nichts zu tun.«

»Wann ist das passiert?«

Ich sah auf die Armbanduhr, hatte jedes Zeitgefühl verloren. »Vor einer halben Stunde, nein, weniger – zwanzig Minuten vielleicht, ich weiß nicht ...«

»Gut. Gehen Sie jetzt bitte raus.«

Ich folgte der Anweisung, nahm meine Schuhe mit und trat auf den Korridor. Als ich mich noch mal umdrehte, lag Nina leblos da, während die Ärzte sie versorgten. Dann wurde mir die Tür vor der Nase zugemacht.

Ich setzte mich auf einen Stuhl und zog meine Schuhe wieder an. Da schwang die Tür auf, durch die ich mit Nina gekommen war. Flackerndes Blaulicht war draußen auf der Zufahrt zu sehen. Durch die Tür traten eine Streifenpolizistin und ihr männlicher Kollege. Sie folgten der Blutspur auf dem Boden, die direkt zu mir führte.

»Gehören Sie zu der Patientin mit der Schussverletzung?« Der Polizist war muskulös und einen Kopf größer als ich. Seine Kollegin etwas pummelig, blonde Haare zu einem Pferdeschwanz zusammengebunden, ihre Hand ruhte auf der Dienstwaffe.

»Ja.«

»Was ist passiert?«, fragte der Polizist.

»Ich bin Strafverteidiger aus Köln. Nicholas Meller. Ich brauche ein Telefon, ich muss unbedingt die Staatsanwältin Dr. Franka Naumann anrufen.«

»Ganz langsam«, erwiderte die Frau mit der Hand an der Waffe. »Zuerst sagen Sie uns mal, was passiert ist.«

»Geben Sie mir bitte ein Handy. Oder verständigen Sie die Mordkommission, Hauptkommissar Rongen, der wird Ihnen erklären, was hier läuft.«

»Weisen Sie sich bitte erst mal aus.« Die Polizistin blieb stur.

Ich verlor die Geduld. »Nein!«, schrie ich sie an. »Es geht hier um mindestens zweifachen Mord. Gefahr im Verzug. Ich kann Ihnen das jetzt nicht erklären. Geben Sie mir einfach ein Telefon, Herrgott!«

Die Polizisten sahen sich an, dann gab mir der Mann sein Handy, die Frau behielt ihre Hand an der Dienstwaffe. Das Telefonat mit Franka war sehr kurz. Ich ließ die Verbindung bestehen und gab dem Polizisten das Handy zurück, er bekam seine Befehle. Ich musste den beiden nichts mehr erklären, folgte ihnen zum Streifenwagen, und wir fuhren mit Blaulicht und Martinshorn los. Während der Fahrt redete ich wie ein Wasserfall. Es musste alles raus, und die Polizistin auf der Beifahrerseite machte sich Notizen.

Wir fuhren über die Zoobrücke in Richtung Innenstadt, von dort über die Autobahn nach Widdersdorf. Die Fahrt endete vor dem Haus, wo Marius Zeuthen alias »Bogdan« wohnte. Zwei Streifenwagen standen bereits vor der Tür, ein weiterer war an der Toreinfahrt zum Garten postiert. Ich stieg aus und gab den Polizisten die Hausschlüssel, sagte auch Bescheid, wo sie die Bewohnerin des Hauses finden würden. Wenn »Bogdan« seine Mutter nicht längst befreit hatte. Vielleicht war sie auch schon tot.

Mit vorgehaltenen Waffen stürmten die Polizisten das Haus. Ich blieb draußen und wartete. Nach etwa fünf Minuten traf Franka ein, sie stieg aus einem Streifenwagen aus und lief auf mich zu.

»Geht es dir gut?«

»Mir ja.«

»Und Nina?«

»Sie hat eine Schusswunde um Unterschenkel. Sie hat viel Blut verloren. Ich mache mir große Sorgen.«

Franka nahm mich in den Arm. Obwohl es guttat, dass jemand für mich da war, erwiderte ich die Umarmung nicht. Sie spürte das und ließ mich wieder los. In dieser Sekunde erschien der Polizist an der Türschwelle, dem ich den Schlüssel gegeben hatte. »Alles gesichert. Das Haus ist leer, bis auf die Frau.«

»Wie geht es ihr?«

»Wir brauchen einen Arzt, sie steht unter Schock. Ist nicht ansprechbar.«

Ich nickte. Dann wandte ich mich Franka zu. »Ich muss dir was zeigen. Komm mit.«

Wir betraten das Haus, gingen die Kellertreppe hinunter. Die roten Brandschutztüren standen alle offen. Ich sah in die beiden Räume hinein, die ich noch nicht gesehen hatte. Der erste war leer, bis auf ein paar Elektrokabel, die auf dem Boden lagen. In dem anderen stand ein Schminktisch mit Spiegel, wie man ihn von Theaterschauspielern kannte. Ansonsten war auch dieser Raum leer.

»Er hat uns nicht viel dagelassen.«

»Was wolltest du mir zeigen?«

Ich führte sie in den letzten Raum, und Franka blickte fasziniert auf das Miniaturmodell mit seinen Häusern, dem Fluss und der Brücke. Erst jetzt bemerkte ich das Schild, das am Ortseingang stand: *Arnheim*.

Die Brücke von Arnheim – es gab einen Film, der so hieß. Ein Kriegsfilm nach einer wahren Begebenheit.

»Was ist das?« Franka ging um den Tisch herum und sah sich alles genau an.

»Er ist Modellbauer. Warum er sich diese Szene aus dem Zweiten Weltkrieg ausgesucht hat, weiß ich nicht, aber schau mal her!« Ich zeigte zu dem Haus neben der Brücke, löste die zwei kleinen Riegel und nahm das Dach ab. Franka sah den Raum, der darunter lag, wo ein Offizier in Wehrmachtsuniform einer nackten, gefesselten Frau gegenüberstand. Ich nahm die Frau mit meinen Fingerspitzen von dem Tisch und zeigte sie Franka, die immer noch nicht verstand.

»Schau dir die Frau mal genau an.«

Jetzt sah sie es. »Nur einen Arm?«

»Diese Figur stellt Nina dar. Der Offizier ist er – ›Bogdan‹. Das Modell hat den Maßstab 1:76. Ich habe nachgemessen. Der Raum auf dem Dachboden hat dieselben Ausmaße wie der Container, in dem Nina gefangen war und wo er auch seine übrigen Opfer zu Tode gefoltert hat. Hoffentlich hat er den Container nicht längst abgefackelt.«

»Nein. Die Spurensicherung ist vor Ort und arbeitet bereits.«

Ich legte die Figur der nackten Frau wieder auf den Tisch zurück. »Er spielt seine Gewaltfantasien in diesem Modell durch, bevor er sie in der Realität umsetzt.«

»Viele Serienmörder haben irgendeinen Fetisch«, sagte Franka. »Bei ihm scheint das die Arbeit an dem Modell zu sein.«

Ich nickte. »Das ist eine Ersatzbefriedigung, solange er kein neues Opfer findet, das für ihn geeignet erscheint. Hattest du schon mal mit so etwas zu tun?«

Franka schüttelte geistesabwesend den Kopf. »Du hast ihn gestoppt. Gratuliere!«

Das Kompliment tat gut. Aber noch konnte ich keine Erleichterung oder gar Freude verspüren. Nicht bevor Nina außer Gefahr war. Und noch immer war »Bogdan« auf freiem Fuß.

Ich wandte mich um. Auf der Kellertreppe waren Schritte zu hören, und im nächsten Moment betrat Hauptkommissar Rongen den Raum. Er sah aus, als habe er schon im Bett gelegen. Den Blick auf das Modell gerichtet, fragte er: »Was ist das?«

»Wir haben es mit einem Serienmörder zu tun«, sagte Franka. »Er ist auf der Flucht. Name: Marius Zeuthen, achtundzwanzig Jahre alt, arbeitet bei uns als Systemadministrator.«

Rongen riss die Augen auf. »Wie *bei Ihnen?*«

»In der Staatsanwaltschaft«, half ich ihm auf die Sprünge. »Auf diese Weise konnte er die Polizei jahrelang an der Nase herumführen.«

»Verdammt!« Rongen hatte den Vorwurf, der in meiner Stimme mitschwang, überhört oder wollte ihn nicht hören. »Haben wir Anhaltspunkte, wo wir ansetzen können?« Er sah erst Franka, dann mich an.

»Nordhorn«, sagte ich.

»Nordhorn?« Rongen verstand nicht. »Was ist da?«

»Eine Kleinstadt in Niedersachsen. Ich weiß nicht genau, was da ist. Aber der Container, in dem Nina gefangen gehalten wurde, stand noch vor ein paar Tagen in Nordhorn und wurde kurzfristig nach Köln transportiert.«

»Woher wissen Sie das?«

»Aus einer sicheren Quelle. Ich glaube, dass ›Bogdan‹ sich eine neue ...«

»Wer ist ›Bogdan‹?«, unterbrach mich Rongen.

»So haben wir ihn genannt, als wir seine Identität noch nicht kannten. ›Bogdan‹ alias Marius Zeuthen hatte sich ein neues Opfer ausgesucht, bevor er auf Nina umgeschwenkt ist, um mich zu erpressen. Ich glaube, dass das eigentliche Opfer aus Nordhorn stammt oder etwas mit dieser Stadt zu tun hat.«

»Als Systemadministrator hat unser Mann aber keinen Zugriff auf Daten aus Niedersachsen«, fügte Franka hinzu. »Die Person muss also eine Verbindung nach Köln haben.«

Rongen holte sein Handy aus der Tasche. »Das ist doch mal was. Damit kann ich arbeiten.«

»Sind Sie sicher?« Ich konnte mir den kleinen Seitenhieb nicht verkneifen.

Rongen sah mich an. »Haben Sie etwa kein Vertrauen in die Ermittlungsarbeit der Polizei?«

Er wählte eine Kurzwahlnummer und verließ dann eilig den Raum.

47

Franka und ich saßen auf der Rückbank eines umgebauten Sprinters, der als Einsatzzentrale des SEK diente. An den Wänden befanden sich Monitore, und der Einsatzleiter saß am Mikrofon des Funkgerätes. Wir sahen die Aufnahmen der Helmkameras auf drei Bildschirmen. Zwei bewaffnete SEK-Beamte sowie ein Techniker schlichen durch das Treppenhaus nach oben. Sie trugen schwarze Splitterschutzwesten und Titanhelme. Rongen und eine Schar Streifenbeamte hielten sich in einigem Abstand hinter ihnen. Die Uniformierten waren vor allem dazu da, falls andere Bewohner ins Treppenhaus kamen, diese zurückzudrängen.

»Haben wir keinen Ton?«, flüsterte ich.

»Doch.« Der Einsatzleiter war nicht begeistert über meine Anwesenheit, und seine Miene machte keinen Hehl daraus. »Aber unsere Jungs bewegen sich eben leise.«

Sie erreichten die Wohnungstür. Auf dem Schild stand: *Christine Thalberg*. Der Techniker ging in die Hocke, und jetzt sahen wir auf dem vierten Monitor das Bild einer Endoskopkamera, die unter dem Türschlitz hindurchgeschoben wurde.

»Wir überprüfen, ob eine Sprengfalle oder ein anderes Hindernis auf uns wartet«, kommentierte der Einsatzleiter das Bild. Die Kamera schwenkte hin und her. In der Diele war nichts zu sehen, im Wohnzimmer brannte Licht. Die Kamera bewegte sich weiter über den Boden, und plötzlich waren zwei Füße in Turnschuhen zu sehen, zwei Beine, die hinter der Tür hervorragten. Die Person lag auf dem Bauch.

Der Funk knarzte. »Leblose Person am Boden.«

»Zugriff«, befahl der Einsatzleiter.

Die Kamera wurde zurückgezogen, der Techniker trat einen Schritt zur Seite, machte seinen Kollegen mit der Ramme Platz. Mit einem lauten Knall wurde die Tür aufgestoßen, dann stürmte das SEK mit vorgehaltener Waffe in die Wohnung. Die drei Männer schrien aus Leibeskräften: »Polizei!« Nach wenigen Sekunden hatten sie die Wohnung gecheckt. »Sicher!« Der Techniker ging neben der Frau, die am Boden lag, in die Hocke und fühlte ihren Puls.

»Sie lebt. Puls sehr schwach. Wir brauchen einen Notarzt.«

Die Bilder auf den Monitoren wackelten wie verrückt. Ich sah zu Franka, sie atmete auf. »Hoffentlich überlebt sie.«

»Wenn er gewollt hätte, dass sie stirbt, wäre sie jetzt tot.«

»Und warum hat er sie am Leben gelassen?«

»Keine Ahnung. So genau durchschaue ich sein perverses Spiel auch nicht.«

»Und du dürftest ihn am besten kennen.«

Franka und ich stiegen aus dem Sprinter aus und warteten, bis Sanitäter die bewusstlose Frau, bei der es sich, wie erwartet, um Christine Thalberg handelte, herausgebracht hatten. Dann betraten wir das Treppenhaus und gingen nach oben, vorbei an den Polizeibeamten, die jetzt die Bewohner beruhigen mussten. Alle waren von dem Lärm aufgewacht, auch auf der Straße vor dem Haus fanden sich einzelne Schaulustige ein.

In der Wohnung wartete Rongen schon auf uns. »Der Notarzt klang ganz zuversichtlich, dass sie es schaffen wird. ›Bogdan‹ oder wie er heißt, hat sie unter Drogen gesetzt.«

»Genau wie Nina«, sagte ich. »Aber warum? Was wollte er von ihr?«

Rongen zeigte zu dem Laptop, der im Wohnzimmer auf dem Tisch stand. Das Gerät war aufgeschraubt, und es fehlte etwas, ich vermutete die Festplatte. Ein LAN-Kabel, das im Laptop steckte, verlor sich irgendwo auf dem Boden in der Nähe der Telefonbuchse.

»Festplatte und Router fehlen. Deshalb war er wohl hier«, vermutete Rongen.

»Einbruchsspuren?«, fragte Franka.

Rongen grinste sie an. »Wenn es welche gab, müssen wir uns die Videos noch mal anschauen. Unsere Jungs haben die Tür aufgebrochen.«

»›Bogdan‹ kann jede Tür öffnen«, sagte ich. »Genau wie das Vorhängeschloss an der Schranke. Er ist Modellbauer, feinmotorisch, geschickt, erfindungsreich.«

»Können Sie uns auch sagen, was dieser Tausendsassa als Nächstes macht?« Rongen schien es nicht zu gefallen, mich um Rat bitten zu müssen.

»Er war hier, um Spuren zu verwischen. Das bedeutet, er muss früher schon mal hier gewesen sein.«

»Ja. Ich habe mit den Kollegen von der Soko Akazienweg telefoniert. Frau Thalberg hatte sich bei denen gemeldet und ausgesagt, unser Täter habe sich als Oberkommissar Stephan Höfner vom Kommissariat fünfunddreißig ausgegeben.« Rongen sah mich an. »Die Personenbeschreibung passt allerdings nicht zu der, die Sie uns gegeben haben.«

»Er verkleidet sich jedes Mal. Und auch dabei geht er sehr akribisch vor. Im Keller seines Hauses steht ein professioneller Schminkspiegel.«

»Und weiter?« Franka sah zu Rongen.

»Oberkommissar Höfner hat behauptet, der Laptop von Frau Thalberg sei mit einem Trojaner infiziert, und dann habe er mit einer speziellen Software den Computer gereinigt. Er hat ihr seine Nummer dagelassen und ihr gesagt, sie könne ihn jederzeit erreichen, wenn Sie wieder Probleme mit dem Computer habe. Von diesem Angebot hat sie dann auch Gebrauch gemacht.«

»Weshalb hat Frau Thalberg eine Anzeige aufgegeben?«, fragte Franka.

»Ihr Exfreund, er kommt aus Nordhorn, ist ein Stalker. Er hat Nacktfotos von Frau Thalberg ins Internet gestellt.«

»Und diesen Fall bearbeitet jetzt die Soko Akazienweg?« Langsam dämmerte es mir.

»Ja. Mike Sonnenborn, der als Krankenpfleger in demselben Krankenhaus gearbeitet hat wie Frau Thalberg, wurde nachts auf dem Nachhauseweg überfallen und getötet. Die Soko glaubt mittlerweile, dass es kein klassischer Überfall war, sondern der Mord im Zusammenhang mit Frau Thalberg steht. Mike Sonnenborn hatte sich in sie verliebt.«

»Ein Eifersuchtsmord?«, fragte Franka.

Ich schüttelte den Kopf. »So hätte es ausgesehen, wenn Christine Thalberg von einem Tag auf den anderen verschwunden wäre, und man hätte ihren Exfreund verdächtigt. So funktioniert ›Bogdans‹ Plan, seine Morde anderen Männern in die Schuhe zu schieben. Christines Leiche hätten wir in Nordhorn gefunden, deshalb hatte er den Container dort hinbringen lassen.«

»Aber dann bist du ihm in die Quere gekommen.« Franka sah mich an. »Du hast dieser Frau das Leben gerettet.«

»Aber dafür hat es Nina getroffen.« Ich spürte einen dicken Kloß im Hals.

Rongen sah demonstrativ auf seine Notizen. Er teilte Frankas Meinung offenbar nicht. »Frau Thalberg hat vor drei Tagen eine Spritze in ihrem Badezimmer gefunden, die Zeuthen hier zurückgelassen hatte. Er hatte sich, wie es scheint, ein Medikament gespritzt, das in Deutschland verboten ist und dazu dient, eine Dauererektion zum Abklingen zu bringen.«

Wir starrten ihn an. Rongen konnte sich ein Grinsen nicht verkneifen. Er genoss ganz offensichtlich seinen kleinen Wissensvorsprung.

»Ganz recht. Er besucht Frau Thalberg und bekommt einen Ständer. Laut Thalberg muss er starke Schmerzen gehabt haben. Wegen seiner Erektion. Das scheint sein eigentliches Problem zu sein: Eine sexuelle Erregung erzeugt bei ihm Schmerzen. Deshalb spritzt er sich dieses Zeug in den Schwanz.«

Franka nickte bedächtig. »Damit hätten wir wohl seine Psychopathologie geklärt. Woher der Hass auf Frauen kommt. Weil er sie nicht haben kann, weil jede Form von Geschlechtsverkehr ihm Schmerzen bereitet, vergewaltigt er seine Opfer mit bizarren Gegenständen.«

»Und verabreicht ihnen dabei Drogen, genau wie sich selbst«, ergänzte Rongen. »Die Frauen durchleiden also das gleiche Schicksal wie er. Er fügt ihnen zuerst Schmerzen zu, dann betäubt er sie, um ihnen danach wieder Schmerzen zuzufügen.«

In diesem Moment piepte Rongens Handy. Er sah kurz aufs Display und ging dran. »Ja?« Sein selbstzufriedener Gesichtsausdruck veränderte sich schlagartig. »Was heißt das, ihr habt ihn?«

48

Franka, Rongen und ich näherten uns dem parkenden VW Passat, blieben aber zunächst hinter den Absperrbändern auf der anderen Straßenseite stehen. Die Spurensicherung war da, und grelle Scheinwerfer strahlten den Fundort der Leiche an. Der Wagen stand zwei Querstraßen von dem Haus entfernt, wo Christine Thalberg wohnte. Einer der Spurensicherer in weißem Overall gab Rongen ein Zeichen, und wir durften uns dem Wagen nähern. »Bogdan« alias Marius Zeuthen saß hinter dem Lenkrad. An der rechten Schläfe hatte er ein kleines, rotes Einschussloch. Die Pistole, Kaliber .22, lag im Fußraum vor dem Beifahrersitz. Es gab keine Austrittswunde, das Projektil steckte in seinem Kopf. Er trug die randlose Brille, die er aufhatte, als wir uns das erste Mal in Frankas Büro zufällig begegnet waren. Ich sah, dass er Spangen im Haar hatte, und auf der Rückbank lag eine Perücke mit dunklen, lockigen Haaren.

Franka war erschüttert. »Unglaublich. Da arbeitet man jahrelang im selben Haus, und dann so was.«

Rongen nickte. »Es wird einen kleinen Skandal geben.«

»Einen kleinen?« Sie schüttelte den Kopf. »Die Angehörigen der Opfer werden Sturm laufen!«

Ich wandte mich an Franka. »Wir müssen jetzt schleunigst überprüfen, ob ›Bogdan‹ für den Mord an Dagmar Lauscher verantwortlich war. Ich gehe jedenfalls davon aus.«

»Darum kümmere ich mich. Wenn auch nur vage Zweifel an der Schuld von Lauscher bestehen, ist er in ein paar Tagen ein freier Mann.«

Ich nickte. Franka sah mich an.

»Morgen wird die Presse über dich herfallen. Deiner Beharrlichkeit ist es zu verdanken, dass wir ihn haben. Wer weiß, wie viele Frauen er noch umgebracht hätte.«

»Wie soll ich mich deiner Meinung nach verhalten?«

»Gute Frage. Mit so etwas kenne ich mich auch nicht aus. Unsere Pressestelle wird auf jeden Fall morgen früh eine Meldung herausgeben. Ich werde dafür sorgen, dass auch dein Name fällt. Es ist dein Erfolg, lass ihn dir nicht wegnehmen. Du hast dir das redlich verdient.«

Ich war ihr dankbar für das Lob, aber ich wusste, dass es nur die halbe Wahrheit war. Es war nicht nur mir zu verdanken, dass wir den Täter jetzt hatten. Es war Nina gewesen, die als Erste eine Verbindung zwischen den Morden hergestellt und alles ins Rollen gebracht hatte. Und Nina brauchte mich jetzt. Ich wollte sofort zu ihr.

Ich betrat die Notaufnahme. Die Blutspuren am Boden waren nicht mehr da. Ich ging zum Anmeldeschalter, klingelte und wartete eine gefühlte Ewigkeit – vermutlich waren es nur fünf Minuten –, bis endlich eine Krankenschwester kam. Sie wirkte verschlafen.

»Guten Morgen.« Es war mittlerweile halb drei in der Früh. »Ich habe heute Nacht eine Patientin mit einer Schussverletzung eingeliefert. Können Sie mir sagen, auf welcher Station sie liegt?«

»Hat die Patientin auch einen Namen?« Ihr Tonfall klang nicht nur müde, sondern genervt.

»Vonhoegen, Nina. Hoegen mit o-e.«

Sie sah im Computer nach. »Frau Vonhoegen ist nicht mehr bei uns.«

Ich erstarrte. Und traute mich fast nicht die Frage zu stellen. »Ist sie …?«

Der Krankenschwester wurde schlagartig bewusst, dass ihre Antwort missverständlich klang. Sie schüttelte den Kopf. »Nein, nein, sie ist nicht mehr hier – bei uns. Sie wurde abgeholt.«

»Von wem?« Ich schrie es fast. Die Schwester zuckte zusammen.

»Beruhigen Sie sich bitte. Ich kann Ihnen nur sagen, was hier steht.« Sie sah mich herausfordernd an.

Ich versuchte, nicht die Geduld zu verlieren. »Können Sie mir bitte sagen, wer sie abgeholt hat?«

Die Schwester sah mich unverwandt an. »Sind Sie ein Angehöriger?«

Ich schüttelte nur den Kopf.

»Tut mir leid, dann kann ich Ihnen keine Auskunft geben.«

In diesem Moment schwang die Tür zum Korridor auf, wo es zu den Behandlungsräumen ging. Der junge Assistenzarzt, in dessen Obhut ich Nina gegeben hatte, trat heraus, erkannte mich sofort und kam näher.

»Ihre Bekannte hat auf eigenen Wunsch die Klinik verlassen. Die Eltern waren da und haben sie mitgenommen.«

»Ihre Eltern?« Ich wurde wieder laut. »Woher wissen Sie, dass es ihre Eltern waren?« Obwohl ich »Bogdans« Leiche mit eigenen Augen gesehen hatte, kreisten meine Gedanken immer noch um ihn, und ich hielt ihn auch noch post mortem für eine Gefahr.

Der Assistenzarzt nahm mir mit einem Lächeln den Wind aus den Segeln. »Wenn jemand zu einer Frau Mutti sagt, dann klingt das so, als sei die Frau ihre Mutter, oder?«

Die Krankenschwester konnte sich ein Grinsen nicht verkneifen.

Ich sah den Assistenzarzt ratlos an. »Dann war ihre Verletzung also nicht schwerwiegend?«

»Einzelheiten kann ich Ihnen nicht mitteilen. Aber wenn es aus medizinischer Sicht nicht vertretbar gewesen wäre, dass sie das

Krankenhaus verlässt, hätten wir sie natürlich nicht gehen lassen.« Er sah mich freundlich an. »Wenn Sie mich jetzt entschuldigen, Zigarettenpause ...«

Er ging an mir vorbei zum Ausgang. Die Schwester hatte sich bereits wieder in ihr Hinterzimmer zurückgezogen. Ich folgte dem Arzt nach draußen. Als ich durch die Tür ins Freie trat, brannte seine Zigarette schon, er hatte die Packung noch in der Hand und hielt sie mir hin. Ich nahm eine, und er gab mir Feuer.

»Danke«, sagte ich.

Er wendete sich ab, sah in den Nachthimmel. Wir standen stumm nebeneinander und rauchten.

»Ein glatter Durchschuss«, brach er das Schweigen, »keine Arterie verletzt. Wir haben die Wunde geschlossen, gesäubert, Antibiotikum gegeben. Die Patientin wird sich in ihrer Heimatstadt in Behandlung begeben, da bin ich mir sicher.«

»Hat sie keine Nachricht hinterlassen? Für mich?«

Er sah mich einen Moment prüfend an. Dann nickte er. »Sie hat um einen Zettel und einen Stift gebeten, dann etwas aufgeschrieben, aber den Zettel wieder zerrissen und in den Mülleimer geworfen.«

»Wurden Ihre Papierkörbe schon geleert?«

Er lächelte. »Wer sind Sie? Ihr Freund, ihr Liebhaber oder nur ihr Boss?«

»Alles drei.«

Er verstand, nahm einen tiefen Zug, blies den Rauch aus. Seine Zigarette war fast aufgeraucht. »Als ich einen Moment mit ihr allein war, brach sie in Tränen aus. Offensichtlich eine akute Belastungsreaktion. Viel weiß ich nicht, aber sie hat gesagt, es seien furchtbare Dinge geschehen, sie hat Todesangst gehabt.«

»Das stimmt.«

»Und Sie haben sie gerettet?«

»Gerettet, ja. Nachdem ich sie in Lebensgefahr gebracht hatte.«

Aleksandrs Worte gingen mir nicht mehr aus dem Sinn, er hatte mich eindringlich vor »Bogdan« gewarnt.

Der Assistenzarzt nahm den letzten Zug, blies den Rauch durch die Nase aus, der von einer leichten Brise fortgeweht wurde. Er versenkte die Kippe im Aschenbecher, griff in die Tasche seines Kittels und holte ein paar Papierfetzen heraus. Er drückte sie mir in die Hand. »Ich muss jetzt wieder rein. Machen Sie es gut.«

Damit wandte er sich um und ging.

49

Die nächsten Tage vergingen wie im Flug. Vier Wochen war es jetzt her, dass Hauptkommissar Rongen mich zum ersten Mal angerufen hatte, und seitdem hatte sich mein Leben radikal verändert. Alle Welt wollte was von mir, ich war noch nie so gefragt, mein Telefon stand nicht mehr still. Journalisten wetteiferten darum, ein Interview zu bekommen – am besten exklusiv. Ich ließ mir Zeit mit einer Entscheidung, was dazu führte, dass noch mehr Leute anriefen und die Honorarangebote in die Höhe schnellten. »Sie haben einen Serienkiller zur Strecke gebracht«, sagte einer der Journalisten am Telefon. »Die Polizei war blind. Sie sind jetzt ein Held.«

Ich wollte aber keiner sein. Ich wollte, dass Nina sich endlich bei mir meldete. Ich wollte, dass sie zu mir zurückkam. Der Zettel, den sie in der Notaufnahme geschrieben und zerrissen hatte, lag in meiner Schublade. Ich hatte ihn wieder zusammengeflickt. Drei Sätze, gut leserlich: »*Ich brauche Zeit. Wie lange, weiß ich nicht. Wenn du mich liebst, akzeptiere das.*«

Geduld war noch nie meine Stärke gewesen, Nina wusste das. Aber ich glaubte nicht, dass sie mich in irgendeiner Weise bestrafen wollte, nein, sie hatte Schlimmes durchgemacht, stundenlang in Todesangst verbracht. Es war allgemein bekannt, dass Geiseln Monate, manchmal sogar Jahre brauchten, ein solches Trauma zu verarbeiten, wenn es ihnen überhaupt gelang. Ich musste mit Ninas Entscheidung leben, egal, wie schwer es mir im Moment fiel, und ich redete mir ein, dass es keinen anderen Grund gab als dieses Trauma der Geiselhaft. Und trotzdem stand für mich diese

Frage im Raum: Machte sie mir insgeheim vielleicht doch Vorwürfe? Hätte ich verhindern können, dass so etwas geschah? War ich blind? Ich wusste es nicht, zu gern hätte ich mit ihr über alles geredet.

Ein schwacher Trost in meiner Situation war, dass wenigstens Aleksandr nicht mehr in Lebensgefahr schwebte. Die Verletzung seiner Lunge würde heilen, und ich hatte ihn bereits ein paarmal im Krankenhaus besucht. Er machte mir keine Vorwürfe wegen dieser Sache – aber sich selbst. Denn normalerweise hatte Aleksandr einen siebten Sinn für Gefahren, der im Falle von »Bogdan« aber versagt hatte. Sonst hätte er diesem Typen niemals den Rücken zugedreht.

Die Polizei würde noch einige Zeit damit beschäftigt sein, Marius Zeuthens Leben zu durchleuchten. Die Spurensuche im Haus seiner Mutter und vor allem in dem Container dauerte an. Ob wir je die ganze Wahrheit über ihn erfahren würden, blieb vorerst fraglich. Seine Mutter jedenfalls hatte beharrlich geschwiegen – bis in den Tod. Sie war ihrem Sohn zwei Tage später gefolgt, hatte eine Überdosis Tabletten geschluckt, die ihr Herz aussetzen ließ.

Es fanden sich eindeutige Hinweise darauf, dass Marius Zeuthen alias »Bogdan« der Mörder von Dagmar Lauscher war. Udo Lauscher wurde daraufhin sofort aus der JVA Aachen entlassen. Das Verfahren gegen ihn war damit zwar noch nicht abgeschlossen, aber ich ging davon aus, dass kein Gericht der Welt ihn ein zweites Mal wegen des Mordes an seiner Frau verurteilen würde. Lauscher kündigte Julius Andrees das Mandat, und damit war der Kooperationsvertrag, den ich mit dem Kollegen geschlossen hatte, hinfällig. Andrees versuchte zwar, medial im Spiel zu bleiben, aber außer einer kleinen wöchentlich erscheinenden Zeitung in Aachen wollte sonst niemand etwas von ihm wissen. Verständlich, denn er konnte die Fragen der Journalisten nicht beantworten.

Udo Lauscher kam nach der Haftentlassung bei einem Freund unter, dem Einzigen, der immer zu ihm gehalten und an seine Unschuld geglaubt hatte. Auch mein Mandant bekam Angebote von Zeitungen und Buchverlagen, lehnte diese aber ab, zumindest vorerst. Er musste erst mal zur Ruhe kommen und sein Leben neu ordnen. Auch für ihn war ich ein Held und seine Dankbarkeit kam aus tiefstem Herzen. Bei unserem letzten Telefonat fing er an zu weinen. Auch wenn es nett gemeint war, ich konnte mit solchen Gefühlsausbrüchen nicht umgehen. Mir war selbst jeden Tag nach Heulen zumute.

Trotz des Trubels – und trotz aller Sorgen um Nina – versuchte ich, mich so gut es ging um meine Arbeit zu kümmern. Es meldeten sich einige Mandanten, alte wie neue. Die üblichen Sachen. Ein neuer Mordfall war zum Glück nicht dabei. Die Pinnwände standen immer noch in meinem Büro. Ich hatte alles so gelassen, wie es war.

Am Freitagmorgen, eine Woche nach den Ereignissen in jener fatalen Nacht, wartete ich auf den Besuch von zwei Journalisten. Da klingelte das Telefon. Ich sah aufs Display, es war Rongen.

»Guten Tag, Herr Hauptkommissar, wie geht es Ihnen?«, begrüßte ich ihn.

»Bestens. Viel zu tun, dank Ihnen. Aber sonst alles gut. Ich habe hier eine Frau mir gegenüber, die Sie sprechen möchte.«

Sofort begann mein Puls zu rasen. War Nina bei ihm?

Ich hörte, wie er den Telefonhörer weiterreichte.

»Guten Tag«, ertönte eine fremde Stimme aus dem Hörer. »Mein Name ist Christine Thalberg.«

Die Enttäuschung fühlte sich an wie ein Schlag in die Magengrube. »Wer?«, fragte ich. Ich war wie benommen.

»Christine Thalberg. Aus Nordhorn. Sie haben mir das Leben gerettet. Dafür möchte ich mich bedanken.«

Ich wusste nicht, was ich sagen sollte. Noch eine, die in mir einen Helden sah.

»Herr Rongen hat mir erzählt, dass der besagte Container, in dem dieser Kerl die Frauen gefoltert hatte, bereits in Nordhorn stand und er für mich bestimmt war. Nun, was soll ich sagen, danke. Tausend Dank.«

Um endlich auch etwas zu sagen, fragte ich sie nach ihrem Befinden, und sie berichtete, dass sie die Sache erstaunlich gut überstanden habe. Jetzt hoffe sie nur, dass die vielen Befragungen durch die Polizei bald ein Ende hätten. Offensichtlich war sie in Redelaune. Frau Thalberg erklärte mir, dass es noch ein paar Unklarheiten gegeben habe.

»Was für Unklarheiten denn?« Ich sah auf die Uhr. Die Journalisten waren bereits fünf Minuten über der Zeit.

»Also, der Zeitpunkt, als dieser Marius Zeuthen bei mir war, ich war mir zuerst ganz sicher, dass es so dreiundzwanzig Uhr war, aber das kann so nicht stimmen, wie es scheint ...«

»Aha. Und wieso lagen Sie falsch?«

»Das Problem ist diese Droge, die er mir verabreicht hat, da verliert man jedes Zeitgefühl und die Erinnerungen. Darum stimmte meine Aussage nicht. Ich weiß noch, dass ich mich an dem Abend mit einer Freundin getroffen hatte, und da ist es wohl später geworden ...«

Endlich klingelte es an der Tür.

»Hören Sie, Frau Thalberg, ich muss jetzt leider Schluss machen. Ich kriege Besuch. Aber vielen Dank für Ihren Anruf. Ich wünsche Ihnen alles Gute ...«

Bevor sie mir noch einmal dankte, legte ich auf. Es war mir einfach zu viel, für das Leben anderer verantwortlich zu sein.

Die beiden Journalisten kamen die knarrende Treppe hoch. Der Ältere trug ein rotes Jackett und Jeans, der Jüngere hatte einen schwarzen Anzug mit blauer Krawatte über weißem Hemd und einen Fotoapparat umhängen. Sie waren erstaunt über die bescheidenen Räumlichkeiten, hatten wohl etwas mehr erwartet. Die

Qualität meines Espressos überzeugte sie. Ich nahm hinter meinem Schreibtisch Platz, die beiden blieben stehen und sahen sich die Pinnwände an.

Der Ältere fragte erstaunt: »Mehr hatten Sie nicht?«

»Nein.« Ich lehnte mich selbstbewusst in meinem Bürostuhl zurück.

»Und wieso ist die Polizei diesem Mann nicht auf die Spur gekommen?« Der Ältere führte das Gespräch. Der Jüngere hatte ein Diktiergerät auf den Tisch gelegt und machte sich Notizen.

»Weil ›Bogdan‹ im Rechenzentrum der Staatsanwaltschaft saß, an der Quelle der Informationen. Er hatte Zugriff auf Daten, die es ihm ermöglichten, an den richtigen Stellschrauben zu drehen, damit die Polizei nur in eine ganz bestimmte Richtung ermittelte.«

»Gegen die Ehemänner der Opfer.«

»Genau.« Ich nickte. »Ein perfider Plan. Er hat das System quasi ausgehebelt.«

Ein befreundeter Journalist, der für den Sportteil einer Tageszeitung schrieb, hatte mir dazu geraten, die Polizei und die Staatsanwaltschaft nicht als unfähig hinzustellen, im Gegenteil: Je besser der Plan des Serienkillers war, desto größer meine Leistung.

Der Ältere fuhr fort. »Wir haben mit der Staatsanwältin Dr. Naumann telefoniert, die natürlich redlich um Schadensbegrenzung bemüht war. Ich hatte den Eindruck, sie hat großen Respekt vor Ihnen.«

»Das beruht auf Gegenseitigkeit. Bitte schreiben Sie das so. Dr. Franka Naumann war enorm wichtig für diesen Fall. Sie war geradezu der Schlüssel zur Lösung.«

»Wie meinen Sie das?«

»Um ›Bogdan‹ zu Fall zu bringen, mussten wir den einen Dominostein umwerfen, der das ganze Konstrukt zum Einsturz bringen würde. Ich kann nicht ermitteln, das muss die Polizei machen. Ich hatte Frau Dr. Naumann so weit, die Akte meines Mandanten Wolfgang Rölscheid wieder aufzumachen. Ihr Chef hat das unterbunden – und dann ist ›Bogdan‹ aktiv geworden. Das war im Nachhinein der einzige Fehler, den er gemacht hat. Er bekam Angst.«

»Wie geht es Ihrem Mandanten Wolfgang Rölscheid?«, meldete sich jetzt der Jüngere zu Wort.

»Er liegt immer noch im Koma. Mein anderer Mandant aber, Udo Lauscher, ist inzwischen frei.« Ich hatte mehr Lust, über meine Erfolge zu reden.

Aber der Jüngere blieb hartnäckig. »War es ein Selbstmordversuch?«

»Davon gehe ich aus.« Ich zögerte und sah vor mich auf die Tischplatte. »Offensichtlich hat Rölscheid mir nicht geglaubt, dass ich von seiner Unschuld überzeugt war.«

»›Bogdan‹ hatte Angst, sagten Sie.« Der Jüngere holte die erste Seite einer Tageszeitung aus der Jacketttasche, faltete sie auseinander. Die Schlagzeile kannte ich bereits, sie lautete: *Angstmörder!*

»Haben Sie dem Täter diesen Namen gegeben?«

»Nein.« Ich schüttelte den Kopf. »Das war eine Kreation von Ihren Kollegen.«

»Können Sie das ein bisschen genauer erklären? Er mordet aus Angst?«

»Ich bin kein Psychologe, da müssen Sie einen Experten befragen.«

»Ich bitte Sie.« Der Ältere stand vor meinem Schreibtisch und sah auf mich herab. »Sie haben ihn verfolgt, sie haben mit ihm unter vier Augen gesprochen. Sie müssen sich doch eine Meinung gebildet haben!«

Er wollte es wissen. Warum nicht?

»Ich sehe das so. Mit der gleichen Akribie, wie ›Bogdan‹ im Keller seines Hauses sein Miniaturmodell gebaut hat, hat er auch die Morde geplant. Alles war bis ins kleinste Detail ausgetüftelt. Er hat nichts dem Zufall überlassen. Und das Besondere war: Von dem

Moment an, als die Polizei ins Spiel kam und mit den Ermittlungen begann, hat er nicht mehr ins Geschehen eingegriffen. Verstehen Sie?«

»Nein, noch nicht ganz.«

»Ein guter Polizist merkt, wenn er manipuliert wird, wenn Zeugen lügen oder übereifrig reagieren. ›Bogdan‹ hatte nie etwas mit der Polizei zu tun. Er tötete stattdessen den Hund eines Försters, um sicherzugehen, dass der neue Hund die Leiche findet – ein Fund, der für die Polizei in jedem Fall nach einem Zufall aussehen musste.«

»Und was hat das mit Angst zu tun?«

»Wie gesagt, ich bin kein Psychologe. Da müssen Sie einen Experten fragen. Aber diese Akribie rührte von der Angst her, entdeckt zu werden. ›Bogdan‹ war kein gewöhnlicher Krimineller. Wohl auch ein Grund, weshalb die polizeilichen Methoden bei ihm nicht gegriffen haben.«

»Aber Ihre Methoden schon.«

»Ich würde sagen, meine veränderte Sichtweise. Ich hatte keine andere Chance, meinen Mandanten zu verteidigen, als eine Alternativtäter-Theorie zu präsentieren.«

»Und aus der Theorie wurde Realität. Wie kam es dazu?«

»›Bogdan‹ war besessen. Er hatte panische Angst davor, erwischt zu werden. Angst vor seiner Mutter, die er am liebsten töten wollte. Angst vor Frauen, die ihm Schmerzen bereiteten, wenn er eine Erektion bekam. Seine Angst war der Motor für alle Morde, und gleichzeitig stand sein Tötungstrieb im Widerspruch zu seiner Angst. Deshalb hat er jeden Mord so akribisch geplant.« Der Ältere wollte eine weitere Frage stellen, aber ich hob den Zeigefinger und fuhr fort. »Das ist, wie gesagt, nur meine persönliche Meinung und geht nicht aus den Akten hervor. Sonst dürfte ich gar nicht mit Ihnen darüber reden.« Der Hinweis, dass ich nicht gegen die Schweigepflicht verstieß, war mir wichtig.

»Und was war der entscheidende Fehler, den er gemacht hat?«, fragte der Ältere.

»Einen Gegenangriff zu starten.« Der Jüngere machte sich eine Notiz und sah dann zu mir auf. »Er hatte Angst vor seiner Mutter. Deshalb sollten Sie sie töten. Was ist denn zwischen den beiden vorgefallen?«

»Darüber darf ich leider nicht reden. Die Ermittlungen dauern, wie Sie wissen, noch an.«

Ich kannte die Fakten, weil ich den Obduktionsbericht von Marius Zeuthens Leiche gelesen hatte, und bei der Hausdurchsuchung wurden ebenfalls sehr interessante Dinge gefunden. Unter anderem Stäbchen aus Edelstahl in unterschiedlicher Dicke. Solche Instrumente konnte man in einschlägigen Fetischläden kaufen. Sie dienten dazu, in die Harnröhre eingeführt zu werden. Dieses Sexspielzeug war nicht in »Bogdans« Wohnung gefunden worden, sondern in einer Kommode in der Wohnung seiner Mutter. Die Obduktion von »Bogdans« Leiche ergab, dass er stumpfe Verletzungen an der Prostata hatte und auch die Harnröhre stark vernarbt war. Solche Verletzungen kamen bei Männern vor, die zu ausgesprochen harten, sadomasochistischen Praktiken neigten. Die Ermittler fanden über zwanzig Jahre alte Arztrechnungen, die belegten, dass die Mutter mit ihrem zwölfjährigen Sohn häufig bei verschiedenen Urologen war. Einer der Ärzte, der schon in Rente war, konnte befragt werden und erinnerte sich noch an diesen Fall. Er beschrieb Marius als einen schüchternen Jungen, der bei den Untersuchungen stets große Angst vor Schmerzen hatte. Seine Mutter befahl ihm, tapfer zu sein. Beim Abtasten der Prostata über den Anus schrie der Junge einmal so laut, dass der Arzt die Untersuchung abbrach. Aus all diesen Puzzleteilen ergab sich schließlich ein Gesamtbild. Marius' Vater hatte die Mutter verlassen, als sie schwanger wurde. Sie zog den Jungen allein groß und hatte nie mehr einen festen Partner. Der Verdacht lag nahe, dass sie am

Münchhausen-Syndrom litt, einer psychischen Erkrankung, bei der Frauen ihre Kinder krank machten, um sie danach gesund zu pflegen. Die Mutter empfand einen tief sitzenden Hass auf alle Männer und projizierte diesen Hass auf ihren eigenen Sohn. Auch wenn er noch ein Kind war, irgendwann würde er ein Mann sein. Sie führte ihm die Metallstäbchen in die Harnröhre ein und verkaufte ihm dies als medizinisch notwendige Maßnahme. Durch die inneren Verletzungen im Genitalbereich kam es zu Schmerzen bei Erektionen, weshalb »Bogdan« nie ein normales Verhältnis zu Frauen entwickeln konnte. Darüber hinaus bestätigte sich das, was ich von der Mutter erfahren hatte. Marius stand im Verdacht, als Siebzehnjähriger seine Mutter vergiftet zu haben. Sie lag im Krankenhaus, überlebte und beteuerte dann, es sei ein Unfall gewesen. Die Ermittlungen gegen den Sohn wurden daraufhin eingestellt. Sie hatte ihn also in der Hand, konnte ihn erpressen und hat das wohl auch getan. Die beiden lebten unter einem Dach, aber sie hassten sich gegenseitig abgrundtief. Darum sollte ich sie töten. »Bogdan« brauchte jemanden, der den Mord für ihn ausübte. Aus pragmatischen Gründen, aber sein Plan hatte auch eine psychologische Komponente. Der psychiatrische Gutachter bezeichnete dieses Verhalten als »Endspielzüge«: »Bogdan« hatte sein bisheriges Muster durchbrochen und war ein enormes Risiko eingegangen, als er Nina entführte und mich erpresste. Psychopathen fühlen sich gerissen und überlegen und wollen andere manipulieren. Die Tat allein reichte »Bogdan« nicht mehr. Von mir gesucht zu werden gab der Sache einen neuen Reiz, vor allem dann, wenn es ihm gelungen wäre, mich in der Hand zu haben. Ich sollte sein Lebenswerk – den Tod der Mutter – vollenden.

»Was dürfen Sie uns denn über ihn sagen?«, fragte der ältere Journalist. Er ließ nicht locker. Ich entschloss mich, Ihnen noch ein paar Brocken hinzuwerfen. Sie hatten schließlich gut dafür bezahlt.

»Er war extrem geschickt. Er konnte jedes Schloss öffnen, konnte seine Opfer digital ausspionieren. Er war manipulativ, und das Schlimmste: Er hatte ein gewinnendes Wesen. So wie viele Psychopathen.«

50

Von Ninas WG-Mitbewohnerin erfuhr ich, dass sie ihr Zimmer gekündigt hatte und ihre Sachen bereits abgeholt worden waren. Sie wollte vorerst wieder bei ihren Eltern in der Nähe von Krefeld wohnen. Ich rauchte mittlerweile wieder eine Schachtel Zigaretten am Tag. Leider.

Franka war meine einzige Stütze in dieser Zeit. Sie lud mich wiederholt zu sich zum Essen ein, und wir tranken jedes Mal zu viel Wein. Der Fall Marius Zeuthen alias »Bogdan« hatte auch für sie berufliche Konsequenzen. Frankas Chef stand ziemlich dumm da. Sein Versagen war mehr als deutlich zutage getreten. Er hatte Franka ausgebremst und verhindert, dass die Polizei weiter ermittelt. Seinetwegen sah es jetzt so aus, als habe die Staatsanwaltschaft versucht, etwas zu vertuschen. Anstatt den Fehler einzugestehen, versuchte ihr Chef, die Schuld auf Franka abzuwälzen. Sie war empört und dachte ernsthaft darüber nach, sich versetzen zu lassen. Ich beredete sie zu bleiben, denn sie würde es nicht lange ohne Köln aushalten, das wusste ich. Ich verfolgte mit meinem Rat aber auch ein persönliches Interesse. Mir lag viel an ihrer Freundschaft, und ich wollte sie nicht auch noch verlieren.

An dem Abend, als sie das Thema ihrer Versetzung ansprach, kamen wir uns gefährlich nahe. Der Alkoholpegel trug dazu bei. Wir küssten uns, aber als meine Hand gerade ihre Brust berühren wollte, zog ich im letzten Moment die Reißleine. Franka wirkte enttäuscht, zeigte aber Verständnis.

»Ich möchte auch noch mal so verliebt sein wie du«, sagte sie mit einem wehmütigen Lächeln.

»So verliebt wie ich? Mein Gefühlsleben ist ein einziges Chaos im Moment. Nina will nichts mehr von mir wissen.«

»Willst du einen Ratschlag?«, fragte sie und fügte hinzu, »auch wenn ich mir damit selbst schade.«

Sie sah mich an. Ich zuckte nur mit den Schultern.

»Schreib ihr. Einen richtigen Brief, keine SMS. Sie will wissen, woran sie bei dir ist.«

Ich befolgte den Ratschlag noch in derselben Nacht, was angesichts meines Alkoholpegels vielleicht nicht sehr klug war. Es wurde ein seitenlanges, etwas wirres, aber durch und durch ehrliches Bekennerschreiben. Ich ließ nichts aus. Ich gestand ihr sogar, dass ich Franka geküsst hatte, dass ich aber selber gemerkt hatte, dass ich das nicht wollte. Ich war verliebt und fühlte mich im Stich gelassen. Ich machte keinen Hehl daraus, dass ich wütend war, dass sie sich nicht meldete.

Als ich fertig war, steckte ich den Brief, ohne ihn noch einmal zu lesen, in einen Umschlag und ging am nächsten Morgen damit zur Post. Um absolut sicher zu gehen, dass Nina den Brief auch erhielt, schickte ich ihn per Einschreiben. Kaum hatte ich die Postfiliale verlassen, ließen die Zweifel mich nicht mehr los. War der Ton zu vorwurfsvoll? Wenigstens den Kuss hätte ich auslassen sollen! Aber nun war es zu spät. Am nächsten Tag verfolgte ich die Sendung im Internet und erfuhr, dass der Brief angekommen war. Das Warten begann. Nichts rührte sich, das Telefon blieb still. Ich konnte mich auf nichts mehr konzentrieren, rauchte wieder zwanzig Zigaretten pro Tag und trank mehr Alkohol und Kaffee denn je. Es war abends, an Tag drei, ich brachte die Büroküche noch ein wenig in Ordnung und wollte mich danach zu einem Cheeseburger und Bier im Shooters einfinden, da piepte das Telefon. Ich schaute aufs Display, die

Vorwahl kannte ich. Mein Herz schlug schneller. Ich nahm den Hörer ab.

»Nicholas Meller.«

»Ihr habt euch also geküsst.« Ninas Stimmungslage war schwer einzuschätzen.

»Der Brief tut mir inzwischen leid, aber ich habe gedacht ...«

»Ich mache dir keinen Vorwurf«, unterbrach sie mich. »Du darfst andere Frauen küssen.«

»Aber ich möchte das nicht.«

Nina schwieg. Und auch ich wagte nicht zu sprechen. Schließlich hörte ich ein Räuspern. Dann: »Das war der schönste Brief, den ich je bekommen habe.«

»Ich war betrunken.«

»Das hat man gemerkt.« Sie lachte. »Die Rechtschreibung lässt zu wünschen übrig.«

Mir fiel ein Stein vom Herzen. Wieder schwiegen wir eine Weile. Dann stellte ich die Frage, die mir wie keine andere auf den Nägeln brannte. »Warum bist du weggezogen? Meinetwegen?«

»Nein. Nicht direkt. Es ist ... seinetwegen. Wegen ›Bogdan‹. Ich musste weg aus Köln, fort von allem, was mich an die Nacht erinnert. Und dazu gehörst auch du, Nicholas. Tut mir leid.« Sie schwieg einen Moment, bevor sie fortfuhr. »Ich habe meine Prüfung verschoben. Ich werde mein Referendariat hier bei einem Anwalt absitzen und erst in einem Jahr das zweite Examen machen.«

»Klingt nach einem Plan. Und dann?«

Sie blieb mir die Antwort schuldig. Wir schwiegen uns wieder an.

»Themenwechsel«, fuhr sie fort. »Es gibt noch einen anderen Grund, weshalb ich anrufe.«

»Der wäre?«

»Erinnerst du dich an Lisa Manscheid?«

»Die Lebensgefährtin von Jochen Güttner. Was ist mit ihr?«

»Also. Sie hat mich angerufen.«

Nina machte eine Pause und strapazierte meine Neugier. »Was wollte sie?«

»Sie hatte mir doch ein paar Kosmetikprodukte geschenkt. Erinnerst du dich? Sie wollte wissen, wie sie mir gefallen.«

»Und?« Ich hatte den plötzlichen Themenwechsel noch nicht ganz verkraftet.

»Das war nur ein Vorwand, glaube ich.«

Warum sollte Lisa Manscheid bei Nina anrufen? Ich verstand noch immer nicht. »Und weiter?«

»Wir haben etwa fünf Minuten telefoniert. Sie hat alles über den Fall in der Zeitung gelesen, und sie hat mich gefragt, ob ›Bogdan‹ auch der Mörder von Sigrid Güttner sei. Ich habe ihr gesagt, dass sie dich anrufen soll. Hat sie sich bei dir gemeldet?«

»Nein. Wann hast du mit ihr telefoniert?«

»Heute Mittag.«

»Vielleicht hat sie mich nicht erreicht.«

»Das Telefonat war irgendwie seltsam.«

»Inwiefern?«

»Es war, als ob sie mich aushorchen wollte. Es war ihr so verdammt wichtig, von mir zu hören, dass ›Bogdan‹ der Mörder von Sigrid Güttner ist. Gleichzeitig hatte ich das Gefühl, als würde sie Zweifel daran haben.«

Mein Blick ging zur Pinnwand. Den Fall von Jochen Güttner hatte ich auf einer anderen Wand platziert als den von Wolfgang Rölscheid und Udo Lauscher. Weil gegen Güttner nie Anklage erhoben wurde. Bis zu dieser Sekunde war ich davon ausgegangen, dass »Bogdan« bei dem Mord an Sigrid Güttner ein Fehler unterlaufen war, mit der Folge, dass die Leiche nicht gefunden wurde und die Polizei nicht genug »Beweise« gegen den Ehemann Jochen Güttner hatte.

Was, wenn »Bogdan« kein Fehler unterlaufen war?

»Bist du noch dran?«, hörte ich Ninas Stimme aus dem Hörer.

»Ja. Ich denke darüber nach, was das bedeuten könnte.«

»Ich weiß es auch nicht. Vielleicht gar nichts. Aber ich wollte es dir wenigstens mitteilen.«

»Hast du ihre Nummer da?« Ich notierte sie. »Gut. Ich werde mich bei ihr melden.«

»Ich muss jetzt auch los. Zur Krankengymnastik.«

»Wie geht es dem Bein?«

»Ganz gut. Das wird schon wieder.«

»Meldest du dich noch mal?«

»Ja. Versprochen.«

Bevor ich noch was sagen konnte, hatte Nina aufgelegt.

Ich starrte auf den Zettel vor mir mit Lisa Manscheids Telefonnummer, sah dann zur Pinnwand. Gab es womöglich einen anderen Grund, weshalb nie Anklage gegen Jochen Güttner erhoben worden war?

51

Ich saß hinter dem Steuer meines Alfa Romeo. Ich wartete bereits seit einer Stunde. Endlich ging die Tür auf, und Jochen Güttner verließ das Haus. Sein Sohn Lukas war schon lange vor ihm zur Schule gegangen. Güttners Volvo parkte etwa hundert Meter von mir entfernt auf der anderen Straßenseite. Er stieg ein und fuhr los, wendete und kam in meine Richtung gefahren. Ich duckte mich, damit er mich nicht sah. Als ich den Kopf wieder hob, sah ich den Volvo im Rückspiegel immer kleiner werden.

Nach dem Telefonat mit Nina war ich nicht mehr im Shooters gewesen, hatte keinen Alkohol getrunken, sondern bis in die Nacht gearbeitet. Dann hatte ich noch mit Aleksandr telefoniert, weil mich seine Meinung interessierte.

Ich sah auf die Uhr am Armaturenbrett, wartete noch einige Minuten, um sicherzugehen, dass Güttner nicht zurückkam, weil er vielleicht etwas vergessen hatte. Dann stieg ich aus, ging zum Haus und klingelte.

Lisa Manscheids Stimme erklang in der Sprechanlage.
»Hallo?«
»Nicholas Meller. Der Anwalt aus Köln. Ich wollte Sie eigentlich anrufen, aber ich bin gerade zufällig in der Gegend. Hätten Sie kurz für mich Zeit?«

Der Türsummer ertönte. Als ich die Wohnung im Obergeschoss erreichte, stand Lisa Manscheid im Bademantel in der Tür.
»Komme ich ungelegen?«
»Nein. Wenn Sie mir etwas Zeit geben, mich anzuziehen.« Sie

trat einen Schritt zurück, um mich reinzulassen, schloss die Tür hinter mir. »Worüber wollen Sie denn mit mir reden?«

Ich lächelte. »Das Gleiche könnte ich Sie fragen. Weshalb haben Sie bei Nina angerufen?«

Ich ging schnurstracks bis ins Wohnzimmer durch. Sie folgte mir. »Ich habe nur nachfragen wollen, wie ihr die Kosmetikartikel gefallen haben.« Sie klang wenig überzeugend.

»Das war ja wohl nur ein Vorwand, das wissen wir beide.« Lisa wirkte verunsichert, ich hatte ins Schwarze getroffen. »Warten Sie bitte, ich will mir schnell etwas anziehen.«

Sie ging zurück in die Diele und verschwand im Schlafzimmer, das sich direkt gegenüber dem Wohnzimmer befand. Ich näherte mich dem Esstisch, sah mir die Zeitungen an, die dort lagen. Die Tür zum Schlafzimmer war nicht ganz geschlossen, und im Spiegel des Kleiderschrankes konnte ich sehen, wie Lisa sich auszog. Sie stand mit dem Rücken zu mir, war nackt, und ich sah die roten Striemen auf ihrem Rücken, aber vor allem auf den Pobacken. Sie verharrte einen Moment, als würde sie meinen Blick spüren. Ich rechnete damit, dass sie sich jeden Moment zu mir umdrehen würde, doch sie tat es nicht. Es war kein Versehen, dass die Tür einen Spalt weit offen stand, sie wollte, dass ich sie sehe, sie wollte mir ihren geschundenen Körper zeigen. War es ein Morgenritual, Lisa zu züchtigen, wenn Lukas weg war? Sie zog sich an, kam aus dem Schlafzimmer zurück ins Esszimmer, trug eine dunkle Jeans und ein rotes T-Shirt. Ich tat so, als hätte ich die ganze Zeit in der Zeitung gelesen.

»Möchten Sie einen Kaffee?«

»Nein.« Ich sah ihr in die Augen. »Woher stammen die Striemen an Ihrem Rücken?«

Sie hielt meinem Blick stand. »Haben Sie mir etwa zugeschaut?«

»Das sollte ich doch, oder? Sonst hätten Sie die Tür nicht offengelassen.«

»Das ist schon die zweite Unterstellung. Weshalb sind Sie hergekommen?«

»Was glauben Sie?«

Sie taxierte mich. »Sex?«

Ich schüttelte den Kopf. »Sie sind nicht mein Typ. Und ich stehe auch nicht auf SM. Ich bin hier, um die Wahrheit zu erfahren.«

»Was für eine ... Wahrheit?«

»Sie haben bei Nina angerufen, weil Sie wissen möchten, ob ›Bogdan‹ alias Marius Zeuthen die Frau Ihres Lebensgefährten umgebracht hat.«

»Na gut, dann war es eben so! Ja, Sie haben recht.«

»Sind Ihnen seit unserem letzten Gespräch irgendwelche Zweifel gekommen?«

»Zweifel? Woran?«

»An der Unschuld Ihres Mannes.«

»Nein!« Sie tat empört. »Wie kommen Sie darauf? Wieso sollte ich ...?«

»Weil er wütend auf Sie war. Weil Sie bei unserer letzten Unterhaltung Dinge erwähnten, die Sie eigentlich nicht hätten erwähnen sollen.«

Sie schüttelte den Kopf. »Ich kann mich nicht erinnern, was Sie meinen.«

»Schlägt er immer so fest zu, dass Sie bluten?«

»Was geht Sie das an?«

»Ist Ihr Mann brutaler als früher?«

Ihre Augen wurden feucht. Dann nickte sie.

Ich war auf der richtigen Spur. »Sie haben uns von einem seltsamen Gast erzählt, den Sie in dem Club getroffen haben. Der nur zugeschaut hat und der da irgendwie nicht hinpasste.«

Sie nickte. Dann wandte sie sich ab und ging zum Fenster, sah hinaus auf die Straße. Lisa beschäftigte etwas, aber sie war noch nicht in der Lage, darüber zu reden. Ich ließ ihr die Zeit, setzte mich auf einen Stuhl und wartete ab.

»Sie machen auf mich den Eindruck, als ob Sie Angst haben«, brach ich das Schweigen. »Oft sind wir Menschen nicht in der Lage, auszudrücken, was uns unterbewusst antreibt. Dann senden wir versteckte Signale aus. Freudsche Fehlleistungen nennen das Psychologen. So wie eben, als Sie die Tür offen ließen. Eine kleine nichtssagende Handlung, aber in Wahrheit wollten Sie mir die Striemen auf ihrem Rücken zeigen.«

Sie drehte sich zu mir um. »Ich empfinde Lust dabei, wenn er mich schlägt. Die Angst, dass er zu weit gehen könnte, spielt dabei natürlich mit. Das ist das Besondere an dieser Spielart, man muss seinem Partner blind vertrauen können.«

»Aber dieses Vertrauen ist abhandengekommen! Sie haben Zweifel? Warum?«

»Ich glaube nach wie vor, dass er Sigrid nicht ermordet hat. Nein, ich weiß es.«

»Woher wissen Sie das?«

»Ich spüre es. Mit dem Herzen.«

»Und trotzdem wollen Sie von mir hören, dass ›Bogdan‹ die Frau Ihres Mannes ermordet hat. Warum?«

Sie zog einen Stuhl zu sich heran und nahm Platz.

Ich ließ nicht locker, ich hatte sie fast so weit. »Was war mit dem Mann, den Sie so seltsam fanden? Sie glauben, es war ›Bogdan‹?«

Endlich nickte sie und bestätigte meine Vermutung.

»Sie haben Angst, dass Ihr Partner ›Bogdan‹ kannte und ihn gebeten haben könnte, Sigrid zu töten?«

Sie nickte, machte eine Faust und presste sie an den Mund, als müssen sie die Worte zurückhalten.

»Was hat Sie zu dieser Vermutung geführt?«

Sie schwieg. Dann ...

»Diese Ähnlichkeit.«

Ich erstarrte. »Wie meinen Sie das?«

Sie schwieg, presste noch immer die Faust vor den Mund.

»Wie meinen Sie das?« Ich wurde laut.

Sie nahm die Faust weg. »Ich habe durch meinen Beruf viel mit Menschen zu tun. Ich habe einen Blick für so etwas.«

»Für was?«

»Seine Augen und die Nase, die ganze Haltung, alles ... Er war ihm so unglaublich ähnlich. Wie Jochen in jünger.«

»›Bogdan‹?«

Lisa nickte. Jetzt kullerten Tränen aus ihren Augen. »Als ich Jochen darauf ansprach, leugnete er es. Er wollte nicht darüber reden. Aber es war nicht nur das Gesicht.«

Ich nahm ihre Hand, um sie zu beruhigen. Sie ließ es zu. Schließlich fuhr sie fort.

»Ich mache auch Fußpflege. Manche Leute haben einen großen Abstand zwischen dem großen und dem zweiten Zeh, andere gar nicht. Das ist erblich.«

»Die beiden hatten die gleiche Zehenstellung?«

Lisa nickte, sie schloss für einen Moment die Augen, öffnete sie wieder. »Aber, wie gesagt, Jochen wollte von alldem nichts hören, deswegen habe ich es wieder vergessen. Bis Sie und Nina hier waren.«

»Wie hat Jochen reagiert, nachdem wir fort waren?«

Lisa schluckte und wich meinem Blick aus.

»Hat er Sie geschlagen?«

»Nein. Lukas war ja da.«

»Was dann? Was hat Sie veranlasst, bei Nina anzurufen? Um nachzufragen?«

»Irgendwann ist Lukas zu einem Freund gegangen. Jochen war außer sich, so hatte ich ihn noch nie erlebt. Ich sagte, er solle aufhören, wir haben ein Codewort vereinbart, wenn die Grenze erreicht ist. Er hörte nicht auf, er schlug immer weiter. Danach entschuldigte er sich. Aber er sagte auch, ich solle aufhören, so viel zu erzählen.«

Ich drückte ihre Hand. »Er wird nie erfahren, dass ich hier war. Nur eine letzte Frage noch, dann lasse ich Sie in Ruhe.«

Ich wartete auf ihr Einverständnis. Sie nickte.

»Sind Sie diesem Mann aus dem Club noch mal begegnet?«

Lisa schüttelte den Kopf. »Nein. Daran hätte ich mich erinnert.«

Ich wusste jetzt, was zu tun war. »Kann ich mal Ihre Toilette benutzen?«

»Ja. Die Tür neben dem Schlafzimmer.«

Ich verschwand im Bad und schloss die Tür hinter mir ab. Dann holte ich mein Handy aus der Tasche. Ich wählte Rongens Nummer im Kommissariat. Aber er hob nicht ab, war wohl nicht am Platz. Seine Handynummer hatte ich nicht. Ich versuchte es bei Franka, aber auch sie nahm den Hörer nicht ab. Mir schien es wichtiger, hier wegzukommen, als es weiter zu versuchen. Ich warf einen Blick zum Waschbecken, entschied mich für eine Zahnbürste, einen Nassrasierer und einen Kamm, wickelte alles in Klopapier ein und steckte es in meine Innentasche vom Jackett. An einem der Teile würde sich eine Haarschuppe oder eine andere Körperzelle befinden, die für einen DNA-Test ausreichte. Dann betätigte ich die Spülung, wartete einen Moment und verließ das Bad wieder.

Im Wohnzimmer saß Lisa noch immer auf ihrem Stuhl. Sie sah mich an. »Ich habe nichts gesagt.« Ihre Stimmte klang verändert.

»Was haben Sie nicht gesagt?« Ich sah sie verwirrt an.

Doch sie hatte gar nicht mit mir gesprochen. In diesem Moment machte Jochen Güttner einen Schritt auf Lisa zu. Er musste neben der Tür gewartet haben. Er hatte eine Pistole in der Hand und zielte auf mich.

»Was wollen Sie hier?«

Er hatte mich wahrscheinlich gesehen, als er an mir vorbeigefahren war.

Ich hob beide Hände. »Nur reden.«

»Worüber?«

Ich wies auf die Waffe in seiner Hand. »Wenn Sie nicht auf mich zielen, sage ich es Ihnen.«

Er ließ die Waffe ein wenig sinken, der Lauf der Pistole war nun auf meine Füße gerichtet. »Was haben Sie in Ihren Taschen?«

»Nichts, nur mein Handy.« Ich nahm meine Hände herunter und öffnete mein Jackett, um ihm zu zeigen, wie es darunter aussah.

Er schrie mich an. »Lügen Sie nicht. Die Taschen leermachen, sofort!«

Mir blieb keine Wahl. Ich legte die in Klopapier eingewickelten Sachen auf den Esstisch. Als er den Kamm und die Zahnbürste sah, begriff er. Güttner sah zu Lisa. »Was hast du ihm erzählt?«

Ich kam ihr zuvor. »Ich bin von selbst draufgekommen. Sie musste mir nichts erzählen.« Ich ging vorsichtig einen Schritt auf ihn zu. »Herr Güttner, haben Sie Ihren Sohn getötet?« Ich hörte, wie Lisa nach Luft schnappte. »Ich meine nicht Lukas. Ich meine Marius.«

Güttner schluckte. »Sie kennen ihn schlecht, wenn Sie glauben, er hätte den Mumm gehabt, sich selbst eine Kugel in den Kopf zu jagen.«

Ich war mir sicher, dass er auch »Bogdans« Mutter beseitigt hatte. Sie hätte gegen ihn aussagen können, irgendwann.

»Haben Sie Ihren Sohn in diese bizarre Welt entführt?«

»Das kann man so sehen, ja. Es war der größte Fehler meines Lebens. Aber die Grenze hat er allein überschritten.«

»Welche Grenze?«

»Die Morde. Damit habe ich nichts zu tun.«

»Warum haben Sie ihn getötet?«

»Weil ich ihn stoppen musste, er hätte nicht aufgehört, hätte immer weitergemacht.«

»Wie sind Sie ihm auf die Spur gekommen?«

»Er hat mich gefunden. Wollte seinen Vater kennenlernen. Ist ja verständlich. Aber er hat es auf seine Weise gemacht. Er hat mich zuerst ausspioniert, ist mir gefolgt, erschien in denselben Clubs. Lisa und ich kannten uns da noch nicht. Er hat zugesehen, wie ich mit Frauen gespielt habe.«

»Und dann?«

»Eines Tages hat er sich zu mir gesetzt an die Bar, hat sich mir offenbart, wer er ist. Ich hatte keine Ahnung, was in ihm vorgeht, dass ihn all das zu seinen Taten inspiriert hat. Hätte ich es gewusst, dann ...«

»Was hat er Ihnen denn erzählt?«

»Von seiner Mutter. Dass sie krank im Kopf war. Er sagte mir, sie hätte ihn gequält, als er ein kleiner Junge war. Er musste immer zum Arzt, und danach habe sie Stäbe in seinen Schwanz geschoben, weil der Arzt das angeblich verordnet hatte. Irgendwann hat er herausgefunden, dass er nie wirklich krank war. Aber seitdem hatte er diese Schmerzen. Irgendwann erzählte er mir, dass er sich an ihr rächen wollte, er hätte sie beinahe vergiftet. Von da an wurde er mir unheimlich. Ich hatte Angst, dass er sich auch an mir rächen wollte.«

»Was haben Sie getan?«

»Ich habe versucht, den Kontakt abzubrechen. Aber er kam immer wieder. Ich habe versucht, ihn zu ignorieren, das ging nicht. Ich habe ihm gesagt, er solle sich verpissen, mich in Ruhe lassen. Ich habe ihm gedroht. Und dann verschwand Sigrid, meine Frau. Er stand vor meiner Tür, lächelte mich an und sagte, dass sie keine Probleme mehr machen würde. Zumindest so lange nicht, wie ich mich anständig gegenüber ihm, meinem Sohn, verhalte. Andernfalls würde man Sigrids Leiche finden und genug Beweise, dass ich für mindestens fünfzehn Jahre in den Knast gehe.«

Mit einem Mal wurde mir klar, weshalb Güttner eine Waffe auf mich richtete. Das Telefonat mit Christine Thalberg, sie hatte ausgesagt, »Bogdan« sei gegen dreiundzwanzig Uhr bei ihr gewesen. Rongen hatte ihr dies ausgeredet, weil laut meiner Aussagen »Bogdan« zur selben Zeit hinter Nina und mir her war. Jetzt wurde mir klar, dass Christine sich durchaus nicht in der Uhrzeit getäuscht hatte. Nicht »Bogdan« war hinter uns her gewesen, sondern Güttner. Ihm konnte nicht daran gelegen sein, dass sein Sohn gefasst wurde. Darum wollte er auch Nina und mich töten, um alle Spuren, die zu ihm führen könnten, zu vernichten. Meine Knie wurden weich. Ich hätte doch etwas länger im Bad ausharren sollen, um Rongen oder Franka zu erreichen. Niemand wusste, dass ich hier war. Keiner würde mir zu Hilfe kommen.

»Sie wussten also von seinen Morden?« Wieder ging ich einen kleinen Schritt auf ihn zu.

»Er hat mir davon erzählt, ja«, fuhr Güttner fort. »Aber erst, als er mich in der Hand hatte. Er glaubte, mir damit imponieren zu können. Er wollte sogar, dass ich seinen Container besichtige.«

Lisa sah ihn entsetzt an.

Güttner hatte den Blick aufgefangen. Er ging auf sie zu, berührte ihre Schulter. Die Waffe hielt er weiter auf mich gerichtet. »Natürlich bin ich nicht mitgegangen. Ich habe nichts – aber auch gar nichts – mit diesen abscheulichen Morden zu tun. Das musst du mir glauben.«

»Ich glaube dir.« Lisa lächelte matt.

»Ich musste Marius aufhalten.«

Lisa nickte.

»Er hätte weitergemordet, nicht aufgehört.«

Die beiden sahen sich tief in die Augen. Lisa fasste wieder Vertrauen zu ihm, mehr als zu mir. Wenn Güttner es richtig anstellte, würde sie weiterhin zu ihm halten, wenn ich spurlos verschwunden wäre. Die beiden waren abgelenkt, sodass sie nicht merkten, wie meine Hand langsam am Hosenbund entlang hinter meinen

Rücken wanderte. Ich war nicht gänzlich unvorbereitet gekommen. Aleksandr hatte mir dazu geraten und mir den Code für seinen Safe durchgegeben. In dem Tresor fand ich die Waffe, Kaliber .44. Ich spürte das Gewicht des Revolvers in meiner Hand, als ich ihn langsam aus dem Hosenbund herauszog. Die Erinnerung an das eine Mal auf dem Schießstand kam zurück. Mir war vom Schießtrainer attestiert worden, dass ich furchtbar ungeeignet sei. Eine Bedrohung für andere. Daraufhin habe ich es für immer sein gelassen. Ich war kein Held, auch wenn andere das glaubten.

Jetzt zielte ich auf meinen Gegner.

Güttner stand zu nah bei Lisa, ich konnte nicht schießen. In diesem Moment sah er die Waffe. Er riss den Arm hoch. Auge in Auge standen wir uns gegenüber.

»Legen Sie die Waffe weg, Güttner«, sagte ich mit möglichst fester Stimme. »Es ist vorbei ...«

Ein ohrenbetäubender Knall schnitt mir das Wort ab. Ich spürte einen Schlag wie von einer unsichtbaren Faust an meiner Schulter. Ein zweiter Schuss fiel. Jetzt erst reagierte ich. Ich drückte ab, panisch, immer wieder, bis ich nur noch das Klicken auf Metall hörte. Die Kammern meines Revolvers waren leer geschossen.

Es herrschte Stille. Oder lag es daran, dass ich nichts mehr hören konnte? Nur noch dumpfe Töne. Ein Hämmern an der Tür. Dann breitete sich in meiner linken Schulter ein Schmerz aus, als würde glühende Lava durch meine Muskeln rinnen. Ich stand mit dem Rücken an einen Türrahmen gelehnt. Pulverdampf hing in der Luft, senkte sich langsam ab. Ich sah die Einschusslöcher in der Wand. Und einen großen roten Fleck. Auf dem Boden lag Güttner. Sein Hinterkopf war blutig zerfetzt. Eine Kugel musste ihn ins Gesicht getroffen haben. Er hatte Lisa unter sich begraben, die leise wimmerte. Ich hörte eine Melodie, wie aus weiter Ferne, nein, es waren Sirenen. Sie wurden lauter. Ich löste mich von dem Türrahmen, ging wankend auf die beiden zu. Als Lisa mich sah, schrie sie auf. Ihr rechtes Knie war verletzt, eine Blutlache breitete sich auf dem Boden aus.

Ich ging neben ihr in die Hocke. Wälzte mit letzter Kraft Güttner von ihr herunter. »Hören Sie mir zu.«

Es hämmerte gegen die Wohnungstür. »Polizei! Aufmachen!«

Ich sah zu Lisa. »Er hat auf mich geschossen. Er ist tot. Sie haben nichts damit zu tun. Sie müssen sich jetzt um seinen Sohn kümmern.«

»Lukas.« Sie nickte und begriff, dass ich auf ihrer Seite war.

»Sie sagen kein Wort zur Polizei. Ich regle das.«

In dem Moment wurde die Tür eingetreten, und Beamte in Uniform stürmten mit vorgehaltenen Waffen herein.

»Ich bin ab jetzt Ihr Anwalt.«

52

Ich sah Lichter, die an mir vorbeizogen, und überlegte, in welcher Bahn ich fuhr, durch welchen Tunnel und mit welchem Ziel. Die Geräusche um mich herum ließen keine Orientierung zu.

»Es ist alles gut verlaufen«, drang es von irgendwoher an mein Ohr. Was denn? Sind wir bald da? Oder dauert die Fahrt noch lange? Wir kamen zum Stehen. Vor mir ein Licht, das sich nicht mehr bewegte.

»Wie heißen Sie?«

Ein Kopf erschien in meinem Gesichtsfeld, vermummt. Eine Frau. Mit Mundschutz. Sie steckte in blauer Uniform. Waren wir in Japan?

»Wie heißen Sie?«

»Nicholas.«

»Und weiter?«

»Nicholas Meller.«

»Na, das klingt doch schon ganz gut. Ruhen Sie sich noch etwas aus.« Sie wollte weggehen.

»Ich habe Durst.«

Sie verschwand. Kam kurz darauf zurück. Sie hielt mir einen Strohhalm an die Lippen. Ich saugte gierig. Dann zog sie ihn wieder weg. »Langsam. Das reicht erst mal.«

Allmählich kehrte die Orientierung zurück. Ich war im Aufwachraum eines Krankenhauses. Als Nächstes wurde ich abgeholt, in meinem Bett auf die Station in der dritten Etage gebracht. Dass wir mit einem Fahrstuhl hinauffuhren, bemerkte ich kaum, es war mir egal. Auf meinem Zimmer angekommen, reichte mir das Unterhaltungsprogramm, nur aus dem Fenster zu starren. Draußen regnete es. Dicke Tropfen klatschten gegen die Fenster. Schwestern kamen und gingen, kontrollierten den Verband an meiner Schulter, fühlten meinen Puls, machten sich Notizen. Ich starrte aus dem Fenster und registrierte sie kaum.

Plötzlich war sie da. Ich musste eingenickt sein, denn als ich die Augen wieder öffnete, saß sie neben mir auf einem Stuhl: Nina.

Sie lächelte.

»Woher weißt du, dass ich hier bin?« Meine Stimme war nur ein heiseres Krächzen.

»Rongen.«

Nina sah verändert aus. Und jetzt erst realisierte ich es. Sie hatte ihre langen blonden Haare abgeschnitten und gegen eine modische Kurzhaarfrisur eingetauscht.

»Ich bin so froh, dass du da bist.«

Ich wollte ihre Hand nehmen. Aber bei der Bewegung ließ mich der Schmerz in der Schulter zusammenzucken.

»Verdammt, ich kann meinen Arm nicht bewegen ...«

»Langsam. Keine hastigen Bewegungen. Du bist doch gerade erst operiert worden.« Nina erhob sich von dem Stuhl, setzte sich zu mir auf die Bettkante.

»Weißt du, wie es um mich steht?«

Nina nickte.

»Und? Nun sag schon!«

»Ich bin auf dem Weg hierher einem Arzt begegnet. Er fragte, ob ich deine Frau sei. Ich habe gesagt, wir sind verlobt.«

»Schön. Und was hat er gesagt?«

»Dass es eine Weile dauern wird, bis du deinen Arm wieder voll einsetzen kannst.«

»Was heißt *eine Weile*?«

Sie zögerte und schaute auf mich herab. »Die Kugel hat ein paar Nerven zerfetzt. Du wirst Geduld haben müssen.«

Ich drehte den Kopf und sah wieder zum Fenster. Draußen hatte es aufgehört zu regnen. Die Sonne stach an einigen Stellen durch die Wolkendecke. Feuchte Luft machte die Strahlen sichtbar, wie bei einem Gemälde. Als ich mich wieder zu Nina umwandte, lächelte sie mich verschmitzt an.

»Findest du nicht, dass wir uns jetzt ziemlich gut ergänzen? Du machst alles mit rechts, ich mit links.«

Ich ging auf ihren Scherz nicht ein. »Warum hast du gesagt, dass wir verlobt sind?«

»Damit der Arzt mit mir reden darf. Kleine Notlüge.«

»Verstoß gegen die Schweigepflicht, würde ich das nennen. Kann ihn den Job kosten.«

Nina grinste. »Wenigstens hast du deinen Humor nicht verloren. Es muss ja niemand erfahren, dass wir *nicht* verlobt sind.«

Wir sahen uns lange in die Augen. Irgendwann hielt ich es nicht mehr aus.

»Nina, komm zurück. Nach Köln.«

»Ich habe meine Wohnung aufgegeben.«

»Du brauchst keine Wohnung. Das weißt du.«

Nina schlug die Augen nieder. War ich zu voreilig gewesen? Mal wieder?

Sie erhob sich von der Bettkante. Trat ans Fenster und blickte hinaus. Im Gegenlicht der Sonne sah ich nur ihre Silhouette. Und wieder war mehr als deutlich zu sehen, dass ihr ein Arm fehlte. Aber dieses Bild war wunderschön.

»Ist das ein Nein?«, fragte ich kleinlaut.

Sie blieb stumm. Mir war zum Heulen zumute. In diesem Moment ging die Tür auf und eine Krankenschwester kam herein. »Der Oberarzt kommt gleich zur Visite.« Sie sah zu Nina, die sich umdrehte. »Sie müssen rausgehen so lange.«

Nina verharrte. Dort, wo sie stand. Am Fenster. Und mit einem Selbstbewusstsein wie bei unserem ersten Kennenlernen sagte sie: »Ich bin seine Verlobte.«

Danksagung

Ein Buch schreibt sich weder von allein – noch allein. Zahlreiche Personen waren mittelbar oder unmittelbar an der Entstehung dieses Romans beteiligt. Ich kann nicht alle erwähnen, weil ich zum Teil nicht mal die Namen derer kenne, die mich – ohne es zu wissen – inspiriert haben. So zum Beispiel die hübsche Frau, die einst beim Frühstücksbüfett in einem Münchner Hotel neben mir stand und die nur einen Arm hatte.

Ich möchte ausdrücklich betonen, dass alle Fehler in diesem Buch nichts mit der Qualität meiner Fachberater zu tun haben, sondern meiner künstlerischen Freiheit geschuldet sind. Mein Dank für die hilfreiche Unterstützung geht an den Kölner Strafverteidiger Frank Langen, ebenso an den Pressesprecher der Kölner Staatsanwaltschaft, Oberstaatsanwalt Ulrich Bremer. Vielen Dank an Silke Hake, Oliver Timpanaro, Eckhardt Fraas, Michael Schäfer, Heiko Arntz und Anastasia Smolkina. Hubertus Erfurt für alle sinnvollen Anmerkungen im Laufe seines Lebens, Florian Stassen für den Serverabsturz, J. R. »Ewing« Klein, Dr. Stefan Schockhoven (der Tierarzt meines Vertrauens) und Dr. Lars Dreschke, Allgemeinmedizin.

Mein ganz besonderer Dank gilt meiner Frau Tanja und meiner Tochter Malin, die meine Launen während des Schreibprozesses aushalten mussten, sowie Lars Schultze-Kossack, meinem Agenten, dem es gelungen ist, den für mich perfekten Lektor ausfindig zu machen: Tim Müller.

Vielen Dank auch an all die, die namentlich nicht genannt wurden, mich aber unterstützt haben – und an Micky Maus.